高校图书馆推进家庭阅读实证研究

张德刚　著

吉林文史出版社

图书在版编目（ＣＩＰ）数据

高校图书馆推进家庭阅读实证研究 / 张德刚著 . ——
长春 : 吉林文史出版社 , 2023.4
ISBN 978-7-5472-9328-7

Ⅰ . ①高… Ⅱ . ①张… Ⅲ . ①院校图书馆 – 图书馆工
作 – 研究 Ⅳ . ① G258.6

中国国家版本馆 CIP 数据核字 (2023) 第 060737 号

高校图书馆推进家庭阅读实证研究
GAOXIAO TUSHUGUAN TUIJIN JIATING YUEDU SHIZHENG YANJIU

作　　者　张德刚
出 版 人　张　强
责任编辑　钟　杉
封面设计　西　子
出版发行　吉林文史出版社有限责任公司
电　　话　0431-81629357
地　　址　长春市净月区福祉大路 5788 号
网　　址　www.jlws.com.cn
印　　刷　三河市金泰源印务有限公司
开　　本　170 mm × 240 mm　1/16
印　　张　13.25
字　　数　210 千
版 印 次　2023 年 4 月第 1 版　　2023 年 11 月第 1 次印刷
书　　号　ISBN 978-7-5472-9328-7
定　　价　48.00 元

前言

　　阅读是人类的一种高级认知行为，是人类认识世界、获取知识、增长智慧和提升能力的重要手段和方式，也是一个国家和民族历史与文明传承的重要途径。高尔基曾说过："书籍是人类进步的阶梯。"阅读既是中华民族的优良传统，也是世界文明的发展根基，它在人类的发展史上扮演着重要的角色。

　　高校图书馆是一所大学的地标与象征，也是大学精神的重要守护者。作为高校的三大支柱之一，高校图书馆是展现一所大学综合实力的重要标志。作为为高校提供教学和科研服务的学术机构，高校图书馆具有良好的学习环境和浓厚的学习气氛、丰富的文献资源和检索工具、现代化的设施设备和专业的馆员队伍，能够较好地发挥教育与服务职能，更加有效地开展阅读推广工作，更好地发挥其在阅读活动中的重要作用，成为校园阅读与社会阅读的重要纽带。高校图书馆开展阅读推广工作，能够有效营造书香校园的氛围，将读书作为一件乐事推广开来，使大学生在阅读过程中能够体验到"悦读"的乐趣，进而使阅读成为一种终身习惯。

　　全民阅读、阅读推广，是立足中国文化、提高中华民族素质与竞争力的重要举措，近年来受到政府与社会的广泛关注。开展全民阅读活动是一项社会文化系统工程，需要集合全社会的力量推行。图书馆承担着传承社会文明、传播知识信息的重要职责，尤其在推动全民阅读、提高人民群众思想道德素质和科学文化素质，推动社会进步中发挥着重要作用。其实，图书馆界开展阅读推广工作由来已久，甚至可以说，提供阅读场所和读本的图书馆，自诞生之时起就以阅读推广为自身的使命。近年来，中国图书馆学会依托图书馆行业自身优势，联合社会力量，积极倡导全民阅读，指导和推动全国图书馆界开展阅读推广活动，加强阅读文化和阅读服务的研究，集聚了一批从事全民阅读与阅读推广研究和教育培训等方面的专家，形成了开展阅读推广活动的长效机制。

"耕读传家久，诗书继世长"，家庭阅读是促进中华文化绵延相传的重要方式。建设书香中国，核心在于建设书香家庭。在大力推进全民阅读的当下，家庭是一个重要的起点。本书从中国家庭阅读与藏书的历史演变和公共图书馆在家庭阅读推广中的作用出发，以实证的形式论述了高校图书馆在家庭阅读推广中的大量探索和实践，以期对各类高校图书馆形成引领和示范作用，为推进全民阅读，建设书香中国做出积极贡献。

张德刚

2022 年 4 月

目录
CONTENTS

第一章 中国家庭阅读与藏书

第一节 中国传统家庭阅读

一、传统家庭阅读与传统文化

中国古代家庭阅读传统，根植于中华传统文化中的"修齐治平"思想之中。《大学》有云：古之欲明明德于天下者，先治其国；欲治其国者，先齐其家；欲齐其家者，先修其身；欲修其身者，先正其心；欲正其心者，先诚其意；欲诚其意者，先致其知；致知在格物。物格而后知至，知至而后意诚，意诚而后心正，心正而后身修，身修而后家齐，家齐而后国治，国治而后天下平。自天子以至于庶人，一是皆以修身为本。

"修身""齐家""治国""平天下"是对先秦儒家的主要代表人物孔子、孟子的"修己治人"伦理思想的集中概括。儒家从由近及远、由己及人的原则出发，把社会的改造、天下的治理，最后归结为"诚意""正心"的道德修养，把个人的道德完善，看成是万事之本。"修齐治平"是传统中国人至高无上的伦理哲学，也是中国古代家庭阅读的目标和追求，即通过家庭阅读，在个人和家庭的层面实现"修身""齐家"，而这是实现"治国"及"平天下"更高政治理想的必由之路。在这个意义上，中国家庭阅读的传统既是修身之道，又是入仕之道。家庭阅读是从单纯的家庭行为演变为进入社会生活、政治生活的重要途径。

（一）传统家庭阅读的目标

"修齐治平"是中国古代家庭阅读的主要目标，这就决定了中国古代家庭阅读传统的特点必然服从于与"修身""齐家""治国""平天下"对应的对人的素质的要求。因此形成了独具中华传统文化特点的读书观。

1. "修德明礼"。"礼"是中华传统文化的精髓，中国自古被誉为"礼仪之邦"，"礼"在中华传统文化当中具有举足轻重的作用。子曰："非礼勿视，非礼勿听，非礼勿言，非礼勿动。"[1] "礼"涉及日常生活准则，在古代社会规范着人们的道德和行为。《礼记·学记》所谓"玉不琢，不成器，人不学，不知义"，明确指出了阅读对于个人成长的重要性。

古代家长将"知礼""好礼"作为家庭教育的第一要务。家庭阅读的重要目的，是使家庭成员掌握中华传统文化最基本的伦理要求，即"礼义廉耻""忠孝节义"等思想。从这个意义上看，这也是读书修身的重要组成部分。古代家长期待子弟通过读书而知晓"仁义礼智信"和"忠孝节义"，这些内容即"德"的具体化理解，概括而言，就是懂得为人与处世的道理。古代家长对修德的重视源于其对家庭兴衰的忧患意识。牟宗三认为："中国人的忧患意识绝不是生于人生之苦罪，它的引发是一个正面的道德意识，是德之不修、学之不讲，是一种责任感。"[2] 古代家长意识到，修德可以保证家族兴旺、长盛不衰。在我国传统的价值体系中，修德又是孝行的内容之一，这便符合了古代宗法制度下家庭治理的内在伦理逻辑。

2. "修身养性"。北宋黄庭坚说："三日不读书，则义理不交于胸中，对镜觉面目可憎，向人亦语言无味。"古代家庭阅读的一个重要功能，是讲究修身养性，涵养气质。所谓"书香气"，就是通过阅读修养身心，陶冶性情。《颜氏家训》有言，读书"有益于身心耳……至于陶冶性灵，从容讽谏，入其滋味，亦乐事也"。曾国藩说："人之气质，由于天生，很难改变，唯读书则可以变其气质。古之精于相法者，并言读书可以变换骨相。"[3]

从以上可以看出，中国家庭阅读传统的一个重要特点，是将阅读作

---

1 杨伯峻. 论语译注 [M]. 北京：中华书局，2006.

2 牟宗三. 中国哲学的特质 [M]. 上海：上海古籍出版社，2008.

3 徐洪升. 曾国藩的藏书思想与读书之道 [J]. 河南科技学院学报，2014（7）：96-98.

为一种个人文化生活的情趣来看待，家庭阅读传统因此而具有鲜明的美育特点。

3."学而优则仕"。隋唐以来，随着科举制度的逐步确立，尤其是明清时期科举制的完全成熟，使得"朝为田舍郎，暮登天子堂"，由农而仕的场景成为可能。这时，一些家庭的阅读也相应地向"学而优则仕"靠近，家长以子孙勤学入仕为荣，导致出现功利性阅读的潮流。如《寿州龙氏家规》劝诫子孙，在"士农工商"四民中，"读书为第一"，并进一步阐释了"俸禄享千钟，黄金收万镒，皆从读书苦中来"等一系列功利思想。然而，也有家庭坚持传统的读书观，认为"读书非仅为科名也。能研求义理，学为好人，即不必以科名始贵。若但从事章句，仅志科名，恐科名未必即得而已，先失为好人，可耻孰甚"，教育子孙不要过分追求功名利禄。

（二）传统家庭阅读的主要内容

传统家庭阅读是为了修德，而儒家经典是社会普遍认可的关于德、礼思想最正统的文献。经典乃载道、论道、传道的基本载体，通过经典来体道、悟道，才能实现"内圣外王"的崇高志向。因而，经典阅读即是修德最直接的方式，相应地，经典阅读也成为传统家庭阅读的主要内容。可见，我国传统家庭阅读并不因个人的阅读旨趣而转移，而是顺应伦理之义的历史必然，这一伦理之义正切合社会的道统思想。我国古代社会所形成的家庭阅读秩序，必然受控于强大的主流伦理潮流，并与之互为表里，推动着我国古代独特的经典阅读文化的形成。

经典阅读模式的形成，经历了一个长期的发展过程。首先，汉武帝置"五经博士"，使《诗》《书》《礼》《易》《春秋》正式被钦定为"经典"，从而实现了儒学典籍的经典化过程；其次，汉武帝"兴太学"，并以儒家经典教育太学生，太学生只要通过考核即可成为朝廷的官员，这就使通晓儒家经典成为"育才、迁官"的标准；再次，东汉私学环境宽松，私学肄业的学生同样可以举明经、被察举、授予官职，这极大地鼓舞了世人读经诵典的热情；最后，为移风易俗、教化民众，汉代派遣使者到各地观览民风成为定制，并将儒学的优秀践行者树立为道德楷模进行褒奖，这项政策在一定程度上使儒学落实到民间，使个体意识到，经典阅读不仅可以"修德"而内圣，更能"由己推人"，实现践行社会责任的"外王"之道。

阅读经典成为古人修德、行孝的必然选择，同样也离不开国家的推动。"以孝行治天下"的礼治思想与家庭宗法制度在伦理上高度契合，而经典阅读同样可作为个人理解家国关系、处理群己关系的直接路径。汉代实行"四科取士"以来，"明经"成为选官用人的必考科目。虽然魏晋时期"九品中正制"未采纳"明经"科目，而是以"品第"取人，但随即被隋唐科举制所取代。科举时代，"明经"一直是选官用人的必要条件。国家采取的"以经取人"的人才选拔机制，促成了古人重视经典的社会风气的形成。古人意识到，阅读经典不仅可以修德，更能够因此而成才乃至光宗耀祖。由此可见，阅读经典不仅是家庭和个人事务，同时也是国家为阅读设立的标准。

（三）传统家庭阅读的方法

古代家庭阅读之法强调"循序而致精"。首先，家长对不同年龄、性别的子女应该阅读何种书籍提出了具体的要求，并制定了相应的阅读顺序，以实现循序渐进的阅读目标。如《黄山岘阳孙氏家规》规定："各家教子者，先之四书五经，以植其基；次之《通鉴纲目》，以广其蓄；参之诸子百家，以绎其趣；上下古今名物，以悉其蕴，其学亦云正矣。"其次，家庭成员在阅读时应做到精读。袁衷就提出了"读书贵博亦贵精"的思想。曾国藩提出了"读书不二"的方法，明确指出："一书未完，不看他书……穷经必专一经，不可泛骛。"再次，读书应持之以恒。如南宋吕祖谦规定："后生为学……不可一日放慢。每日须读一般经书，一般子书……须静室危坐，读取二三百遍，字字句句须要分明。又每日须连前三五日授通读五七遍。"此外，古代家长还鼓励子女养成阅读与思考相结合的习惯。曾国藩就以朱熹"虚心涵泳""切己体察"的具体读书方法辅导儿子，促其养成边读边思考，切身体会书中的道理，从而达到知行合一的读书习惯。

（四）传统家庭阅读的条件

为保障子孙读书的数量和质量，我国古代家族采取了一系列措施，如建立丰富的家庭藏书供子孙阅读；采取相应的奖惩措施鼓励及鞭策家庭成员阅读。

1. 丰富家庭藏书。吴晗指出："自板刻兴而私人藏书乃盛，其中风流儒雅，代有闻人，宿史枕经，笃成绝学。甚或连楹充栋，富夸琳琅，部次标签，搜穷二酉，导源溯流，蔚成目录之学。"我国古代家庭藏书是继官府藏书之外数量最多的四大藏书体系之一，古代家庭对藏书的重视程度可见一斑。为了保障家庭阅读的开展，家庭成员竭尽所能搜罗书籍，家训、家规中也有大量有关家庭藏书的记载。如累世爨居的江州陈氏义门，在其家法中就有"设立书堂一所于东佳庄"等供聪敏子弟修学之用的记录，还特别强调，如果稍有学成应举者，"除现置书籍外，须令添置"。此外，该家族还有专人对书籍进行管理，"于书生中立一人掌书籍出入，须令照管，不得遗失"。《浦江郑氏义门家法》中规定，家族应"广储书籍，以惠子孙"，强调书籍不能外借，以免散佚。有些家庭甚至将私卖家庭藏书的行为视为不孝："义门书籍，子孙是教。鬻及借人，兹为不孝。"古代家庭宏富的藏书不仅使家庭成员可以博览群书，还为他们提供了良好的阅读环境，从而保障了家庭阅读活动开展的资源和空间基础。

2. 实施奖惩措施。古代家庭对阅读的保障不仅在于提供书籍和阅读之所，还将阅读纳入家庭治理体系之中，不仅重视对阅读的引导，还对阅读的效果进行考核，对子女和家长的行为均有明确的规范。首先，家长对读书效果差者予以责罚。如《浦江郑氏义门家法》中明确规定，子弟在举行冠礼之后，家长要"每月十日一轮，挑背已记之书"。如果在检查中，子弟"初次不通，去巾一日；再次不通，则倍之；三次不通，则分俵如未冠者：通则复之"，惩罚措施之重，由此可见一斑；其次，族长也对不鼓励子女读书的家长予以惩罚，如《毗陵长沟朱氏祠规》中就规定："如幼童品质颖秀，其父甘于废弃，不送读书，罚银一两。"还进一步表明他人如"有从旁谤议，阻挠不肯成人之美，定责二十板"。反之，家族会对勤奋读书、天资聪颖的子弟予以荐拔，对子弟参加科举考试的路费进行资助，"乡试卷资程仪，每人银一两，武场程仪减半。会试卷资程仪，每人银六两，武场程仪减半"；对于考取功名的子弟，则予以奖励，如"新贵贺仪，入泮贺银二两，五贡贺银三两，乡科贺银一十二两，饯仪二分之一，甲第贺银廿四两，饯仪二分之一"；一些家族还将子孙有才德、登名仕宦者，在家谱的附录中单独列篇记述，以凸显其对于"振家声"的贡献。

二、传统家庭阅读与家训、家规

中国是一个极其重视家庭教育的国度，家训、家规是承载家庭阅读价值，明确家庭阅读理念，规训家庭阅读行为的重要载体。历代家训、家规当中包含着丰富而精彩的中华家庭阅读思想。耕读传家、明理修身、勤学苦读、持之以恒、知行合一、博约相宜等阅读思想，一定程度上彰显着中国传统家庭阅读的价值、目的、态度、内容、方法与取向。

（一）规范家庭阅读价值

"耕读传家"是中华传统家庭阅读文化最受认可的核心价值，它代表了传统农业社会时期中国人的价值观、生活观与世界观，"耕田可以事稼穑，丰五谷，养家糊口，以立性命。读书可以知诗书，达礼义，修身养性，以立高德。""耕读传家"既学做人，又学谋生。今天，我们依然可以在很多中国家庭的门楣、中堂看到"耕读传家""晴耕雨读""耕读家风""耕读人家"等耕读匾额，"耕"与"读"既是中国家庭安身立命之本，又是其最为理想的生活方式与价值取向，是中国传统家庭治家理念的集中体现，是历代家规、家训的重要内容。

南北朝时期著名的文学家、教育家颜之推的《颜氏家训》，是中国历史上第一部内容丰富、体系宏大的家训，被誉为"古今家训之祖"。《颜氏家训》明确提出，"耕"与"读"对于传统家庭同等重要，其中"生民之本，要当稼穑而食，桑麻而衣"，对以"万般皆下品，唯有读书高"为代表的"唯读书论"进行了有益的引导与批判。晚唐五代名臣章仔钧治家有方，留下《太傅公家训》，其中有云，"传家两字，曰读与耕……不肖子孙，眼底无一句诗书，胸中无一段道理"[1]，明确把"传家两字，曰读与耕"一句放在篇首，还对子孙后代的学问修养、品德操守提出了很高的要求。明末清初著名理学家张履祥在《训子语》里说，"读而废耕，饥寒交至；耕而废读，礼仪遂亡"，教诫子孙要以耕读为本，农耕为生活之本，阅读为礼仪之本。

此外，清代名臣曾国藩以耕读为核心的治家思想，影响更为广泛而

1　陆林．中华家训 [M]．合肥：安徽人民出版社，2000．

深远。曾国藩的父亲曾麟书曾亲自撰写了一副对联："有子孙有田园，家风半耕半读，但以箕裘承祖泽；无官守无言责，世事不闻不问，且将艰巨付儿曹。"亦耕亦读，勤俭持家，敬祖睦邻，成为曾家持家立业的基本理念和世代相袭的传统。曾国藩在清道光二十九年（1849）四月十六日给他的几个弟弟的信中写道："吾细思，凡天下官宦之家，多只一代享用便尽，其子孙始而骄佚，继而流荡，终而沟壑，能庆延一二代者鲜矣。商贾之家，勤俭者能延三四代；耕读之家，谨朴者能延五六代；孝友之家，则可以绵延十代八代。我今赖祖宗之积累，少年早达，深恐其以一身享用殆尽，故教诸弟及儿辈，但愿其为耕读孝友之家，不愿其为仕宦之家。"曾国藩以"耕读"作为持家、立业、兴族的根本，他认为相比为官为宦，耕读孝友才是延绵家族兴旺的根本。

（二）规范家庭阅读目的

中华传统阅读文化的一个重要方面，即是关于读书目的性的探讨，即读书的主要目的是什么。历代家训、家规当中不乏对家庭阅读的目的、取向的规范与教诫，包括明理修身、传承家学、求取功名、光耀门楣、变化气质、人生至乐等方面内容，而明理修身无疑是以儒家思想为核心的中国传统家庭读书的主要目的。

康熙皇帝在《庭训格言》中表达了读书明理的价值："圣贤之书所载皆天地、古今、万事万物之理，能因书以知理，则理有实用。……世之读书者，生乎百世之后而欲知百世之前，处乎一室之间而欲悉天下之理，非书曷以致之？"

颜之推在《颜氏家训·勉学篇》中写道："夫所以读书学问，本欲开心明目，利于行耳。……古之学者为己，以补不足也；今之学者为人，但能说之也。古之学者为人，行道以利世也；今之学者为己，修身以求进也。夫学者犹种树也，春玩其华，秋登其实；讲论文章，春华也，修身利行，秋实也。"他认为读书能明理、修身、养德，能通晓养亲、事君之理，同时能够美风美俗、砥砺品性等。

明末清初著名理学家、教育家朱柏庐在《朱柏庐治家格言》中说："读书志在圣贤，为官心存君国。"所谓"志在圣贤"，即明确读书之目的在于治学成才、求取真理，而不在于求取功名。

清代张英在《聪训斋语》中阐释："人心至灵至动，不可过劳亦不可过逸，惟读书可以养之。"重点强调阅读可以滋养人心，可以丰富人的生命体验，带给人内心以宁静。明代吴麟徵《家诫要言》有云："多读书则气清，气清则神正，神正则吉祥出焉，自天佑之。读书少则身暇，身暇则邪间，邪间则过恶作焉，忧患及之。"[1] 从正反两个方面阐明读书对人气质的影响——读书有助于发扬正气，不读书则易于生发邪气。实际上，张英和吴麟徵都是在强调读书的修身功能。

晚清名臣曾国藩特别强调子弟要以修身明理为读书目标。清咸丰六年（1856）九月，他写信给儿子曾纪鸿说："凡人多望子孙为大官，余不愿为大官，但愿为读书明理之君子。勤俭自持，习劳习苦，可以处乐，可以处约。此君子也。"他劝诫儿子不要以求取功名作为读书的目的，而应该通过读书修身明理，成就君子人格。

明末清初理学家孙奇逢以学问和名节闻名，与黄宗羲、李颙并称"明末清初三大儒"。他在《孝友堂家训》中说："古人读书，取科第犹第二事，全为明道理，做好人。道理不明，好人终做不成者，惰与傲之习气未除也。洒扫应对，先儒谓所以折其傲与惰之念。盖傲惰除而心自虚，理自明，容色词气间，自无乖戾舛错。事父、从兄、交友，各有攸当，岂不成个好人。日用循习，始终靡间，心志自是开豁，文采自是焕发，沃根深而枝叶自茂。"他告诫子孙，读书取科登第是次要的，重要在于明道理、做好人。而要做好人，必须除傲惰之气，虚心求学。

（三）规范家庭阅读态度

中国传统家庭阅读文化更加重视阅读的态度。阅读并不是一件随意的事情，阅读的态度往往与为人处世、立德修身联系在一起。历代家训、家规当中有很多是对家族子弟养成正确阅读态度的劝诫规范，其中包含勤学苦读、谦虚谨慎等价值导向。

勤学苦读。"勤"和"恒"是古人对读书最基本的两项要求。古往今来，闻鸡起舞、囊萤映雪、凿壁偷光等典故都是中国人对勤学苦读的生动描写与价值褒奖。晚清名臣曾国藩在《曾国藩家书》中告诫子弟："诸

1　马誉国，马吉照．父母课：我国传统家庭教育经典译注大全 [M]．合肥：安徽人民出版社，2013.

弟在家读书，下审每日如何用功？余自十月初一立志自新以来，虽懒惰如故，而每日楷书写日记，每日读史十页，每日记茶余偶谈一则，此三事未尝一日间断""凡作一事，无论大小难易，皆宜有始有终""若志在穷经，则须专守一经，志在作制义，则须专看一家文稿。……或欲阅之，但当读一人之专集，不当东翻西阅"。他强调读书贵在用心专一，有始有终；要一本一本地读，不要东翻西阅。

谦逊谨慎。传统家庭阅读特别强调谦逊谨慎的阅读态度，所谓学海无涯，戒骄戒躁，知之为知之，不知为不知，来不得半点骄傲自满。颜之推在《颜氏家训》中写道："率意自读史书，一日二十卷，既未师受，或不识一字，或不解一语，要自重之，不知厌倦""吾每读圣人之书，未尝不肃敬对之。其故纸有《五经》词义及贤达姓名，不敢秽用也"等，以此劝诫后世要有谦逊的阅读态度。

（四）规范家庭阅读内容

中华典籍浩如烟海，人们穷极一生往往也难以窥其一斑，因此，家庭阅读的内容导向就显得尤为重要。历代家训、家规不仅明确了阅读的价值、目的、态度，还对传统家庭阅读的主要内容进行了规范，明确回答了家族子弟应该读什么的问题。从历代家训强调的阅读内容导向来看，传统家庭成员首先要读儒家经典，即所谓的圣贤书，这是传统家庭阅读的基础内容与必备内容；其次是博览群书，即在阅读儒家经典的基础上扩大阅读范围，利于事用。

儒家经典不仅是人们的伦理道德规范，还是人们安身立命的普遍行为准则，是历代家训、家规关于家庭阅读内容的根本导向。古人训诫子弟读书，必然从四书五经开始，《颜氏家训》以"务先王之道，绍家世之业"来形容精读儒家经典的重要性。颜之推认为："夫圣贤之书，教人诚孝，慎言检迹，立身扬名，亦已备矣。"唐代文学家李华在《与外孙崔氏二孩书》中云："汝等当学读《诗》《礼》《论语》《孝经》，此最为要也！"明代大臣庞尚鹏在《庞氏家训》中写道："子弟以儒书为世业，毕力从之。"清代朱柏庐在《劝言》中说："若能兼通《六经》及《性理》《纲目》《大学衍义》诸书，固为上等学者；不然者，亦只是朴朴实实，将《孝经》《小学》《四书本注》置在案头。常自读，教子弟读，即身体而力行之，难道不成就好人？"这些经典家训无一不突出强调阅读正统儒家经典的必要性。古人认为，若能精读儒家经典并能身体力行，则完全能够满足传统家庭子弟修身养德、安身立命、求取功名的价值需求。

康熙帝在《庭训格言》中进一步详细阐述经史典籍的重要价值，特别强调少年子弟切不可读小说等非经典内容。"训曰：古圣人所道之言即经，所行之事即史，开卷即有益于身。尔等平日诵读及教子弟，惟以经史为要。夫吟诗作赋，虽文人之事，然熟读经史，自然次第能之。幼学断不可令看小说。小说之事，皆敷演而成，无实在之处，令人观之，或信为真，而不肖之徒，竟有效法行之者。彼焉知作小说者譬喻、指点之本心哉！是皆训子之道，尔等其切记之。"而南宋陆九韶的《居家正本制用篇》则阐述得更加详细，他说："愚谓人之爱子，但当教之以孝悌忠信。所读须先《六经》《论》《孟》，通晓大义。明父子、君臣、夫妇、昆弟、朋友之节。知正心、修身、齐家、治国、平天下之道。以事父母，以和兄弟，以睦族党，以交朋友，以接邻里，使不得罪于尊卑上下之际，次读史，以知历代兴衰。究观皇帝王霸，与秦汉以来为国者，规模措置之方。"

随着时代的发展、社会的进步，除了阅读正统儒家经典外，部分家训也鼓励子弟在阅读儒家经典的基础上，拓宽阅读视野，广泛涉猎各种阅读内容。张履祥在《训子语》中云："书籍惟六经诸史、先儒理学，以及历代奏议有关修己治人之书，不可不珍重护惜。下此则医药、卜筮、种植之书，皆为有用。"袁采在《袁氏世范》中写道："盖子弟知书，自有所谓无用之用者存焉。史传载故事，文集妙词章，与夫阴阳卜筮，方技小说，亦有可喜之谈……子弟朝夕于其间，自有资益，不暇他务。"颜之推认为，读书"当博览机要，以济功业"，即要博览群书、精通典籍。另外，在此基础上，他认为还要广为涉猎，不但要涉猎书本知识，还要注意从日常生活中获取知识，强调"博学求之，无不利于事也"。

（五）规范家庭阅读方法

中国传统的读书人往往根据自己的读书实践，从读书活动的客观规律出发，总结出普遍适用、可资借鉴的读书方法，并在家训中充分表达，倾囊相授，以期对家族子弟的读书生活给予指导和帮助。

循序渐进。对书的选择要由易到难，随着年龄的增长，阅读的难度要逐步加大。如唐代官至少卿监的李恕在《戒子拾遗》中教诫道："男子六岁，教之方名。七岁读《论语》《孝经》。八岁诵《尔雅》《离骚》。十岁出就师傅，居宿于外。十一专习两经。志学之年，足堪宾贡。"

质疑求师。要带着问题读书，要注意向老师求教，要多加思考。如明代以至孝和宽厚闻名的何伦在《何氏家规》中教诫道："略有疑惑，即为质问，不可草草揭过。俟一本通贯，仍听先生摘其难者而挑问之，或不能答，即又思之，思之不通，然后复讲。"

取精弃粗。读书要融会贯通，抓住要点，不可拘泥于书本上的只言片语。如清代官至礼部主事的郑日奎在《与弟侄》中，以"养蚕"为例教诫道："为蚕养桑，非为桑也。以桑饭蚕，非为蚕也。逮蚕吐茧而丝成，不特无桑，蚕亦亡矣。取其精，弃其粗；取其神，去其形。所谓罗万卷于胸中而不留一字者乎。"[1]

勤于动笔。不动笔墨不读书，读书要养成做摘录、写评论的习惯，有益于巩固记忆、深刻理解、积累资料。南宋朱熹在《朱子文集》中写道："早晚受业请益，随众例不得怠慢。日间思索有疑，用册子随手札记，候见质问，不得放过。所闻诲语，归安下处，思省切要之言，逐日札记，归日要看。见好文字，录取归来。"强调在阅读过程中要养成随手记笔记的习惯，勤于动笔，勤于思考、温习。

博约结合。读书忌泛而无择，也忌固守一隅；博约结合，由博到约，由约反博，是明智的选择。康熙帝在《庭训格言》中说："书不贵多而贵精，学必由博而致约。"晚清曾国藩还特别为子弟读书总结出"专字诀"，强调读书之专精："若夫经史而外，诸子百家，汗牛充栋。或欲阅之，但当读一人之专集，不当东翻西阅。……此一集未读完，断断不换他集，亦专字诀也。"

（六）规范传统家庭阅读取向

中国古代曾把那种"死读书、读死书"，虽满腹经纶，却毫无见解的人比喻为"两脚书橱""书呆子"。传统家庭虽强调阅读的重要性，但对

1　苏全有. 中国历代名人书信大系・前清卷 [M]. 北京：人民日报出版社，2000.

只会"读死书"的"书呆子"持批评态度。人们普遍希望自己的子弟在阅读活动中既能明事理、长才能，又能将所学知识运用到实践当中去，达到学以致用、知行合一的境界。历代家训、家规尤其强调知行合一的家庭阅读取向。

康熙皇帝在《庭训格言》中写道："人之读书，本欲存诸心，体诸身，而求实得于己也。如不然，将书泛然读之，何用？"强调读书不但要用心去读，而且应该身体力行，应用于实践当中，如此才能真正有所得。《颜氏家训》对"只会读书，不通事故"的读书取向持批判态度："世人读书者，但能言之，不能行之，忠孝无闻，仁义不足。……问其造屋，不必知楣横而梲竖也；问其为田，不必知稷早而黍迟也；吟啸谈谑，讽咏辞赋，事既优闲，材增迂诞，军国经纶，略无施用。故为武人，俗吏所共嗤诋，良由是乎！"颜之推既从正面强调读书学问贵在践行，又从反面阐明知识不能践履的危害，以此教育子孙学贵能行。此外，《颜氏家训》提出"学之所以，施无不达"，即通过学习掌握了道理，就应该照此做事。只要认真去做，没有做不到的。

清初理学家朱柏庐在《劝言》中通过正反两个方面来论述学以致用、身体力行的读书观点"先儒谓今人不曾读书，如读《论语》，未读时是此等人，读了后只是此等人，便是不曾读。此教人读书知义理之道也。……所以读一句书，便反之于身，我能否如是否？做一件事，便要合之于书，古人是如何？此才是读书。"强调读书不是为了让人们谋求富贵，而希望通过阅读成就君子人格。如何将读书与现实生活联系起来，才是关键，这也是历代家训、家规当中尤为重视的问题。朱柏庐提出，读书的关键在于"反之于身"，这既是读书致用的重要方法，也为中国传统家庭通过阅读指导实践，实现立德、明理、修身的阅读目标。不断地"反之于身"，即是不断将所学所读应用于实践，并通过实践加以检验的过程。

第二节　中国传统家庭藏书与书房

一、中国传统家庭藏书

中国传统家庭藏书历史悠久，最早可以追溯到春秋时期，伴随着私学的兴起而兴起。孔子往往被认为是最早的私人藏书家，而自孔子之后，他的弟子们在他所居住的堂室"庙藏孔子衣冠、琴、诗、书"。战国时期，传统私家藏书得到进一步发展，"百家争鸣"的社会文化氛围，使传统私家藏书有了极为宽松的环境和土壤。从此，中国传统家庭藏书逐步体系化，与官府的藏书共同发展，互为补益，一直延续数千年。

一般认为，中国传统家庭藏书体系的形成可以划分为以下几个阶段。

第一阶段是中国传统家庭藏书的成长期，大体处于春秋末年到东汉。这个阶段，标志性的特征为"百家争鸣"。在这次文化运动中，产生了六艺、诸子、史学、兵家、医学、天文、地理等大批中华传统典籍，这些藏书门类基本奠定了后世传统家庭藏书的格局。此时的传统家庭藏书虽然经历了秦始皇"焚书坑儒"的文化浩劫，但正是因为传统家庭藏书强大坚韧的生命力，很多中华经典幸免于难，汉代也借此恢复了百家之学。而在汉武帝"罢黜百家，独尊儒术"的影响下，经学大为发展，经书典籍数量剧增，这也体现在中国传统家庭藏书结构的变化上——史学著作明显增加。此时典籍的形制主要为简帛书。由于竹木简比较笨重，书写、携带和储藏都很不方便，因此在一定程度上限制了私家藏书活动的发展速度。虽然出现了像河间献王、蔡邕、刘安、刘歆那样收藏颇丰的藏书家，但私人藏书主要还局限在少数学者、士大夫中间，未能形成较为普遍的现象。

第二阶段是中国传统家庭藏书的发展期，大概处于魏晋南北朝至隋唐期间。这一时期我国学术文化得到了迅速发展，特别是隋唐时期，达到了高峰。经、史、子、集四类典籍，包括佛道经典，比汉代大大增加。一方面，造纸术的发展大大推动了传统家庭藏书的发展；另一方面，爱护藏书成为士大夫德行标准的重要依据。"借人典籍，皆须爱护，先有缺坏，就为补治，此亦士大夫百行之一也。"家庭藏书在这一时期已经发展成为一种社会风尚，一般文人与士大夫间相互传抄，与人共读，无私借读或捐赠给善读者，也推动了少数平民百姓有机会加入藏书家群体之中。这一时期中华传统家庭藏书呈现出诸多特点，成为后世家庭藏书风向的基础与标杆。

一是藏书质量得到显著提高，一方面表现在藏书量上的突破，藏书万卷的现象已经出现；另一方面，从藏书的目标上来讲，提倡藏用结合。特别是隋唐时期，由于文化的高度繁荣，学术风气开明，极大地推动了图书种类的发展。

二是科举制确立，雕版印刷发明、普及后，私学成风，显著推动了传统家庭藏书的发展。特别是科举制确立之后，"学而优则仕"，以求取功名为目标的主流阅读需求成为推动传统家庭藏书发展的主要动力。

三是魏晋风度赋予了读书治学以全新的价值与追求。"对酒当歌，人生几何"、围炉雅聚、曲水流觞的风度，赋予这一时期传统士大夫家庭藏书以更自由、深沉的追求，阅读与藏书更加趋向思想的自由与灵魂的独立，家庭藏书成为中华文人士大夫崇尚儒雅、追求精神升华的重要表现。藏书自娱、读书明志相对于"学而优则仕"，无疑更进了一步。唐初还出现了供读书人自己读书治学的书院，一部分热衷于教育的藏书家开始用自己的藏书开展教学活动，无私地将自己的藏书捐赠给书院，作为书生们的学习教材，这在一定程度上也促成了中国古代藏书体系的另外一部分——书院藏书的发展。

第三阶段是中国传统家庭藏书的兴盛期，大体处于宋代至清末。这一时期，中国学术文化发展至高峰并进入总结阶段，在政府、民间的双重推动下，一大批经典典籍被重新整理、研究、编辑，特别是《永乐大典》《四库全书》等超大图书文化整理工程，极大地推动了家庭藏书文化的兴盛。具体表现在以下几个方面。

一是雕版印刷的普及，给图书生产与流通带来极大便利。传统家庭藏书已经不限于士大夫阶层，很多乡绅、豪门、商贾及一般读书人家，都参与到家庭藏书建设当中，藏书家庭数量大大增加。

二是产生了家庭藏书文化现象，出现了职业藏书家。在家庭藏书的处理技术方面，藏书家不仅积累了大量实践经验，而且出现了有关专著。这些藏书家"一生精力，耽耽简编，肘敝目昏，虑衡心困，艰险不避，讥诃不辞。节缩饔餐，变易寒暑。时复典衣销带，犹所不顾"。他们用情于书，几成痴迷，即所谓"淫嗜生应不休，痴癖死而后已"[1]。藏书家的"爱书成痴"构成了家庭藏书文化的独特风景，也为后世读书、藏书确立了价值标准与行为规范。

三是传统家庭藏书发展趋势呈现多样性。从藏书阶层看，有士大夫，有官僚豪门，有乡绅富贾，也有一般的布衣学子。从藏书家类型看，有著

1　陈微. 明代藏书家徐惟起研究 [M]. 福州：福建教育出版社，2016.

述型、校勘型、收藏型、贩贾型等。不同类型的藏书家从不同途径发展了家庭藏书，有的将藏书内容转化为新的知识体系，有的校订了图书中的讹误，有的搜采异本、精于措理，有的储存吐纳，促进了图书的流通，从各个渠道丰富了藏书文化。

四是传统家庭藏书情趣性特征凸显。家庭藏书与官府、书院藏书最大的差异就在于，私家藏书除了实现藏书、读书等基本目标外，还注意在藏书的过程和形式中，追求精神上的享受和内心的平静、悠逸。南宋诗人尤袤说，"饥读之以当肉，寒读之以当裘，孤寂读之以当友朋，幽忧读之以当金石琴瑟"，明代藏书家谢肇说，"读未曾见之书，历未曾到之山水，如获至宝，尝异味，一段奇快，难以语人"，这里呈现的都是读书的情趣。可以说在几千年的传统家庭藏书文化中，家庭阅读的情趣性贯穿始终，这也是中华传统家庭阅读文化最深厚的人文魅力，正是这种对读书理想化、审美化、艺术化的追求，指引着我们一路与阅读同行。

二、中国传统家庭书房

传统家庭书房是主人修身养性、求学问道的场所，是文人雅士心灵的栖息地，读书抚琴、吟诗作画、焚香品茗，悠然自得，体现着主人的品性与风格，寄托着传统读书人的趣味、情怀与理想。传统家庭书房是中华传统家庭阅读文化的重要组成部分，是中国家庭阅读文化的空间载体与理想呈现，书房的布局、陈设、礼仪，无不是中华优秀传统文化的具象体现。

（一）传统家庭书房的文化意象

中国传统家庭书房又称书斋或文房。古代文人觉得身入书房，心神俱静，修身养性，就如同斋戒一样；书房又是文人雅集会友、从事各种文化艺术活动的场所，因此也被称作文房。历代文学作品中介绍了多个曾经真实存在的著名书房，如白居易的庐山草堂，苏轼的雪浪斋，倪云林的云林堂、清秘阁，张岱的梅花书屋、不二斋；也有各种文学家虚构出来的、仅存在于想象世界的书房，如怡红院、潇湘馆及探春所住的秋爽斋，其实都是高度理想化的文人书房。

传统家庭书房往往是以主人个人名义所建。在中国传统宅院中，除祖堂外，书房是文人最重要的精神场所，是主人文化情趣、情感、理想的重要寄托，传统书房主人往往会给自己的书房命名，以表明志向、寄托情怀、自勉或彰显个人生命中一些隐逸的思想情趣与向往。比如唐代诗人刘禹锡的"陋室"，体现了他高洁的品行与安贫乐道的生活情趣；南宋诗人陆游的"老学庵"则取自"师旷老而学，犹秉烛夜行"之语，立志要活到老、学到老，生命不息，学习不止；清代文学家蒲松龄的"聊斋"，则相传他在创作《聊斋志异》时，为搜集素材，常在路边设免费的烟、茶，以吸引过路人在此讲讲故事、传闻或聊聊天，他的书房亦由此得名；传统文人的家庭书房，通过形形色色的命名彰显着主人为学、修身、立业、生活的情怀与情趣，成为传统书房文化的重要组成内容，也在无形中赋予了传统家庭书房活的灵魂与文化意象。

因此，中国古代传统书房不仅是单纯意义上的藏书之所，还是中国传统读书人追求仕途的起点，更是他们观照内心、寻找自我的归途。当厌倦了政治的黑暗与争斗时，传统读书人可偏安于书房，吟诗作画，晴耕雨读；或是二三好友相聚，奇文共赏，疑义与析……书房成为古代传统读书人不可或缺的消遣和休憩的处所。

（二）传统家庭书房的布局陈设

从功能上而言，传统家庭书房不仅是学习、读书的重要场所，也是以文会友、从事文化活动的地方，兼具实用性、精神性、社交性等多元价值和功能，这在一定程度上也使得传统家庭书房在功能布局、家具陈设方面形成了独特而丰富的文化。不同书房的布局与陈设体现着主人不同的生活品位与审美意趣。

在崇尚读书的古代，书房是文人骚客的安身立命之所。它既是文人修身为学的必要支撑，又是他们政治、文化、社会价值及知识与思想的标识与彰显。尽管文人经济状况迥异，但是文人书房往往都追求高雅别致，营造出一种浓厚的文化氛围。文人于此，可读书明志、吟诗作画、对弈弹琴。唐代诗人刘禹锡虽只有一间简陋的书房，但"斯是陋室，惟吾德馨。苔痕上阶绿，草色入帘青。谈笑有鸿儒，往来无白丁。可以调素琴，阅金经；无丝竹之乱耳，无案牍之劳形"，充分彰显了文人书房的基本价值与审美取向。

明中叶，约 16 世纪以后，文人开始就书斋著书立说，企图塑造其理想的书房模式。如高濂在《遵生八笺·高子书斋说》中，详细描述了他理想中的书房，书房中器物与家具的摆饰如下："斋中长桌一，古砚一，旧古铜水注一，旧窑笔格一，斑竹笔筒一，旧窑笔洗一，糊斗一，水中丞一，铜石镇纸一。左置榻床一，榻下滚脚凳一，床头小几一，上置古铜花尊，或哥窑定瓶一。……冬置暖砚炉一，壁间挂古琴一，中置几一，如吴中云林几式佳……坐列吴兴笋凳六，禅椅一，拂尘、搔背、棕帚各一，竹铁如意一。右列书架一，上置《周易古占》……"书房内的物品包括文房四宝等文具，以及书架、书案、书几和榻等家具，还有古董与书画等摆饰。这些都是文人在文化上享有支配权的重要象征物品，也体现了当时的书房布置和形制。

从功能布局上而言，书房总是深藏在园林一角的花木深处，保证足够的私密性。室内空间不宜高深，其前要有平阔的庭院，以便内部光线明亮，适于读书；窗下要引水成池，蓄养金鱼，围植碧草，让斋中的读书人可以养眼清心。明代李日华《紫桃轩杂缀》中所说的理想的书斋环境是："在溪山纡曲处择书屋，结构只三间，上加层楼，以观云物。四旁修竹百竿，以招清风；南面长松一株，可挂明月。老梅寒蹇，低枝入窗，芳草缛苔，周于砌下。东屋置道、释二家之书，西房置儒家典籍。中横几榻之外，杂置法书名绘。朝夕白饭、鱼羹、名酒、精茗。一健丁守关，拒绝俗客往来。"筑室于山间水涯并不现实，但可以营造山房的趣味，表现出读书人在传统书房布局上远离尘嚣、亲近自然的理想追求。

从室内设计上而言，清代著名学者李渔在《闲情偶寄》一书中专门谈到书房的装饰，有很多精妙的设计，但崇尚的是"宜简不宜繁"，力求"高雅绝俗之趣"。自古及今，书房并无一定之规。富者可专门筑楼，贫者或室仅一席；有的雕梁画栋，有的则环堵萧然。书房或筑于水滨，或造于山间；或藏诸市井，或隐于郊野，

从室内陈设而言，传统书房的基本陈设一般包括：家具类，如书桌、书椅、罗汉榻、画案、屏风、月牙桌、琴棋桌、香几、花架、茶几、茶椅等；书房用具类，如文房四宝、熏炉、香炉、印盒、印章、香盒、书箱、笔屏、托盘、臂搁等；摆件类，如棋盘、座屏、花瓶、盆钵、石刻、烛台、紫砂壶、古琴、拂尘等；饰件类，如牌匾、竹帘、帷幔、书画（卷轴画、扇面画）等；盆景类，如鱼缸、洗砚池、花草四雅等。

中国传统书房最具代表性的文房器物包括：文房四宝、书画、茶具、古琴、盆景等。传统读书人好古，好读先贤书，重历史经验，发思古幽情，追求会古通今的乐趣。在文房器物方面，他们往往追古求古，觉得越古越有意思。书画真迹、碑帖原拓、古籍善本自然是书房的珍品。明清文人珍藏宋元版书，使用旧窑或古铜的器物成了一种雅趣。这在当时的论著或文学作品中多有反映。

1. 文房四宝。文人对书斋陈设是非常讲究的："……天然几一，设于室中左偏东向，不可迫近窗槛，以逼风日。几上置旧砚一，笔筒一，笔砚一，水中丞一，砚山一。古人置砚，俱在左，以墨光不闪眼，且于灯下更宜。书尺、镇纸各一，时时拂拭，使其光可鉴，乃佳……屏风仅可置一面，书架及橱俱以置图史，然亦不宜太杂，如书肆中。"从中不难发现，笔墨纸砚在书斋中是不可或缺的。在传统文人眼中，文房四宝透露出的书卷气，是一种内在文化底蕴的外露，也是一种空灵的表现。文人推崇的是一种脱俗的风致，一种高雅的品位，一种胸有成竹、从容不迫的生活态度，以及不疾不徐、游刃有余、回归自然的生活哲学。于是，文房四宝渐渐成为人们争相收藏、把玩的器物，使之在注重实用的同时，也大大加强了艺术性和鉴赏性。比如笔筒，明以前，笔筒多注重实用价值，形体较小，而到了明清时期，笔筒除工艺更加精良外，外形也有了很大改观——形体硕大，造型趋向艺术化并以此凸显其"雅致"。文房四宝的辅助文具，如文具匣、笔格、笔屏、笔洗、镇纸、水中丞、墨房、砚山、印泥盒、臂搁等，都成为重要的文玩并作为书房装饰的主要陈设。

2. 书画。书画一直是中国传统文人钟爱之物，到明代，由于富豪商贾的加入，书画的收藏进入佳境。当时许多文人如唐寅、祝允明等，都是靠卖画、卖文为生，可见书画市场的活跃。传统书房陈设中，张挂书画作品是必不可少的。而收藏图书被文人普遍视为一件颇为风雅的事。即使在民间，人们也用图书装饰美化自己的居室。"看书画如对美人，不可毫涉粗浮之气，盖古画纸绢皆脆，舒卷不得法，最易损坏，犹不可近风日……"文人将书画比喻为美人，观赏时小心翼翼，对其爱怜、珍惜之情跃然纸上。

3. 茶具。品茗是古代书房最常见的活动之一，因此茶具成为古代家庭书房必不可少的器物。茶壶在明代由大器形向小型化转变，从此茶盏和茶壶成为最基本的茶具。时大彬是明代宜兴制作紫砂壶的高手，他所制之壶小巧玲珑，能使人"生闲远之思"，为茶壶之上品，成为时人追捧的茶具。文震亨也认为，"茶壶以砂者为上，盖既不夺香，又无熟汤气"。古人推崇融实用性和欣赏性为一体的茶壶，因此，古代匠人所制茶壶或像花果树木，缀以草虫；或像飞禽走兽，生动自然，可谓千姿百态，让人爱不释手。

4. 古琴。书房抚琴，是文人的一种雅好。悠远的琴声"能使江月白，又令江水深"；淡泊的琴声"仿佛弦指外，遂见初古人"。琴声最宜伴月，"松风吹解带，山月照弹琴"；琴声也可对酒，"一杯弹一曲，不觉夕阳沉"。琴声扩大了书房之趣，琴声提炼了书房之韵。在中国传统文人心目中，琴可养心，亦可正心。在古代诗文中，琴与文人相伴相随。而在古代文人的观念中，琴是居室中的"雅趣"，不可一日不对琴音。琴既可"怡情"，又可"同调之友声""嘤鸣求友"。琴为古乐，虽不能操，亦须壁悬一床。通过抚琴，文人能达到自我排遣和自我沉醉的境界。

5. 盆景。书房氛围的营造离不开盆景，盆景往往能够为书房带来生气与活力。明代高濂在《遵生八笺》中这样描述书斋环境："窗外四壁，薜萝满墙，中列松桧盆景，或建兰一二，绕砌种以翠芸草令遍，茂则青葱郁然。旁置洗砚池一，更设盆池，近窗处，蓄金鲫五七头，以观天机活泼。"盆景为书房的内外环境增加了难得的雅趣。盆景所用之山石造型或自然逼真，或玲珑有趣，或奇形怪状，平时把玩摩挲，可有回归超尘之感，备受文人喜爱。好石还要有合适的盆盘架座来烘托。硬木几架案桌，古穆沉稳，精致优雅，古意盎然；斑竹、树根座架则具天然野趣。玩石并清供于案桌几架，为室内增添了独特的艺术氛围，渲染了高雅脱俗的文人气息。

文房器物历经隋唐的兴起，宋元的普及、成型、拓展，明代进入繁荣期。明皇室也喜好起书斋的文玩。明太祖朱元璋第十子，鲁王朱檀墓中就出土了诸多文房器物，例如水晶鹿镇纸、水晶兽形水盂、玉荷叶笔洗、碧玉笔搁等。文房清玩，彤微体轻，与重器大件相比，实属小器物。然而，正是这些小玩意儿构成了绚丽多彩、品位高雅的传统书房文化，彰显了中国传统读书人的品性、趣味与情怀。

第三节 现代家庭藏书的构建

随着知识经济与学习型社会的到来，阅读越来越成为现代公民获取知识、提升个人竞争力、培育文化艺术修养的必要途径。对家庭而言，良好的阅读习惯不仅关系着家庭成员的身心成长与职业发展，更与建设和谐家庭关系、培育良好家风有着密切的关联。因此，相对于传统家庭藏书而言，现代家庭更加重视家庭藏书的构建。作为家庭阅读的基础，现代家庭藏书的构建也呈现出与传统家庭藏书不同的问题与方向。特别是，如何构建更加符合现代社会发展特点、利于家庭成员全方位发展的必要藏书，成为现代家庭藏书建设的重中之重。

如何构建好自己的家庭藏书，是家庭阅读的第一步，也是最核心的一个部分。构建家庭藏书的主要目的有二：第一，建立家庭成员必备的读物，开启家庭阅读的基本藏书储备。在互联网、电视、手机等家庭娱乐设备的冲击下，现代社会的很多家庭几乎没有一本书，缺乏开展家庭阅读的基本条件；第二，家庭藏书可以创造一种阅读的环境和氛围。家庭藏书能够显著营造家庭阅读的氛围，向每一个家庭成员传达一种阅读的态度和方向。这种借助藏书创造出来的、对阅读的一种美好想象，能够显著激发人们在家庭进行阅读的兴趣，形成家庭阅读的一种环境或氛围的暗示。如果一个孩子从小就养成读书的习惯，他一生都将受用无穷。作为一个普通家庭，至少要藏哪些书籍？这涉及构建家庭藏书的第一个部分，即选书的问题。

选书是阅读活动的开始。我们每一次阅读，都是从手边的各种读物中所做出的选择。对于一个现代家庭而言，如何选择符合家庭成员阅读兴趣且有利于家庭成员成长发展需要的图书至关重要。家庭藏书的选择往往会受很多因素的影响，包括家庭成员的阅读兴趣、喜好、学历、职业、性别、年龄、职业等在内的多种因素，都会影响一个家庭藏书的构建。

一、兴趣导向

在家庭藏书的构建过程中，我们也往往会陷入一些误区。比如，过分看重某一种单一标准，过分重视图书的发展价值功能而忽略阅读者的兴趣因素。此外，还存在数量充裕但类型单一的情况。比如，都是某一类专业书籍，或者所谓"非经典名著"不读的价值倾向，而这类书籍恰恰可能是家庭成员不感兴趣的。因此，家庭选书的第一原则就是兴趣。以兴趣作为选书的首要依据，是构建家庭藏书的基础；离开兴趣指导的家庭藏书，往往只能成为摆设。我们首先要保证身边有一批藏书，而这些藏书必须包括我们感兴趣的种类。唯有家庭成员感兴趣的藏书才能最大限度地激发家庭成员的阅读兴趣，也更加有利于家庭成员养成阅读的习惯，建立良好的家庭阅读环境和氛围。正如艾登·钱伯斯在《打造儿童阅读环境》中所说："如果我们是充满期待，自发性地想去阅读，那么我们将很容易进入状态并乐在其中；但如果我们百般不愿地被迫拿起书本，那么阅读将沦为一项无聊透顶的作业。"

二、经典导向

作为一种阅读推广的导向，阅读经典经久不衰。当然，经典的作用毋庸置疑，但经典的选择建立在阅读兴趣的基础上，经典阅读是家庭阅读文化的更高追求。对于经典的作用，先辈学人多有论述。梁启超说，作为中国学人，就有必要读一些中国传统经典；不仅需要阅读必要的经典，对那些"最有价值的文学作品"和"有益身心的格言"，还需要熟读成诵。章太炎说："中学诸生，年在成童以上，记诵之力方强，博学笃志，将从此始。若导以佻奇，则终身无就。"朱自清在《经典常谈》的序中说："在中等以上的教育里，经典训练应该是一个必要的项目。经典训练的价值不在实用，而在文化。"[1]

如何选择经典？中西方经典数量庞大，浩如烟海，一般家庭在经典的选择上往往会面临诸多困难，不知从何下手。在经典藏书的构建过程中，第一，可以借鉴来自出版社、阅读推广机构、媒体等做的推荐目录。如由中国红十字基金会和谐家庭公益基金与家庭期刊集团主办、由《中华读书报》等媒体协办的"百种中国家庭藏书书目公益推荐活动"。活动于2012年世界读书日正式启动，一年后，"百种中国家庭藏书书目"评选结果公布，随后出版社出版了《中国家庭理想藏书》。"百种中国家庭藏书

1　朱自清. 经典长谈 [M]. 北京：中国工人出版社，2015.

书目"推荐，可谓推荐对象明确，推荐者专业功力深厚，推荐书目内容凸显经典特色。首先，活动有明确的推荐对象，"为具备一定购买能力和阅读习惯的普通白领家庭"推荐书目；其次，推荐者是一个专业的团队，主要成员由国内一流专家学者和知名文化人组成，推荐书目评审委员会成员有：教育部高等学校图书馆学专业教学指导委员会主任、北京大学信息管理系教授王余光，北京大学中文系教授陈平原，凤凰卫视主持人梁文道，著名作家毕淑敏，中国社会科学院《世界文学》主编余中先，中国社会科学院哲学所研究员周国平，复旦大学图书馆原馆长葛剑雄，著名作家梁晓声，北京大学科学史与科学研究中心教授吴国盛，中国社会科学院社会学所研究员李银河；再次，推荐书目内容和范围凸显经典，"向中国家庭推出一批经得住时间考验、堪称经典并具备收藏价值的图书书目"，范围涵盖中外人文社会科学、自然科学和家庭生活三个方面的内容。第二，借鉴公共图书馆针对家庭经典藏书的推荐。2013 年 11 月，深圳图书馆创设"南书房"服务区以倡导经典阅读，尤其关注家庭阅读。2014 年初，中国图书馆学会阅读推广委员会与深圳图书馆联合策划、启动了"南书房家庭经典阅读书目"推荐项目，并于 2014 年世界读书日发布了《2014 南书房家庭经典阅读书目（30 种）》，旨在向广大读者推荐适合当今中国家庭阅读与收藏的经典著作。目前，"南书房家庭经典阅读书目"已经连续发布 3 年，对中国家庭经典藏书的构建起了重要的引领作用。深圳图书馆"南书房家庭经典阅读书目"在经典图书的遴选与推荐上，秉持以下几项原则：①推荐书目是中国内地公开出版发行的正式出版物；②立足家庭亲子阅读需求，关注读物的可读性，部分入选典籍为选本或译注本；③经典图书需要时间淘洗和沉淀，入选图书侧重于历久弥新之作；④以文、史、哲经典图书为主，兼顾社会科学、科学普及读物；⑤为方便阅读，推荐书目多为通行版本。应该说以上这五项原则，兼顾家庭阅读的基本特征与方向，具有很强的适用性和可操作性。此外，在书目的编写和发布上，深圳图书馆充分考虑到阅读和收藏的双重价值功能，突出对不同版本图书的比较和甄选，明确提出面向家庭的推荐版本。

三、儿童导向

儿童读物往往是构建现代家庭藏书的起点，也是一次重要机会。"小手牵大手"的模式，很大程度上让现代人因为孩子再次走上持续性家庭阅读的道路。因此，我们要重视儿童读物的选择对家庭阅读习惯的整体影响力。特别是近年来在全国兴起的亲子阅读热潮，让越来越多年轻的父母意识到阅读对儿童成长发展的重要作用，儿童读物成为现代家庭藏书的重要构成。

四、藏量导向

一个普通家庭具体应有多少藏书为宜？清乾隆年间修《四库全书》时，乾隆皇帝在一道上谕中说："其一人而收藏百种以上者，可称为藏书之家。"这里的"藏书之家"，或许是指藏书家而非普通家庭的藏书量。因为古代一种书籍往往从数卷到数百卷不等，因此"收藏百种"，至少也是"千卷户"了。北京大学王余光教授认为，普通家庭的藏书量应在 500 种（册）左右比较适宜。条件稍好的家庭，可有一个书房，作为家庭成员读写的公共空间。梁实秋曾在报纸上发表文章呼吁："一个正常的良好的人家，每个孩子应该拥有一个书桌，主人应该拥有一间书房。书房的用途是皮藏图书并可读书写作于其间，不是用以公开展览借以骄人的。"

王余光教授曾说："全民阅读的一个重要任务是青少年阅读。"因为在社会所有阅读群体中，处于学龄时段的少年与青年占据了很大的比例；而以图书馆这样的机构与"书香之家"一起来推动"全民阅读"，是因为它具有专业性、权威性和独有的丰富资源。因此，"推进全民阅读"应该同"推进社会信息化"一起，成为当代图书馆业务的重心。他还明确指出，"当前我国图书馆事业还做不到让社会的每一个角落的每一个人'都有书看'这一理想目标，那么，有一定经济条件并有必要的居住空间的家庭，通过自己的投入来建构家庭基本藏书，配备好一个包括孩子在内的家庭书房，就显得十分必要，因为书房可以给家庭成员营造一个阅读的环境和氛围"。在此基础上，像国际上流行的培养"有修养的母亲"，进而开展"亲子阅读"和"分享阅读"等家庭文教活动才有了可能。

王余光教授认为，"如果让一个孩子从小就养成读书习惯的话，他一生都会受用无穷""作为培养良好阅读习惯、营造良好阅读氛围的重要场所，家庭是推进全民阅读最应受到关注的对象"。而"耕读传家"传统的实质，就是注重家庭藏书、读书。不能在社会现代化的进程中丧失这种优秀传统，而应该在具备了一定经济基础的情况下，在生活日益小康的进程中，倍加重视个人、家庭乃至全社会的藏书风气和阅读习惯的建立。

读书需要选择和引导。从家庭藏书的选择层面来看，家庭藏书推荐书目，对读者个体和家庭乃至社会，都有重要的参考和引导意义。一般而言，推荐书目也当从推荐经典开始。经典阅读是一剂良药，能把遗失的优良阅读传统找回来，并引导阅读和家庭藏书的理性重建。从阅读经典开始，让大众对阅读产生兴趣，这样引导大众形成阅读的自觉意识，然后大众才能自觉去买书、读书和藏书。家庭藏书转型最直接有效的办法，是通过家庭藏书推荐书目引导，带动读者个体及家庭藏书和阅读图书。推荐书目是开启家庭藏书之路的法门，家庭藏书推荐书目为家庭藏书转型节省了时间，提高了效率。家庭藏书推荐书目是家庭藏书观念理性回归后的必由之路，是家庭藏书的落脚点和家庭阅读的出发点。

第四节 现代家庭阅读氛围

一、父母——家庭阅读的示范

从"耕读传家"的传统家庭阅读文化中不难看出，一个家庭是否有良好的阅读氛围，父母往往发挥着不可替代的作用。书香门第的形成，一定离不开家族长者对后代读书的谆谆教导与以身垂范。以曾国藩家族为例，作为家族的主要继承人，曾国藩一生读书不辍、治学不止、以身作则，不遗余力地教导和勉励其兄弟子侄读书。在给弟弟的信中，曾国藩这样写道："盖士人读书，第一要有志，第二要有识，第三要有恒。有志则断不甘为下流；有识则知学问无尽，不敢以一得自足，如河伯之观海、如井蛙之窥天，皆无识者也；有恒则断无不成之事。此三者缺一不可。"曾国藩认为，读书做学问须先"立志"，也就是要确定一种求知的愿望、愿景；坚定读书的意志、志向，这是一种极度扩张的主观精神，具体表现为要有"为知识而知识"的决心和勇气。关于读书，曾国藩所寄希望于兄弟子侄的是："志不可一日坠，心不可一日松。"他是以是否"发奋自立"作为标尺衡量有无读书之"志"的。"苟能发奋自立，则家塾可读书，即旷野之地、热闹之场亦可读书，负薪牧豕，皆可读书；苟不能发奋自立，则家塾不宜读书，即清净之乡、神仙之境，皆不能读书。何必择地？何必择时？但问立志之真不真耳！"由此可见，曾国藩希望在其家庭倡导一种"有志"于读书的家庭阅读文化。

在现代社会，如果父母有良好的阅读习惯，那么阅读亦会成为孩子一项重要的文化生活；反之，没有父母的率先示范，也往往无法形成真正的家庭阅读氛围与环境。

二、保障家庭阅读的基本时间

拥有一定的家庭阅读的时间至关重要。现代社会，多数父母忙于工作应酬，子女忙于课业；以智能手机为代表的移动客户端和以微信为代表的社交网络的兴起，在不断改变人们生活方式的同时，也在让人们成为网络附庸，属于个人的业余时间变得愈加碎片化，真正用于阅读的时间少之又少。因此，我们呼吁和倡导建立一种"家庭阅读时间"的文化，即家庭成员每天抽时间集中读书、谈书的文化。享誉全国的"深圳读书月"曾提出一个口号："每天阅读一小时"，鼓励人们每天保证一小时的阅读时间。那么家庭亦是如此，家庭成员要从电视、手机、网络的束缚中解脱出来，利用饭后、睡前的时间阅读。这不仅能丰富家庭成员的文化生活，更能增进家庭成员间的交流与理解。

三、保障基本的家庭阅读空间

家庭阅读的空间与氛围，不仅可以为家庭阅读提供赖以存在的硬件基础，往往也能够形成对家庭成员参与阅读的心理激励与暗示。那么，家庭阅读空间的最基本要求是什么呢？因为条件所限，现代家庭并不能保证都拥有独立的家庭书房，但基本的书架、书桌应该是家庭阅读最基础的配备。在现实当中，我们往往发现，很多家庭最好的空间往往被电视等占据，书架、书桌还没有成为家庭普遍、必备的家具。

四、保障基本的家庭阅读资源

家庭阅读资源，主要指家中要有一批家庭成员感兴趣的藏书。一个"阅读家庭"应该是随时随地都可以看到书、拿到书的家庭。当代社会，随着数字出版及公共图书馆服务体系的日益成熟，未必每个家庭都要成为藏书之家，但是保有一定量的、家庭成员感兴趣的图书则是必需的。这些图书可以自行购买，可以借自公共图书馆，也可以是适用于移动客户端的电子图书。当然，在经济条件允许的情况下，应该鼓励家庭加大在阅读方面的开支，让购书、逛书店成为家庭文化消费习惯，这将在很大程度上促进家庭阅读习惯的形成。

五、保障基本的家庭阅读活动

基本的家庭阅读活动，主要指适合家庭成员的阅读行为。如家庭共读、朗读、听书、讲故事、讨论图书内容等，都可以看作基本的家庭阅读活动。特别是有儿童和青少年的家庭，习惯性的家庭阅读活动，对孩子的全面发展有着不可忽视的作用。一方面，公共图书馆及各类阅读推广组织要加大力度为家庭阅读提供指导，面向父母及祖父母等儿童监护人宣传家庭阅读的理念与方法，鼓励和支持家长持续开展家庭阅读行为，激发家庭成员的阅读兴趣；另一方面，公共图书馆及专业阅读推广机构应该建立与社区、家庭的广泛联动，通过对家庭成员的阅读培训，与家庭联动开展阅读沙龙，鼓励家庭之间的阅读交流，帮助家庭邀请相关阅读推广人开展基于邻里家庭的阅读沙龙和故事会等活动，从根本上为家庭成员阅读习惯的养成提供支持和帮助。

第二章 家庭阅读方法

第一节 读、听、写与阅读分享

一、读书

"书读百遍，其义自现。""大声读书"（主要为朗读与诵读）历来是中外传统的阅读方法，在历史上发挥了不可替代的作用，至今仍然是阅读的重要方法之一。朱熹曾说："凡读书，需要字字响亮，不可误一字，不可少一字，不可多一字，不可倒一字，不可牵强暗记，只是要多诵数遍，自然上口，久远不忘。"曾国藩也曾说："李杜韩苏之诗，韩欧曾王之文，非高声朗诵则不能得其雄伟之慨，非密咏恬吟则不能探其深远之韵。"

书声琅琅，是许多人关于阅读最初的记忆。相较于学校、图书馆、书店等公共阅读空间而言，家庭阅读空间更为私密和自由，能够更多地将声音、画面甚至实践体验等结合起来。"大声读书"是家庭阅读最有效、最常用的方法之一。在家庭中大声读书，有助于读者理解文章的思想感情，增强读者表情达意的能力和词汇储备，也能创造良好的家庭阅读氛围，感染其他家庭成员阅读。

（一）朗读

所谓"朗读"，即看到文字的同时读出声音，再由声音在大脑中唤起意思，达到理解。声情并茂的朗读，能将无声的文字转化为有血有肉的有声情境，能形象、生动地表达文字作品的思想内涵。通过朗读，读者调用了听觉、视觉等感官活动，能更好地体验文字中包含的思想与情感。同时，朗读更加有利于读者集中注意力、抓住重点。正如叶圣陶先生所说："吟诵的时候，对于讨究所得的不仅理智地了解，而且亲切地体会，不知不觉之间，内容与理法化而为读者自己的东西了，这是最可贵的一种境界。"

在家庭中朗读，不应"和尚念经"，也不应"照本宣科"。读者的眼、口、耳、脑需要协同运作，朗读是对文章的理解和再创作。在家庭阅读过程中，掌握一些朗诵技巧也是必要的。

家庭阅读常用的朗读技巧有：①保持音色。通过声音的高低、长短、强弱以区别不同人物；②确定基调。把握所读文章的主要精神，并分层次处理好传达感情的语气；③突出重音。根据文章的特点、中心思想和感情等，把有些词语和句子加以突出，或重些，或轻些，以示区别；④变化语调。朗读时通过升调、降调、平调、曲调等语调变化，反应角色语气或文章情境的变化；⑤调整节奏。依据人物语言、心情、语言环境、气氛等的不同而适时调整朗读节奏；⑥适度停顿。为了表达文章的内容、思想感情或是换气需要，在句子、自然段和意义段之间进行适度停歇；⑦语音变化。充分重视音变现象（如轻声、儿化、变调等），并予以体现。

相较于诵读而言，朗读法更贴近人们的生活，也更易于操作，在家庭阅读中运用也更为广泛。

（二）诵读

诵读法是在理解的基础上，通过"眼观口诵心惟，熟读精思成诵"，全面深入理解文献的读书方法。

"三分文章七分读"，从孟子的"诵其诗，读其书"可知，在先秦时期，诵读就已经成为阅读和教育不可或缺的一部分。至汉代，讽（背诵）、诵（吟唱）、读（朗读）等读书方法已很流行，此时，诵读法的三个基本要素已经具备。到了宋元时期，诵读法走向成熟，朱熹、真德秀、程端礼等都对此有所阐述。朱熹不仅提出了诵读的标准、诵读时的形体要求、诵读的要点，而且提出诵读"三到"（心到、眼到、口到）、"心到最急"这一诵读法的精髓。明清时期，诵读法进一步深化，开始注重诵读对心理和生理影响的规律。同时，张履祥提出，读书"先令成诵，而徐以涵泳其意味，休之于心"。崔学古则提出了"探读""熟读""温读"等系统的阅读方法。近现代，诵读逐渐淡出历史，20世纪90年代，随着社会对传统文化的重视，诵读才逐渐复兴。进入21世纪，诵读更是呈加速发展的态势，被称为"第四次读经回潮"。如官方层面的"祭孔"活动、成立孔子学院等；学校推行以"儒经"诵读为主要内容的国学教育；教育企业成立私塾，提倡国学教育；民间机构和学者组织推广诵读活动等。

由于古代教育和阅读以经、史、子、集等内容为主，诵读曾经是家庭阅读最重要的方法之一。随着诵读法的复兴，诵读逐渐恢复了其在家庭阅读中的重要地位，并成为家庭阅读经典著作的最重要方法之一。

"熟读唐诗三百首，不会作诗也会吟。"事实上，声情并茂地诵读，确实特别适宜于阅读抒情诗文、文言文等作品，因此诵读通常与经典读物联系在一起。通过吟诵，读者可以有节奏地、有感情地诵读诗文，深刻体会诗词文赋的精神内涵和审美韵味；通过调动视觉、听觉、触觉等多种感官机能，把听、说、读、写结合起来，加强记忆；同时，诵读为读者阅读古典文献创设了一个较为真实的语言情境，有利于读者形成自己独特的、正确的经验认知和情感领悟，也有利于读者展开想象，体会语言文字之美。

与默读和朗读相比，诵读更注重阅读内容的音义结合。"音"是传词达意的前提，"义"是音律悠畅的基础，两者互为补充，相互交融。因此，在家庭阅读中，要达到有效诵读，必须应用相关的诵读技巧；同时，对于处于诵读启蒙阶段的儿童读者而言，接受来自家庭成员或老师的诵读技巧指导和帮助，是十分必要的。

在家庭阅读中，常用的诵读技巧包括音高、音强、音色、音长等语言的物理要素的美化，语调、句调、轻重格式、发声方法等情感要素的应用，表情、妆容等副语言要素的运用等。在家庭诵读中，要以灵活自由的时间和生动活泼的方式，调动诵读行为的积极性和可持续性。常用的方式有接龙诵读（即一人一句，连接往复）、对话诵读（即以上句接下句的形式进行诵读比赛）、配乐诵读（选取古典音乐作为背景音乐配合诵读）、诵读表演（通过配乐、改编成歌曲或舞蹈等方式展示）等，能激发诵读兴趣，巩固阅读内容。同时，创设具有浓郁文化氛围的经典家庭阅读环境，如在家庭中准备丰富的诵读材料，家庭成员积极参与、互相影响，让孩子作为"小老师"教家庭成员诵读等，均有助于增强诵读的可持续性。

相较于朗读而言，诵读更适用于古典著作的阅读，更有助于从作品的声律气韵入手，体会其丰富的内涵和情感。

（三）背诵

背诵这种学习方法古已有之，也是行之有效的阅读方法。在许多名家看来，背诵是学习知识、了解文化的有效形式。清代学者刘大櫆在《论文偶记》里曾说："积字成句，积句成章，积章成篇，合而读之，音节见矣歌而咏之，神气出矣。"梁实秋在《岂有文章惊海内——答邱彦明女士问》一文中就曾经这样写道："这种教学方法（背诵默写）看似是一种很不聪明的方法，但却能在无形中帮助学生认识中文文法的要义，体会拣词炼句的奥妙。"可见背诵的重要性。

背诵是一个反复朗读或默读，从而达到记忆的过程。背诵并不等于死记硬背，它与读者的思辨能力和创新意识的培养相关。背诵能培养读者语感，提升读者的表达能力，增强记忆力和注意力，培养和提高读者阅读的兴趣；也能使人对文化有更深层次的理解，在潜移默化中熏陶读者。

背诵的方法主要可分为机械式、理解式和技巧式三类。

1. 机械式背诵。读者依靠机械重复地朗读，达到自然成诵的效果。此种方法适合天生记忆力好或者对"硬背"方式适应良好的读者。值得注意的是，机械式背诵并不是不要理解。自然背诵法、接龙背诵法、尝试背诵法等，均是行之有效的机械式背诵方法。

2. 理解式背诵。读者在解释了阅读材料与自身固有的知识之间的联系之后再进行背诵。理解式背诵在全面性、速度和巩固等方面要优于机械式背诵，且成人的理解式背诵要比儿童效果好。抓线索背诵法、图像再现背诵法、联想背诵法等，通常被广泛运用。

3. 技巧式背诵。读者借助记忆术进行背诵，这种方式可以训练超强的记忆能力。所谓记忆术，即是将新阅读材料与已经知道的事情联系起来的一种记忆事物的方法。通过串字背诵法、强化链接背诵法、位置编码背诵法等，读者利用深层加工理念的记忆规律来进行背诵，能事半功倍，大大提高背诵效率。

朗读是背诵的外在表现形式，背诵是朗读的结果之一。朗读是背诵的基础，背诵是朗读的提高。

二、听书

"听书"是通过听觉来阅读作品。在东西方历史上，在社会识字率极低、纸张书籍奇缺的环境下，听书起到了传播知识与文化、传承历史的重要作用。如古希腊的《伊里亚特》《奥德赛》，古印度的《罗摩衍那》《摩诃婆罗多》等巨著，在最初的流传过程中，都有赖于听书这种口耳相传的方式。而戏曲、说书、评书等艺术形式，在很长一段时期内更是普罗大众阅读的重要渠道。

听书不仅仅是个人的阅读活动，也是文化交流活动、创作活动、学习和教育活动。古代的阅读很多都是以"你读我听"形式为主的公共阅读。例如，古希腊人和古罗马人通常在公开场合为公众诵读自己的作品；在中世纪的欧洲，听书亦是阅读的最主要形式。然而，随着印刷术的普及和造纸术的进步，书籍的价格逐渐下降，阅读也逐渐"从朗读到默读，从公开阅读到私下阅读"，听书的地位逐渐下降。

除了传统的"你读我听"之外，随着信息技术的发展，读者利用移动智能设备获取音频书籍的途径更为多样，听书的内容形态、产生方式、传播方式及接收与利用方式都产生了深刻变革。现在仍然有相当一部分人选择欣赏评书或者收听广播类读书节目，但利用新型听书资源和设备进行家庭阅读的人越来越多。

（一）听书风行的原因

听书打破了阅读时间的限制，解放了读者的双手、双眼，使得读者可以充分利用上下班、做家务、散步、休闲娱乐等零碎时间阅读，也使得在现代社会中用眼过度的人群获得了让眼睛休息的时间。而不论是阅读纸质书还是电子书，都没有如此"自由"。

听书降低了阅读的门槛，使视障和识字不多的人均可参与到阅读中，及时获取信息和知识，享受阅读的乐趣。

听书可以加深记忆。抑扬顿挫的声音往往便于读者体会阅读内容的情感，加深记忆力和理解力，增强读者与作者的情感共鸣。

听书资源便于获取。纸质书较重、携带不便，对于阅读环境也有一定的要求，而听书资源可通过手机、平板电脑等移动阅读设备随身携带，随时取用。

听书可以多人共享。家庭成员可以在同一时间、同一地点共同阅读同一本书，并对阅读内容进行讨论；也可以突破时空限制，利用网络和移动阅读设备转发、分享阅读内容。

听书的优点虽然不少，但由于声音的传播距离有限，转瞬即逝，在很长一段时间内，"听书"是和"读书"紧密联系在一起的。随着现代信息技术的发展，数字化、网络化、移动化技术的进步和移动阅读设备的普及，"听书"在现代社会再次流行起来。

（二）听书资源的载体

20世纪六七十年代，美国盲人基金会为了照顾盲人和退役的伤残军人，找人朗读纸质书籍，然后录制成磁带，播放给有阅读障碍的人听。到了20世纪80年代，这种磁带流入了消费市场，被美国人称为"Audio Book"，直译过来就是"听书"，也被翻译成"有声读物"。这便是现代意义上"听书"的开始。在现代家庭阅读中，听书载体的形态经历了一条从以磁带为代表的Audio Book到以MP3为代表的E-Audio Book（数字有声书），再到以音频App为代表的E-Audio Content（数字有声内容）的变化路径。

家庭阅读中，常见的听书资源载体有：①广播电视听书节目。听众收听电台或者收看电视中的读书节目。此类节目通常具有主持人播音特色和个人风采，能吸引一批"铁杆"书迷；②磁带及CD。磁带和CD在20世纪八九十年代曾经风行一时，是当时听书的主要资源载体。内含的听书资源通常由优秀专业人员录制，因此声音质量较高。至今，随书光盘仍然是家庭听书资源的重要来源；③移动阅读设备。听书资源通过U盘、移动硬盘等可移动存储设备传播、存储，通过智能手机、平板电脑等可移动智能终端播放。而这些资源可以是已经录制成声音的MP3/MP4格式，也可以是TXT等文本格式（可利用软件或TTS设备转换成声音）。优点在于存储量大，使用方便；④网络。听书资源存储在网络中，读者需要的时候，通过网络下载或连网收听。优点在于下载、分享方便，但声音质量良莠不齐。

（三）热门家庭阅读听书资源

随着听书载体形态的变化和智能终端（手机、平板电脑等）的普及，家庭阅读听书资源极为丰富。下面介绍几种当前较为热门的家庭阅读听书资源。

1. 听书类 App。目前应用市场上使用人数较多、好评较多的，主要有以有声图书为主的 App、以课程知识类内容为主的 App、以演讲类内容为主的 App、以文字转音频类功能为主的 App 等，详见表 2-1。

表 2-1　听书类 App

类型	代表 App	资源特色	同类资源
以有声图书为主	喜马拉雅 FM	以有声图书为主，集合音乐、电台、广播剧等资源，是最常用、最普及的听书 App	懒人听书、酷我听书等
以课程知识类内容为主	网易公开课	以课堂教学、知识文化为主，集合 TED、名校公开课、纪录片等内容	腾讯课堂、学霸君等
以演讲类内容为主	TED	以公开演讲和讲座为主，内容多为天文、地理、环保、经济等精深课题	一席、开讲啦等
以文字转音频类功能为主	Instapaper	除了可以将文字转音频之外，软件可搜集、整理和聚合文献内容，提供"稍后读"服务	声之梦等

鉴于以有声图书为主的 App 应用较为广泛，以下对当下流行的该类 App 从资源内容、操作界面、功能亮点等层面做简要对比，详见表 2-2。

表 2-2　以有声图书为主的 App 对比

App 名称	资源特色	操作界面特点	功能亮点
喜马拉雅 FM	资源较丰富，并有音乐、电台、评书等多种资源	界面元素协调，颜值高，操作简便	明确具有"定制听"和"下载听"两大功能
懒人听书	资源较丰富，以热门图书和小说为主	界面一目了然，操作最为简单	首页具有"每日荐书"和"节目推荐"，提供导读

续表

App 名称	资源特色	操作界面特点	功能亮点
酷我听书	资源较丰富，以热门图书和小说为主	界面简洁，功能明确	有"哔哔"功能，鼓励读者评论、参与
蜻蜓 FM	资源较丰富，以热门图书和小说为主，有公开课等资源	操作相对复杂	突出个性，有自媒体功能，每一个分类下均有"精品／力推"
爱听掌阅	资源较少，以有声图书为主	操作简单	"导入"功能可导入自有电子书资源

2. 微信听书。微信听书通常通过听书资源公众号、阅读推广公众号及各种读书会的微信群听书活动来实现。微信听书资源通常是经过编辑精选的内容，因此推送的内容、声音的质量均较高；但由于其资源有限、检索不便等先天缺陷，通常作为听书活动的补充，详见表 2-3。

表 2-3 常见微信听书资源

类型	代表	服务形式
"听书"资源公众号	十点听书	每天晚上 10 点准时推送可以听的精美文章
	咪咕听书 FM	推荐自身资源平台，如 App、网站上的优秀有声读物
微信推送公众号	爱阅公益	通过"爱阅电台"收听或点播有声读物
"读书会"微信群听书活动	听说后院	后院读书会微信群组织的听书活动，每晚由 5 名成员用语音分享一本书，每人 10 分钟；群内每个成员每个月必须分享一次，否则自动淘汰

3. 图书馆听书资源。图书馆购买有声读物并提供馆外在线使用，同时搜集并整理网络中更多形态的听书资源，经过信息标引和揭示后，通过 App 或网络等途径供读者使用，详见表 2-4。

表 2-4 图书馆听书资源

类型	服务方式
有声读物数据库	购买如《云图数字有声图书馆》《爱迪科森网上报告厅》等有声读物数据库，并提供馆外在线服务
精选有声读物推送	精选有声读物，通过微信公众号、App 或网络等途径推送给读者。如国家图书馆推出网上"文津经典诵读"，每天为读者介绍和推荐一条中华传统美德格言、一首古诗词，并且配备在线朗诵；深圳市罗湖区图书馆在微信公众号推出"罗湖好书声"，读者既可以聆听书友分享的"书声"，也可以亲身参与录制、分享等
真人图书馆	具有丰富人生经历和特殊故事的志愿者成为一本真人"书"，讲述自己的故事，解答读者的疑问，供读者"阅读"。如黑龙江省图书馆的"真人图书馆"活动
光盘借阅	图书馆提供随书光盘、有声读物的外借服务
视障人士听书资源和设备外借	为视障人士建立专门的数字图书馆，集合有声读物资源。如中国盲文图书馆的"盲人数字图书馆"；上海图书馆提供的"阳光听书郎"外借服务等

三、读书笔记、思维导图与创作

（一）读书笔记

"眼过千遍，不如手过一遍。"读书笔记历来是备受推崇的阅读方法，是治学的主要工具之一。韩愈在《进学解》里说："记事者必提其要，纂言者必钩其玄。"说明读书笔记不光是摘记要点，还要写出自己的看法，对全书的内容做概括的说明。清初顾炎武的读书笔记巨著《日知录》言明，读书笔记应当在摘录旧书观点后，从许多材料中发掘出新的问题，提出新的见解。古人也善于运用评注笔记，读完书后对它的得失加以评论，或对疑难点加以注释，如金圣叹评《水浒传》《红楼梦》等。由此可见，读书笔记从古至今都是重要的家庭阅读方法。

"好记性不如烂笔头。"读者阅读时记录下重点、心得、体会等内容，并加以整理，对帮助记忆、加深对阅读内容的理解、积累材料、提高写作能力均有较大作用。

在家庭阅读中，读书笔记的写法主要有：①摘录。摘录文献中优美的句子和词汇，有意义、有心得的观点和内容；②批注。在阅读时随时进行，在重要内容或有心得的文字上标注记号，或在空白处随时记录心得体会；③提纲。将图书的重点内容和要点分清层次后加以整理；④读后感。将读书的心得体会结合实际写成文章。

（二）思维导图

家庭阅读时，读书笔记通常的展现形式主要为笔记本、活页本、卡片、书签、随书批注、剪报或思维导图。与传统的读书笔记方法不同，思维导图图文并重、简单有效，因此本文将重点对其进行阐述。

思维导图最初由英国心理学家东尼·博赞在 20 世纪 60 年代提出。思维导图是用图表表现发散性思维。思维导图始于一个中心，用来表示主要内容，分支图像均从中心图像向四周散射，用来表示各大主题、次主题等内容；分支由关键图像或关键词组成。思维导图可以使用曲线、符号、词汇、颜色、图片等要素制作，技巧在于突出重点、发挥联想、清晰明白、建立联系、享受乐趣。

相对于需要严格层级划分、明确概念、具备系统性的知识树而言，思维导图更为发散和灵活，更能应用于非"知识"领域信息的记录；与传统的段落式笔记相比，思维导图篇幅小，结构清晰，重点突出。

在家庭阅读中，思维导图利用图文结合的方式突出重点，形象、直观，能使读者的思路和对文献的理解更为清晰、深入，节省时间；易激起读者的兴趣与热情，便于识字不多的人阅读；也更易激发读者自身固有的知识，加深记忆，提升创造性思维[1]，因此最适用于阅读逻辑性较强、主题关联复杂的书籍。

简易的思维导图人人可以绘制。一张纸、一支笔即可描绘出一张简单的思维导图。随着科学技术的普及，读者也可借助思维导图类软件绘制。这些软件大多可通过电脑、手机等终端设备使用，部分软件实现了网络在线使用和多人团队协同工作的功能。表 2-5 列出了几种常用思维导图类软件和各自的特色。

1　王翠萍，胡石，宋佳. 思维导图在阅读活动中的应用探析 [J]. 图书馆学研究，2011（14）：66-70.

表 2-5 常用思维导图软件及特色

软件名	应用终端	特色
XMind	电脑	国产免费软件，易用性强，能以鱼骨图、二维图、树形图、逻辑图、组织结构图等方式来展示；有音频笔记功能
MindManager	电脑	严格遵守东尼·博赞的制图法则，关键字都是放在延伸"手臂"上；能够提供 XML 的输出，能与微软办公软件沟通；快捷键使用方便，界面可视化；可以进行任务管理，协同工作
MindManager	手机	
MindMeister	电脑	较好的在线思维导图应用之一，其网络版本屡获殊荣。能自由移动应用于各种平台而不用担心数据迁移问题，能实现多人在线团队协同工作
MindMeister	手机	
iMindMap	电脑	由东尼·博赞亲自监制开发而成，接近手绘的效果，是唯一带有自由形态的头脑风暴视图类思维导图软件。可同步云数据，但操作较为复杂，适用于小型的思维导图
iMindMap	手机	

除了以上软件外，Coggle、Mindmaps、FreeMind、Text to Mind 等思维导图软件，均有各自的特点和使用人群。

（三）创作

阅读对写作具有不可忽视的促进作用。积累大量阅读后进行创作，或延伸想象，或读写互动，是家庭阅读的重要形式。我们既可通过书写来传达内心所思、所想、所悟，也可以通过想象和口述，创编、改编阅读作品，输出阅读心得。阅读和写作，一个是吸收，一个是表达；一个是输入，一个是输出。

1. 延伸想象。想象是人脑对已有表象进行加工改造、创造新思想的心理过程。在家庭阅读过程中，依据阅读内容展开想象的翅膀，利用抑扬顿挫的语言创设情境；利用图画、影视、幻灯片、音乐、摄影等手段，生动再现书籍中的情境，调动读者的多种感官，激发读者的情感；通过比较，激发读者的认识和想象；将联想与想象结合在一起，运用自身的感情内容、生活经历、文学积淀，对书籍中的情节、场景等内容进行"推测式"想象，最终，通过语言或文字把想象的内容表述出来。

2. 读后感。读者阅读书籍后，把具体感受和得到的启示写成文章，便是读后感。读后感的写作，建立在阅读的基础上，书读得越深越透，感悟就会越丰富。读后感可以是从书中领悟出来的道理或精湛的思想，可以是受书中内容启发而引起的思考与联想，也可以是因读书而激发的决心和理想。

读后感的内容，受到文本内容及读者知识、阅历、个性、情感等多方面因素的影响，因人而异、因文而异。其写作方式，通常有直抒胸臆式、一唱一和式、浮想联翩式、图说心语式、人生箴言式等。

3. 自创作品。阅读与写作相互依赖、相互影响。读者通过大量阅读，累积词汇、语言、语法和素材，激发写作灵感，形成自己独特的观点和看法，矫正在语言表达中出现的逻辑不清、语序混乱的现象和对世界含糊不清的认识，改变自己的世界观和情感世界，净化心灵；在情感体验的同时，产生思想共鸣，产生认识顿悟和思想飞跃。在此基础上，通过诗歌、散文、小说、论文、绘画、音乐等形式，表达读者自己的所思所想。

四、阅读分享

阅读绝不仅仅是个人的行为。在家庭阅读中，家庭成员之间，尤其是父母与孩子之间，分享阅读体会，共享阅读乐趣，能够激发思维、丰富学识、开阔视野、完善自我，同时培养阅读习惯，激发阅读兴趣。

（一）亲子共读

儿童阅读对儿童自身的发展非常重要。由于儿童特有的生理和心理发展特点，亲子共读成为儿童阅读的常态，也是家庭阅读最重要的方式之一。

所谓亲子共读，是指父母和孩子围绕图书展开讲述、讨论、交流的一种分享性的、个性化的阅读活动。亲子共读以书为媒介，以阅读为纽带，对儿童身心发展的好处显而易见。亲子共读还能增进父母与孩子之间的沟通与交流，促进家庭和谐，对父母阅读写作、对生活体悟也有间接的提升作用。同时，在家庭中创设有利于渲染阅读氛围的环境，如书房、图书角、阅读区等，能够提升儿童阅读的兴趣和专注度，也能够促进其他家庭成员的学习和阅读。

1. 亲子共读的书目选择。少儿的生理和心理变化迅速，其阅读兴趣和阅读能力在不同年龄段均有较大不同。因此，在亲子共读书目的选择上，家长应当有分级阅读意识，依据孩子所处的不同阶段选择适合的书目。

分级阅读主要按照儿童的心智成长规律，提供大体适合某个阶段孩子特性的作品。目前，国内外童书分级标准主要有三种，即以"A"到"Z"分级法为代表的字母表体系，将童书从易到难分为 26 个级别；以"蓝思分级体系"为代表的数字体系，采用分值来评判儿童的阅读能力；年级体系，即依据不同孩子的年龄来判断其应有的阅读水平。

在分级阅读意识的指导下，家长依据自身诉求和儿童需求选择优秀书籍进行阅读。在具体书目的选择上，应当选择品牌作者或品牌出版社出版的童书，选择在国际、国内获奖的童书，选择权威机构和专家列出的推荐书目等。

2. 亲子共读的主要形式。亲子共读的地点通常为家庭、图书馆少儿区、公园等较为生活化的场所，其主要形式有：①自由朗读。这是最简单，也是最常用的亲子共读方法，即家长声情并茂地将书中的文字或画面描述给孩子听，或者孩子自由阅读时向家长提问；②提问引导。家长和孩子在阅读过程中或结束后，依据阅读内容的不同，向孩子提出相应的问题，或引导孩子做出猜测、数数、触摸、排序等动作，使孩子有身临其境的感觉，以便孩子加深记忆和体会；③交流讨论。家长和孩子针对阅读的内容进行交流和讨论，此方法适合年龄较大的孩子；④延伸想象。在阅读、理解内容的基础上，家长引导孩子展开想象，创编或改编故事。

在家庭阅读中，还可通过阅读竞赛、表演、角色扮演、手工、体验式阅读等灵活多样的形式，提高孩子的阅读兴趣，加深孩子对阅读内容的理解。

（二）家庭读书会

读书会是由一组人参与的互动形态的团体阅读活动，参与者阅读共同研究的作品与材料，分享学习心得，讨论观点和内容，激发新的思考和扩大思维的空间[1]。18 世纪的法国读书沙龙和 19 世纪北美妇女文学会，便是历史上有名的读书会活动。现代意义上的读书会起源于瑞典，被称为"学

---

1 吴慧茹. 以读书会促进全民阅读探析 [J]. 国家图书馆学刊，2014（6）：33-38.

习圈"，发展至今，读书会已成为瑞典人的一种生活方式，几乎每一个瑞典的乡村都有读书会。在欧美等地，读书会也是较为常见的分享阅读的方法。

相较于亲子共读能够随时随地进行，家庭读书会通常选择某个固定的时间、以固定的形式来一起读书，共同学习。除了父母与孩子之外，孩子与孩子、孩子与祖辈及其他亲戚、朋友，都可以参与进来。在形式上，除了亲子共读常用的方式之外，家庭读书会还可以运用表演、诵读或朗诵、竞赛、做手工、交流心得体会等方式。为达到较理想的效果，家庭读书会通常定期或不定期举行。

目前常见的读书会组织形式主要有两种。

1. 家庭读书沙龙。此种读书会通常为家庭自发组织，参与成员通常为家庭内部成员或亲戚、朋友、同学等。其必要环节通常为：由参与人员轮流担当主持人，定期诵读、欣赏美文，把近来读到的好书或文章推荐给其他家庭成员，然后对分享内容进行点评和互相交流。一般都会有一个才艺展示的环节，也会把成果以读书笔记、竞赛奖品等方式固定下来。

2. 社会性读书会。此类读书会通常为有一定组织机构、有固定活动场所和活动时间、有一定活动经费、有章程的群体性读书会举办的活动。国内现有读书会主要有：以中国金融博物馆书院读书会为代表的民间读书会；以南京图书馆陶风读书会为代表的图书馆读书会；以郑州大学读书会为代表的学校读书会；以凤凰网读书会为代表的网络读书会等。

以家庭为单位参与此类读书会组织的读书活动，是目前家庭阅读的重要方式，也能促进参与活动的多个家庭之间的交流和互动。在组织和参与家庭读书会之前，应当对当次活动的主题有所了解并进行阅读。读书会主旨活动通常为读书心得分享和讨论，同时也会搭配与主题相关的轻松有趣的活动，如品尝佳肴、音乐或剧目欣赏、郊外联谊、家庭聚会等。这些活动都能有效提升大家的参与兴趣，提升阅读体验。

（三）家庭阅读网络分享

网络重建了读者和文本的内在关系，打破了阅读主体所受到的来自客观世界和社会文化中的种种外部局限，为自主阅读提供了无限可能。得益于开放、平等、协作、分享的网络与智能设备的普及，我国国民的数字化阅读率节节攀升。网络阅读共享是指读者以互联网为基础，利用互联网工具进行的以文本（书籍、报刊）阅读为主体的阅读推介、分享、评价、传播的活动。

1. 家庭阅读网络分享流行的原因。家庭成员坐在电脑前或利用手机、平板电脑等移动阅读设备，随时随地分享阅读内容，省时省力；阅读内容可通过网络下载、推送、复制等，而不需要手写、复印等；电子书籍价格相对低廉；可以阅读到最新消息及自媒体信息，并且读者可以参与讨论、建议等；同时，阅读网络分享能增强家庭成员的互动，加深家庭成员之间的情感联系。正因为网络分享资源丰富，省时、省力、省钱，参与度高，因此逐渐成为家庭阅读的重要方式。

2. 家庭阅读网络分享的主要途径。家庭成员之间的网络阅读共享，借助手机、平板电脑等智能设备，依托微信、QQ 等社交软件和网站，深入人们的生活，成为全民阅读的重要组成部分，详见表2-6。

表 2-6 家庭阅读网络分享的主要途径

主要途径	特征	代表
文档分享	家庭成员通过文档共享网站分享阅读内容，在线阅读和下载涉及多个领域的资料，通常以虚拟积分作为鼓励用户上传文档的激励措施	豆丁、百度文库等
人际推送	用户通过博客、微博、网络社区、微信等网络工具发表自己的阅读体验，发现网络优秀阅读内容，并借助网络渠道迅速传播从而影响他人	微博、微信等
阅读社区	使用类似新闻组的小组方式组织用户，各个小组成员因有共同阅读爱好而聚集，创建、加入、收藏小组都极为简便，分享、交流阅读内容成为其联系的纽带，大都使用 Tag 机制	豆瓣网等
线上读书活动	家庭成员共同参与，收听或收看网站、读书会、直播平台等提供的阅读内容，并通过推送、文档分享等方式传播	"罗辑思维"线上读书会、"中信"线上读书会等

现阶段，家庭网络共享阅读以浅阅读和碎片化阅读为主，内容也是五花八门、良莠不齐，甄别、选择优秀的网络阅读源显得尤为重要；同时，家庭成员也应当加强互动，加强阅读评论与讨论。

（四）其他

阅读是不分年龄、不分性别的。随着现代技术的普及，家庭成员之间的阅读分享打破了时间和空间的限制，加深了家庭成员之间的联系和交流。

家庭阅读分享，可以是家庭成员之间的分享、家庭与家庭之间的分享，也可以是家庭成员共同参与其他机构组织的阅读分享活动；活动地点既可以在家中，可以在室外，也可以在线上。目前，常见的可供家庭成员共同参与的其他阅读分享活动很多，详见表2-7。

表 2-7 常见的其他阅读分享活动

分享方式	主要形式
故事会	讲述者在一定的空间内，为孩子们声情并茂地讲述各类有趣的故事。讲述者一般为家长、志愿者或组织机构工作人员，也可以是表达能力较强的儿童。有时会配合音乐、PPT 或搭配手工活动
读书心得交流	参与者讲述读书经验和阅读心得，可以有一个主讲人，也可以是人人参与。有精品导读、心得交流互动、名家讲座等形式
晒书会与图书交换	通过展示自己喜爱的图书，与其他书友交流，共享阅读乐趣。除了"晒书"之外，一般经协商后可交换图书
图书漂流	将图书投放在漂流网站或特定地点，供阅读爱好者免费取阅、传阅，而后照此行事。漂流网站通常会交流心得体会，记录图书流转历程
体验式阅读	采用静态文本阅读与动态生活体验相结合的方式，引导读者亲自阅读、亲身实践、切身感受，从而加深对阅读内容的理解和感悟
角色扮演	读者扮演阅读内容中的角色，表演作品中的主要故事情节或自创情节，从而加深对阅读内容的理解

第二节 体验式阅读与角色扮演

一、体验式阅读概述

体验是指通过亲身实践而获得经验的过程，是人类获取认知的一种有效方式。"纸上得来终觉浅，绝知此事要躬行。"自古以来，人们就知道，要真正弄明白文章中的深意，往往需要生活中自身的真实体验，著名教育家陶行知就提倡"生活即教育"，主张教育同实际生活相联系；而美国著名社会心理学家、教育家大卫·库伯则提倡体验式学习，他认为学习是一个体验循环过程：具体的体验—对体验的反思—形成抽象的概念—行动实验—具体的体验。如此循环，形成一个贯穿的学习经历，学习者自动完成反馈与调整，经历一个学习过程，在体验中认知。

教育和学习如此，阅读也如此。现代阅读不再限于书本和文字的阅读，而能融合绘画、音乐、视频、手工、游戏等多种元素，读者能从视觉、听觉、嗅觉等多种感言来体验阅读。体验式阅读就是通过丰富多彩的实践活动，让读者主动参与、亲历探索，通过观察、思考、合作、感悟、搜集和处理信息、分析和解决问题，从而获得新知识的过程。在体验的过程中，阅读与体验相互作用、相得益彰。

（一）体验式阅读盛行的原因

体验式阅读以阅读内容为载体，将静态的文本阅读与动态的体验活动相结合，引导读者亲自阅读、亲身实践、切身感受，从而加深对阅读内容的理解，加深记忆。

体验式阅读注重学习的过程和体验性，有助于养成科学严谨的学习方法，提高探究和解决问题的能力。

体验式阅读在阅读的过程中常常是多向互动的，读者可以以小组的形式交流合作、共同探究，在讨论、交流、促进的过程中体验到合作的乐趣。

体验式阅读融合了绘画、音乐、视频、手工、游戏等多种元素，给予读者快乐的体验。

体验式阅读通过合作与参与，激起读者积极的情绪，形成乐观的心态，从而培养读者喜爱阅读、学会阅读的好习惯。

正因为体验式阅读有如此多的优点，随着国家、社会对阅读体验的重视和生活水平的提高，采用体验式阅读方法的家庭越来越多。

（二）体验式家庭阅读环境

阅读时，读者、读物、环境会相互作用，因此，家庭应有充满体验元素的阅读环境，以促进体验式阅读。

创设体验式家庭阅读环境，应当提供多样化的、充足的阅读材料。图书资料、主题图片、墙饰布置、各种道具及教具、实物、碟片、书写材料等，是体验阅读活动中不可缺少的支持材料。在最为直接的图书的选择上，家庭应选择可读性、可用性、体验性兼具的读物，如折叠发声书、各种不同质感的读物（如皮、毛、布等）、立体书、洞洞书、角色扮演书、玩具图书等。

创设体验式家庭阅读环境，家庭应有充足的阅读时间和场所。体验式阅读比普通的阅读需要更多时间，既包括阅读准备时间，也包括体验的历程、读后的回味与总结，还有之后不断的重复，而表演、实验、观察等活动，需要特定场所或地点提供支持。

创设体验式家庭阅读环境，家庭还应当提供宽松、自由、充满体验元素的阅读氛围。在体验阅读的过程中，鼓励参与人员相互引导、支持、合作，鼓励参与和创作，允许失误，尊重个性。

（三）体验式家庭阅读的途径和方式

体验式家庭阅读鼓励参与，提倡用手去做、用耳朵去听、用嘴去说、用眼去看、用身心去感受，并与阅读内容相互呼应、相得益彰。主要途径和方式，详见表2-8。

表2-8 体验式家庭阅读的主要途径和方式

主要途径	主要方式
动手做	动手做实验、场景再现、手工制作、美食制作等
观察	观察植物生长规律、动物形态等
欣赏	听书、观看表演／剧目／电影、欣赏音乐会／歌剧等
表演	朗诵、讲故事、角色扮演等

续表

主要途径	主要方式
游戏	与游戏书互动、阅读竞赛、诗歌赠答、对对子、你问我答等
体验	文化行走等

二、生活体验类家庭阅读

与学校阅读不同，家庭阅读的目的，除了学习知识、精研专业之外，通常还有体味人生、追求兴趣爱好。因此，家庭阅读往往与生活息息相关。

创设生活体验式阅读环境，能够激发读者的阅读兴趣，解决实际体验过程中的问题和困难，令读者体会阅读的乐趣；而生活体验与阅读内容的相互印证，能够强化记忆，提升个人感悟。

（一）生活体验类家庭阅读的主题

一般家庭都具备体验式阅读需要的阅读动力和操作条件（如工具、场所等），这使得生活体验能较好地与家庭阅读相结合。生活体验类家庭阅读的主题是多种多样的，详见表2-9。

表2-9 生活体验类家庭阅读的主题

主题	预期效果
手工制作	通过阅读，掌握手工制作的技巧和方式；通过实践，提升动手能力和创作能力
园艺种植	通过阅读，解决体验过程中出现的问题，预见动植物未来生长形态，延伸对同类物种的认识；通过体验，加深对阅读内容的理解和感悟，提升园艺水平
美食DIY	通过阅读，掌握美食制作的要领和步骤；通过实践，提升操作水平
教育	通过阅读，掌握教育方法，针对孩子的身心发展状况选择教育方法；通过对教育方式的实践，增加对教育方法的体会和领悟
时尚美容	通过阅读，掌握流行趋势，并根据自身和家庭成员的实际状况进行实践；通过实践，提升审美情趣

以下以手工制作为例，具体阐述生活体验类家庭阅读的主要形式。

（二）手工制作

随着人们生活水平的不断提升和对精神文化生活越来越高的要求，手工制作和创意 DIY 逐渐融入人们的生活。手工制作指导书籍的家庭阅读，能使初学者了解手工的主要形式和方法，使入门者提升制作水平和审美情趣，提升对阅读内容的领悟和体会。近年来，各级图书馆在儿童阅读推广过程中，将亲子手工、手工绘本制作等内容加入进来，取得了良好的效果。

1.亲子手工。亲子手工是家庭阅读的重要形式。围绕阅读的主题，亲子手工用深入浅出、生动好玩的方式，最大限度地发挥书本的力量，家长带着孩子一起体验生活，品味人生。这是一种更深入的绘本阅读体验，一种全方位的绘本解读。同时，高质量的亲子手工能加深亲子感情，培养孩子的责任感和意志力，增强孩子的注意力和动手能力；有利于培养孩子解决问题的能力、思维能力、语言能力；也有利于让孩子获得成就感，增强自我效能。亲子手工的主要形式，详见表 2-10。

表 2-10 亲子手工的主要方式

手工方式	主要内容
涂色	在涂色书籍或材料上依据喜好或配色样图，用彩笔填充颜色
剪纸	用剪刀或刻刀在纸上剪刻花纹，用于装点生活或配合其他民俗活动
折纸	将纸张折成各种不同形状
编织	把细长的材料互相交错或勾连，编织物品
烹饪美食	运用多样食材制作美食
拼布	将布料按照图谱或图案拼接具备成实用性或艺术性的布艺作品
积木拼搭	拼搭积木，形成不同建筑形状
橡皮泥/黏土	利用橡皮泥/黏土材料揉捏、塑造不同形状和物品

2.手工绘本制作。手工绘本是指创作者自行创作、设计、制作完成一本绘本书，包括文字和图画等全部内容，从封面内页及封底都需要自行构思、设计编排，并运用美术技巧加以完成。手工绘本制作能激发孩子对周围环境的好奇心和对学习的兴趣，提升孩子的想象力和创造力，帮助孩子建立学习能力和创作能力之间的联系，同时促进孩子的语言表达能力、合

作交往能力、手眼协调能力、观察能力、感知能力、逻辑思维能力的综合发展，让孩子"学会动手，学会动脑"。

近年来，各地图书馆在推广儿童阅读时，较多地采用了手工绘本制作的形式。如广州图书馆大力推动绘本阅读与制作，组织广州市青少年绘本制作大赛、广东省"幸福成长"图书绘本制作大赛等活动；惠州少儿图书馆开展的手工绘本制作活动；苏州独墅湖图书馆举办的手工绘本制作活动等。这些活动鼓励孩子创作、家长参与，让孩子在创作中学习、在动手中阅读。

三、保健体验类家庭阅读

随着医疗体制的改革、生活条件的改善和健康理念的更新，人们的保健意识逐渐增强，健康保健成为家庭阅读的重要内容。通过阅读健康保健类图书，读者学习相关知识，获得正确的指导，学会爱护自己和家人的身体，获得战胜疾病的信心；通过体验保健手段，寻求身体和心灵的健康，加深对疾病和自身的了解。表2-11列出了保健体验类家庭阅读的主要内容和体验方式。

表 2-11 保健体验类家庭阅读的主要内容和体验方式

目的	阅读内容	体验方式
日常保健	养生类书籍等	推拿按摩、艾灸、针灸等
食疗	药膳、养生饮食等书籍	制作养生菜肴等
减肥	减肥塑身、减肥餐等书籍	制作减肥餐等
健身	瑜伽、跑步、塑形、营养餐制作等书籍	体育运动、营养餐制作等
治疗疾病	心血管疾病、癌症、康复锻炼等书籍	康复锻炼、术后饮食制作等
心理调节	抑制烦躁和精神亢奋、调整紊乱思绪、减轻内心焦虑、克服精神抑郁等类书籍	阅读，放松身心，体验书中教授的方法

四、文化体验类家庭阅读

阅读可以提升人的文化素养和精神境界，丰富人生阅历。文化阅读是家庭阅读的重要内容。文化阅读主要指阅读文化类书籍，包括历史、传记、文学、艺术等，是一种不带有强烈功利色彩的阅读，是对思想和心灵的升华与净化[1]。在家庭阅读中，文化体验与文化阅读相结合，能更好地启迪心智，提升精神境界和文化修养，在日积月累中提升读者的文化素质和文化创造力。

（一）文化体验类家庭阅读的主要内容和方式

文化是物质和精神财富的综合体，文化体验类家庭阅读往往也是综合的、相互交织的。如读者在阅读《红楼梦》时，既可选择阅读不同版本的《红楼梦》，也可以欣赏有关《红楼梦》的影视作品、戏曲作品，赏析其中的音乐、舞蹈、表演艺术，可以作为票友，亲身体验曲艺、角色扮演，还可以阅读红学研究文献和收看《百家讲坛》类电视节目，甚至可以亲手制作《红楼梦》中出现的美食等。因此，文化体验类家庭阅读内容丰富、形式多样，能极大提升读者的阅读兴趣，增强文化的辐射力和感染力。表2-12列出了文化体验类家庭阅读的部分内容和方式，但值得注意的是，这些内容和方式都不是孤立的。

表2-12 文化体验类家庭阅读的主要内容和方式

阅读内容	体验方式
文学阅读和艺术欣赏	欣赏戏曲、话剧、电影、电视等，赏析音乐、美术、书法、舞蹈、摄影、杂技等作品
艺术实践	作为票友，亲身体验戏曲、民间文艺等，学习音乐、美术、书法、舞蹈、摄影等
历史阅读	民俗旅游、凭吊古迹、体验文化遗产、观看历史展览等
科普体验	通过科普游戏设备，亲身了解科技原理
文化创意	手工制作文化产品

近年来，各地图书馆逐渐开始重视文化体验类阅读。如南京师范大学图书馆成立了艺术空间，提供艺术书籍借阅，定期开展艺术活动；杭州图书馆音乐分馆为读者搭建起一个音乐欣赏、制作、交流及书籍阅读的平台；沧州市图书馆创建科普互动体验区，为读者提供科普实验服务等。文化体验类阅读鼓励家庭成员参与、分享，提升了读者的审美与文化生活品质，是家庭成员共享家庭阅读的方式之一。

1　马飞.阅读文化与文化阅读——写给第十五个世界读书日 [J].中北大学学报（社会科学版），2009（6）：98-100.

（二）文化行走

"读万卷书，行万里路。"游学是古今中外最为传统的学习、教育方式之一，对人格养成和知识形成有重要作用。从周游列国的孔子，到行遍各地的司马迁、郦道元、李白、徐霞客；从跨越欧亚大陆的马可·波罗，到环球考察的达尔文，他们无不在游学中汲取各地文化的精髓，了解各地的风土人情。《礼记·内则》说："桑弧蓬矢，志在四方。"儒家的"仁学之游"与"比德之游"、道家的"逍遥游"、佛家的"善法，成就犹如师子"等游学理论，贯穿了中国文化传承的脉络，也对后代游学活动和游学思想理论产生了深远影响。游学能够开阔知识视野，丰富学术与文化积淀，为个人成就梦想、施展才华提供广阔的舞台。

文化行走是游学的现代表现形式之一，行走者通过学习各地语言、拜访名流、感受各地风土人情，从而了解和比较各地人文、地理、历史，开阔眼界，提升文化素养。与一般的旅游不同，文化行走以增长知识和提升境界为目的，着重追求生命体悟、人文情怀、道德情操的陶冶和提高。文化行走更注重旅游资源的历史、文化背景，推崇"参与、体验、娱乐、主题"的理念，通常会将历史、宗教、民俗文化等内容融合在一起，因此更为大众所喜闻乐见。

家庭成员共同进行文化行走，与家庭阅读相得益彰。通过阅读，行走者可了解目的地的历史、文化背景；通过行走，读者可加深对当地风土人情的了解，提升文化审美和趣味，表2-13列出了文化行走的部分主题与家庭阅读的主要内容。

表 2-13 文化行走的部分主题与家庭阅读的主要内容

文化行走主题	家庭阅读主要内容
历史	历史发展脉络、文物古迹、古建筑、名人历史及作品、重大历史事件等
民俗	民俗特色和形成发展历程等
自然风光	形成的历史地理原因、重大历史事件和名人、当地神话传说等
文化遗产	传承发展状况、遗产特色等
都市文化	当地现代化发展历程、城市文化内涵、商业设施突出代表等

五、角色扮演

角色扮演又称"Cosplay"，是指读者扮演文学作品、动漫或游戏中的角色。参与者表演作品中的某一个角色，按照自己的理解、角色的设定和情节的发展再现书中情节或自创情节，由其他参与者或欣赏者记录并评价角色扮演者的表现，加深参与者和欣赏者对作品的思考和挖掘。这是一种"深阅读"的方法。从心理学的角度来说，参与者通过角色扮演再现社会生活，掌握角色之间的社会关系，对读者的认知和心理发展均有较大的促进作用。

（一）家庭阅读中角色扮演兴起的原因

在家庭阅读中，读者在阅读、理解作品的基础上，通过动作、语言、道具等途径，采用皮影戏、布袋戏、音乐剧、手偶剧、戏剧甚至只是简单的分角色朗读再现或自创作品的主要情节。

角色扮演可以让作品中语言和文字无法表达的内容通过动作、表情、背景、声音、舞蹈等方式表现出来；角色扮演可让欣赏者直观感受作品内容，而不受文字理解能力的限制，同时打破文字作品的约束力，使传统的"读"变成欣赏，使阅读更富于乐趣；参与者通过表演，深入揣摩和体会作品中的真情实感，不仅可以加强记忆，提升读者对作品的体悟，推动深层次阅读，也可以锻炼参演人员的表达、表演、创造和团队合作能力；角色扮演提倡多人参与，使家庭成员的阅读互动性增强，提升阅读的趣味性和参与度；角色扮演可以彰显参与者个性，契合参与者的心理发展特征。参与者在角色扮演中可找到真我，实现对理想自我的重新塑造。基于以上原因，随着经济和多元文化的发展，角色扮演逐渐成为家庭阅读的重要方法之一。

（二）角色扮演的基本环节

角色扮演是在熟读、理解的基础上对作品的艺术再加工、深阅读，融会了文学、音乐、美术、舞蹈、建筑等多种艺术成分。因此，一次成功的角色扮演式阅读，是建立在充分准备的基础上的。下面以亲子绘本剧的编排为例，具体阐述角色扮演类阅读所需要的基本环节。

准备阶段：秉持以儿童参与为原则，选择适合儿童身心特征的、适合表演的剧本和主题，既要尊重儿童的选择权，也要尊重家长的参与权；设计戏剧活动，创设戏剧游戏区，营造戏剧氛围。

剧本创编阶段：在确定剧本主题的基础上，对剧本细节进行创编，丰富背景、剧情、对话、动作、配乐等元素。

排演阶段：在参与者熟读剧本的基础上，分析剧本和角色，并进行分派，制作必需的道具，进行分段排演和彩排等。

展演阶段：做好前期宣传、舞台调度、舞台美术（如布景、道具、灯光、音效）、人物造型和服装，调节演员心情，做好安保工作等。

总结延伸阶段：组织者和参与者对表演的各个环节进行总结，交流表演心得体会并进行延伸阅读等。

第三章 图书馆与家庭阅读推广

第一节 图书馆在家庭阅读推广中的作用

一、图书馆是家庭阅读资源的重要提供者

自 19 世纪中叶近代图书馆诞生以来，图书馆就以其自身丰富的馆藏资源和专业的服务体系，积极倡导全民阅读。馆藏资源作为图书馆开展服务的基本条件之一，直接影响着读者服务的质量和全民阅读推广的水平。近几年，随着全民阅读活动的深入开展，图书馆越来越重视和加强与家庭阅读相关的馆藏资源建设。

各图书馆，尤其是公共图书馆，作为市民的"大书房"，具有较完备的文献资源收藏和保障体系，能为家庭读者提供全面、系统的阅读资源。其一，随着读者服务定位和服务理念的转变，以及公共财政投入的不断累加，公共图书馆的馆藏范围逐步扩大，内容逐渐丰富，更新速度不断加快，资源结构进一步优化，更加重视读者的阅读需求；其二，图书馆历来注重特色资源建设，而特色资源一般具有稀缺性、文化独特性、传承性，或需要系统积累，通常只有图书馆等专业机构才能提供；其三，图书馆顺应网络化、数字化时代的要求，提供丰富的、专业化的数字资源和互联网服务。读者可以不到图书馆，在家里通过互联网和新媒体，就可以享受到便利的数字资源服务和数字化的图书馆服务。

同时，图书馆可以为家庭读者提供免费阅读资源。2011 年 3 月，文化部、财政部联合发文，要求公共图书馆逐渐实现全面免费开放；同年底，

《公共图书馆服务规范》作为国家标准发布，总则中明确提出公共图书馆"基本服务应当免费"，体现出公共图书馆服务的公益性和基本性。基本服务免费举措大大拉近了家庭和读者与图书馆的心理距离，吸引越来越多的读者到馆借阅。除了公共图书馆，其他各类图书馆其实都有同样一个使命，就是面向公众免费开放，让所有人不受年龄或社会地位的限制，得到免费的阅读资源和平等的阅读机会。

此外，据中国新闻出版研究院发布的第十三次全国国民阅读调查报告显示，我国国民在购买图书时可接受的图书价格仍然偏低，且比往年呈现下降趋势。例如，我国国民能够接受的一本 200 页左右的文学类简装书的平均价格仅为 14.39 元，比 2014 年的 16.01 元减少了 1.62 元。而在此调查结果发布前一个月，著名作家二月河曾指出："现在很多书价格很贵，往往令读者望而却步。"同时，据国家新闻出版广电总局的数据，2015 年我国单册新书平均定价为 55.15 元。通过对比不难发现，现在的图书市场定价总体上已经将国民的购书需求远远地甩在身后，这对推动家庭阅读是十分不利的，也从侧面证明了家庭阅读的需求并不能仅仅通过购买图书得到满足。在这种情况下，图书馆所提供的免费的、丰富的阅读资源就显得愈加重要，图书馆在家庭阅读中的重要性和意义亦凸显出来。

二、图书馆为家庭阅读提供空间

随着社会的发展，图书馆正显现出不可替代的功用，逐步成为社会主义精神文明建设和文化建设的重要载体，成为全民阅读推广的主阵地。图书馆，尤其是公共图书馆，正致力于为社会公众的阅读活动提供一个没有门槛的场所，利用得天独厚的空间和资源优势，为家庭营造出一个充满人文关怀的、充分尊重读者的、轻松自由而又温馨的阅读空间。在这里，每个人都可以快乐地学习和阅读。

一方面，图书馆阅读空间不断扩大，环境不断改善。"以人为本，服务第一"的理念逐渐成为图书馆设计的核心，在新一轮公共图书馆新馆建设高潮中，无论是地市级公共图书馆，还是县区级以下的基层图书馆，建筑面积都成倍增长，阅读空间有了极大改善。事实证明，这样的改善逐渐赢得了读者的青睐，正吸引越来越多的家庭和读者前往图书馆阅读、学习或参与活动，增加了家庭与图书馆的黏合度。例如，北京市通州区图书馆新馆于 2013 年落成开放，总面积达 16000 余平方米。不论硬件设施，还是阅读环境，都有了很大改善，新馆更加注重阅读空间设计，为家庭阅读提供更好的环境，通州区图书馆因此荣获"2014 北京最美阅读空间·最美图书馆"称号。

另一方面，图书馆为家庭提供了日趋多元化的阅读空间。其一，处于信息时代的图书馆，在阅读空间设置或升级改造时，可以借助互联网技术，营造一个良好的信息、阅读和学习环境。比如，图书馆开通的各式各样的网络信息空间、数字学习空间等，不仅为家庭提供互联网数字阅读服务，还提供休闲类影视节目点播、学习类数字资源服务等，多元化的阅读空间让图书馆充满生机和活力；其二，图书馆注重阅读空间创新。例如，引入创客理念，设立创客空间，为青少年读者打造创意交流与实践空间，吸引家庭参与。

此外，随着城市新型公共阅读空间的出现，家庭阅读空间有了新的选择。这种新型公共阅读空间，大多属于社区图书馆，但又不同于传统意义上的社区图书馆。这是一种新型的服务模式，通过整合、调整现有社区图书馆功能及布局，把图书馆从"书"的空间转变为"人"的空间，打造了一个温馨、舒适、安静的，可供阅读、学习和休闲的多元共享空间。比如，2014 年 8 月，号称全国首家提供 24 小时服务的免费阅读空间——"图书馆驿站"，在张家港购物公园建成并对外开放。"驿站"空间宽敞明亮，实现无线网覆盖，配备精美的定制桌椅，同时还设有饮料和点心自助售卖机。

三、图书馆组织多样化的家庭阅读推广活动

一直以来，图书馆家庭阅读推广活动的形式都是不拘一格、百花齐放的，不同地区的图书馆、同一地区不同级别的图书馆，均基于自身馆藏资源和服务特色，积极开展形式多样、内容丰富的家庭阅读推广活动。正如有的研究者所描述的那样，阅读推广的使命是让每一位潜在的读者都参与到阅读中来，通过多姿多彩的形式激发他们的阅读兴趣和激情[1]。本文在

1　许天才，杨新涯，王宁，等 . 图书馆阅读推广的多元化趋势研究——以首届高校图书馆阅读推广大赛为案例 [J]. 图书情报工作，2016（5）：82-86.

综合当前常见的几种图书馆阅读推广活动分类方法的基础上，根据图书馆家庭阅读推广的实际情况，将家庭阅读推广活动归纳为主题活动、主题展览、推荐书目等三个主要类别。

（一）主题活动

对于公共图书馆而言，主题活动作为最常见的家庭阅读推广活动形式，通常包括讲座、论坛、沙龙、参观等，主题众多，内涵丰富。比如，亲子阅读、趣味阅读、益智游戏、文明阅读、征文评奖、图书馆参观等。主题活动具有鲜明的特点，容易激发读者的阅读兴趣，获得读者的持续关注，吸引越来越多的读者和家庭参与到阅读活动中来。

（二）主题展览

主题展览如同搭建一个临时的城市文化展示空间，通过策划和举办以城市、文化、阅读为主题的图文展览，挖掘、整理、推广和展示丰富的图书馆资源和城市文化资源，给市民带来知识与美的享受。上海社会科学院信息研究所王世伟研究员认为，就通例而言，图书馆展览服务，指在图书馆一定地域空间和网络空间中，通过展品陈列等方式，以展示文化艺术为主要内容的读者服务[1]。各图书馆在进行新馆建筑设计或空间优化再造时，越来越重视展览空间的规划与设计。特别是近年来，图书馆展览正逐步成为新时期图书馆为读者服务的一项重要业务，其中家庭阅读主题展览的比重也越来越大。

（三）推荐书目

"书籍繁多，初学者每苦不得要领，故举其要目，俾易着手，亦目录学之任务也。""据目录体例而称'举要目录'，有的学者据目录的作用而称'导读书目'，现在人们比较习惯用的是'推荐书目'。"推荐书目在推荐优秀著作、配合图书馆阅读推广、开展阅读活动等方面一直发挥着积极的作用，愈发受到图书馆业界重视。家庭阅读推荐书目主要是面向家庭，涵盖父母自己阅读、亲子阅读和孩子自己阅读三个领域，进而有针对性地选择主题、编成书目，不仅要引导家庭成员读书，指明读书的先后次序，还要进一步指导他们怎样进行家庭阅读。

1　王世伟. 图书馆展览服务初探 [J]. 图书馆杂志，2006（10）：22-26.

对于地方图书馆来说，可以在《全国少年儿童图书馆基本藏书目录》《绘本 100》等指导性书目的基础上，编制家庭阅读推荐书目，尤其要因地制宜、适时推出别具特色的家庭阅读推荐书目。

除了上述主题活动、主题展览、推荐书目三大类别之外，图书馆家庭阅读推广活动通过不断创新与发展，衍生出了一系列新颖的活动形式。例如，源于丹麦的真人图书馆，其服务理念经由美籍华裔图书馆学专家曾蕾教授传入中国。2008 年，上海交通大学图书馆在 "2008 数字图书馆前沿问题高级研讨班" 上首次尝试了 Living Library（真人图书馆）这种活动方式；次年 3 月，上海交通大学图书馆举办了为期三个月的 "薪火相传 Living Library 经验交流活动"，被认为是国内图书馆举办的第一次真人图书实践活动。2012 年，深圳市首个真人图书馆在罗湖区图书馆正式开馆，罗湖区图书馆致力于打造城市居民平等对话、消除偏见、相互尊重的公共交流与知识共享空间，并于 2014 年第十五届深圳读书月期间推出主题为 "阅读让家庭更美好" 的真人图书馆活动，与读者分享家庭阅读带来的生活转变。

四、图书馆为家庭提供阅读指导

图书馆家庭阅读指导是指图书馆以家庭为服务对象，以亲子阅读作为纽带，根据不同家庭成员的需要，兼顾所有家庭内部成员的年龄差别，向他们提供阅读书目和图书资源，给予阅读方法等方面的指导，其核心是为了培育家庭成员的阅读素养及促进家庭成员间的情感互动与家庭和谐。其中，尤以围绕亲子阅读所开展的阅读指导最为常见、最受关注。

其一，对家长开展亲子阅读指导。一是要指导家长自己学会阅读，成为终身读者。这样一来，家长除了自己有所收获外，还能为孩子树立爱读书、好读书的榜样，增进亲子交流。据 2016 年 7 月中国童书博览会发布的我国首份中国城市儿童阅读情况调查报告显示，在阅读影响上，父母、老师、同伴是对孩子阅读习惯养成最重要的三类人，其中父母以 34.8% 的影响力居于首位。二是要指导家长学会亲子阅读，能开展和指导亲子阅读。为此，图书馆应有针对性地邀请家庭教育专家开展家庭阅读指导活动，促使家长掌握一定的阅读理论和阅读指导方法。

其二，对孩子开展阅读方法指导。图书馆开展阅读方法指导，绝对不能仅限于家长，引导家长学会如何指导孩子阅读只是其中一步，是必要条件，但不是充分条件。因为通常情况下，小孩子注意力不容易集中。"他山之石，可以攻玉"，图书馆要鼓励家长和孩子一起来图书馆，通过参与亲子讲座、亲子阅读活动等，让孩子接受专业馆员或早教机构专业老师的指导，帮助孩子掌握正确的阅读方法，培养孩子的阅读兴趣。

其三，提供亲子阅读书目指导。一是提供面向家长的亲子阅读书目。这有助于家长学习国内外前沿家庭教育理念，吸收可操作的实践方法。家长可以有选择地深入阅读和钻研，在阅读中思考，在思考中实践。二是提供面向孩子的阅读书目。鉴于少年儿童在不同的成长时期，阅读性质和阅读能力是完全不同的，越来越多的图书馆引入了分级阅读理论，逐渐在馆藏建设、设施配备、借阅服务、阅读指导等方面推行分级阅读理念。除此之外，图书馆还可以邀请国内外相关领域的权威专家组建专业研发和推广团队，共同倡导分级阅读，合作编制具有科学性和指导意义的图书馆分级阅读书目。

第二节　图书馆家庭阅读推广的意义

一、有利于推动建设和谐家庭

"端蒙养，重家教"是中华民族的优良传统，历史和现实证明，良好的家风、家教和家庭建设有利于引导家庭成员遵守家庭道德规范，形成守护个人健康成长和家庭幸福、社会和谐的重要力量。作为具有社会教育功能的图书馆，应通过开展家庭阅读推广，充分发挥对家庭阅读的指导作用，带动家庭建设，让家庭阅读成为家庭建设的必修功课。

从微观的角度看，图书馆开展家庭阅读推广，要注重对个人的培养，进而推动家庭建设。如果把一个家庭比作一只木桶，那么家庭成员就是组成木桶的木板，这只木桶能装多少水，取决于它最短的那块木板。因此家庭建设要顾及每一个家庭成员，推进家庭建设也是每一个家庭成员的责任。只有每个家庭成员共同努力，才不会有"短板"。家庭阅读推广，其本质就是围绕家庭成员来开展，这是图书馆开展家庭阅读推广的落脚点。

从宏观的角度看，家庭作为"社会的细胞"这一基本属性，决定了家庭必须与社会建立起良性的互动关系。图书馆通过开展家庭阅读推广，实实在在地推动全民阅读，形成热爱读书的良好社会氛围，推进书香社会建设。具体来讲有以下几点。

首先，通过开展家庭阅读推广，提高家庭成员素质。提高家庭成员素质是家庭建设的根本途径，每个家庭只有自觉地把阅读视为家庭的一种功能、家庭的一种追求、家庭的一个珍宝，将多读书、读好书融入家庭生活，才能提高每个家庭成员的知识水平和综合素质。

其次，通过开展家庭阅读推广，引导家庭教育。把学校教育和家庭教育结合起来，以"图书馆＋学校"的模式，大力弘扬传统美德，形成良好的家教家风。

最后，通过开展家庭阅读推广快乐阅读，推动和谐家庭建设。随着社会的发展，我国家庭类型越来越多样化，图书馆在开展家庭阅读推广时，要及时适应这种变化。例如，目前城市中最常见的是以一对夫妇和未成年子女组成的"2+1"或"2+2"家庭，图书馆应围绕育儿立志、明德知礼等主题开展相应的阅读推广活动。再如，小孩不在父母身边的家庭，图书馆可以围绕快乐阅读、养生保健、时尚志趣、生活百科等主题开展阅读推广活动。

二、有利于推进建设书香社会

"家庭是社会的细胞。每个社会因为有不同的个人和家庭的存在而充满活力，而由不同家庭组成的丰富多彩的社会构成一幅世界的图画。因此，倡导全民阅读，关键在于倡导家庭阅读；建设书香中国，核心在于建设书香家庭。"这句话生动地道出了家庭阅读在推进全民阅读和建设书香社会进程当中所具有的重要意义。在中国文化史上，家庭阅读一直发挥着非常重要的作用，像"耕读传家久，诗书继世长"，体现了中国文化传承和绵延的方式，所谓"富贵传家，不过三代；诗书传家，继世绵长"，千百年来几成共识。在物质生活日益丰富的今天，如果家庭对阅读失去了兴趣，那么精神的贫困可能成为建设文明家庭、和谐家庭的绊脚石。如果把家庭阅读作为家庭的必需项目，加大阅读的投入，那么无数书香家庭就汇聚成了书香社会。

总体来说，图书馆家庭阅读推广有助于推动家庭藏书建设和家庭阅读环境建设，并为家庭提供阅读指导，也有助于家庭成员的亲情沟通。同时，开展家庭阅读推广有助于吸引家庭更多地利用图书馆阅读资源，积极参与各种形式的阅读活动。通过家庭阅读氛围的熏陶、家庭阅读习惯的形成，使家庭成员特别是青少年从小树立坚定的理想信念、正确的人生价值观、良好的思维方式[1]。因此，在一定程度上，图书馆应该把全民阅读的着力点放在家庭，重视家庭阅读推广，为建设书香社会做出应有的贡献。

图书馆要清楚地意识到自身所担负的传承文明和服务社会的责任，以助力建设书香社会为契机，加强家庭阅读推广工作力度，使图书馆逐渐成为家庭阅读推广的主阵地和家庭阅读活动的主要场所，成为建设书香社会的引擎。

三、有利于增强公共图书馆意识

对于图书馆尤其是城市公共图书馆来说，图书馆不仅是文献收藏、利用中心和文献信息资源开发中心，是城市最基本的文化设施，还是市民终身教育的知识殿堂，是城市文化内涵和文化品位的重要象征。特别是近年来，图书馆更成为全民阅读的重要窗口和推动阅读型城市建设的重要力量。因此，图书馆意识的内涵和定义也在不断更新，但有一点是永恒的——图书馆意识反映了社会公众对图书馆的总体认知，折射了图书馆的存在价值。

一方面，图书馆通过开展家庭阅读推广，宣扬图书馆的社会价值和行业使命，以点带面对社会大众进行通识教育。在我国，由于种种原因，现在仍有一部分人不知道图书馆的功能和作用，更不用说能熟悉、使用图书馆的资源与服务。这种现象，即便在经济较为发达的城市也是存在的，需要所有图书馆人共同面对。为此，图书馆要向社会大众宣传，让他们知道图书馆是以书育人、传播知识、传递信息的地方，扭转大众对图书馆认识的误区和偏差。同时，图书馆要宣传自己的资源和服务优势，开展多样化的、有意义的家庭阅读推广活动，吸引读者。"百闻不如一见"，身临其

1　周海英．论图书馆在家庭阅读指导中的实践与探索［J］.图书馆学研究，2008（8）：90-92.

境才能感受和使用图书馆丰富的资源和优质的服务，让读者产生"来了便不想离开，离开了还想再来"的想法。

另一方面，图书馆通过开展家庭阅读推广，培养少年儿童热爱阅读和使用图书馆的习惯，同时让家长感受到图书馆在成才教育、亲子阅读中不可低估的作用。国家图书馆常务副馆长陈力在武汉"名家论坛"做客时强调，"得从小培养孩子的图书馆意识"。因为小孩就如一张无瑕的白纸，图书馆通过开展家庭阅读推广，可以帮助培育小孩爱阅读、会阅读的习惯，在潜移默化中，图书馆意识一定会在孩子幼小的心里生根发芽。例如，英国政府拨款数千万英镑资助"阅读起跑线"项目，给每一位妈妈和低幼儿童发放内含绘本、笔、贴纸等的大礼包，据称这是全世界第一个面向学龄前儿童的免费赠书活动。因此，在一定程度上，公众图书馆意识是推进家庭阅读的重要条件和基础；反过来，图书馆通过开展家庭阅读推广，可以营造全民阅读的社会气氛，让家庭、社会爱上阅读，爱上图书馆，从根本上培养和提升公众的图书馆意识。二者是相互依存、相互促进的关系。

第三节 图书馆家庭阅读推广的思路

一、建立家庭阅读推广的长效工作机制

（一）推进图书馆阅读推广的制度化建设

近几年，湖北、江苏、辽宁、深圳、四川等省市已经相继出台促进全民阅读的决定、办法或条例，原国家新闻出版广电总局也起草了《全民阅读促进条例（征求意见稿）》，并已经于2016年初向社会公开征求意见。除此之外，多个省市都在主动学习全民阅读地方立法成功经验，推动本地的全民阅读立法工作。比如，山东省新闻出版广电局在2016年世界读书日期间表示，山东省将出台全民阅读促进办法。通过推动全民阅读推广工作制度化、法治化，把市民的阅读权利上升到制度和法律层面，明确了政府在全民阅读活动中的作用，可以更好地保障市民的阅读权利。这不仅增强了全民阅读推广工作决策的科学性和统筹性，也体现了针对全民阅读活

动的组织性和指导性；不仅反映出推进制度化建设对全民阅读推广具有重要意义，也显示出各级政府对阅读推广的制度化建设的高度重视。

如今，越来越多的图书馆认识到推进阅读推广制度化建设的重要性，将阅读推广列入了图书馆规章制度，甚至细化到工作规范当中，根据当地全民阅读发展的实际情况和自身资源状况，实事求是地制订了图书馆的阅读推广发展规划，保证阅读推广活动的顺利进行。可以说，阅读推广的制度化建设是图书馆持续开展阅读推广活动的基础和保障。例如，深圳图书馆早在2013年就发布了《深圳图书馆规章制度与业务规范汇编》，制定了专门的阅读推广活动管理办法，明确强调要促进阅读推广活动有序开展，树立读者活动的整体品牌形象，要按年度计划执行等，同时，还要求阅读推广部会同活动相关部门对重点活动进行总结与评估。这不仅标志着阅读推广业务已经成为深圳图书馆全馆性的主要业务，而且通过这种制度性的保障，使得深圳市全年的阅读推广活动包括各项家庭阅读推广活动得以持续开展。

（二）重视图书馆阅读推广机构建设

为推动全民阅读活动的开展，中国图书馆学会从2003年开始着手筹备成立相应的阅读推广工作委员会。2006年，在第十一个世界读书日期间，中国图书馆学会第一届科普与阅读指导委员会在东莞图书馆正式成立。委员会每年研究确定图书馆全民阅读活动的主题，制订年度工作计划，通过学会向全国图书馆界发出通知，推动并指导各地区、各级各类图书馆开展多种形式的阅读活动。这对中国图书馆学会乃至整个中国图书馆界来说，都是历史性的一天，标志着中国图书馆界从此有了专门的全民阅读推广机构，为有目标、有计划、有步骤、有组织、可持续地在全国图书馆界推动全民阅读活动的开展提供了组织保障和指导原则。在2009年7月召开的中国图书馆学会第八次代表大会上，科普与阅读指导委员会更名为阅读推广委员会，所辖专业委员会由上届的6个发展为15个。在2016年4月举办的中国图书馆学会阅读推广委员会换届成立大会上，所辖专业委员会再次扩容至21个。

阅读推广委员会从成立伊始，就对全国图书馆界广泛开展全民阅读产生了积极而深远的影响。发展至今，组织机构更加健全、规章制度更加完善、推广工作更加有力，所辖专业委员会涉及社会不同领域、各阶层人群，兼顾城乡差别和地区差异，协调全民阅读推广工作和图书馆学的学科建设与学术研究，在推动全民阅读、建设书香社会的过程中发挥着重要作用，做出了新的贡献。

在此大环境下，各级各类图书馆一直在行动，响应政策和号召、统一思想、转变工作思路，积极开展全民阅读推广工作。特别是近几年，各种大型阅读推广活动、贯穿全年的读书活动精彩纷呈，许多图书馆已经成为一个城市里、一个区域内、一个系统中组织开展全民阅读活动的主导力量和核心机构，得到了各级党政部门的重视和支持。已正式颁布施行的全民阅读促进决定、办法或条例，无一例外都明确了图书馆在全民阅读推广中的职责。比如，《四川省人民代表大会常务委员会关于促进全民阅读的决定》明确要求推进以公共图书馆为核心的各类阅读服务场所建设，有效整合各类阅读资源，完善公共阅读服务体系，建设好全民阅读重要阵地。《深圳经济特区全民阅读促进条例》第十一条明文规定，公共图书馆应当组织开展全民阅读相关促进活动。

在推进全民阅读的过程中，图书馆要进一步加强自身的阅读推广机构建设。其一，要明确将阅读推广作为全馆的主要业务、核心业务。定位越清晰，工作目标就越明朗，越有利于更进一步转变工作思路，持续开展阅读推广工作；其二，要成立常设的阅读推广部门，以此作为全馆阅读推广活动的管理责任部门，负责全面推进和管理阅读推广活动的相关工作，充分发挥阅读推广服务、组织、指导和协调作用，保障各项家庭阅读推广活动高效、顺利开展。除非在重要时间节点或面对紧急情况时，通常情况下，不需再向其他部门临时抽调人员，常态化开展阅读推广活动；其三，在条件允许时，阅读推广部门要牵头开展全民阅读、家庭阅读相关分析和研究工作。通过阶段性地开展全馆阅读推广活动，尤其是对重点活动进行认真总结与分析评估，指导后期阅读推广工作的开展；通过加强图书馆学专业理论、阅读文化理论和阅读推广理论的学习和研究，保证未来图书馆全民阅读推广工作的前瞻性和先进性。

（三）建立图书馆"阅读推广人"制度

第十七届深圳读书月组委会副秘书长谯进华博士将"阅读推广人"

定义为：个人或组织形成的阅读机构通过多种渠道、形式和载体向公众传播阅读理念、开展阅读指导、提升市民阅读兴趣和阅读能力的专业和业余人士。顾名思义，"阅读推广人"的职责就是推广阅读，传递阅读价值观念，帮助他人尤其是青少年培养必需的阅读兴趣与纯正的阅读品位，使其获得阅读能力。此外，"阅读推广人"还应关注阅读推广的均等性，为推动弱势群体阅读创造条件，并通过在基层的阅读组织及各类阅读推广活动，一定程度上弥补基层图书馆阅读推广的不足，推动全民阅读走向基层、走进民间。

近几年，越来越多政府机构和公共图书馆认识到"阅读推广人"在全民阅读中具有的不可或缺的地位和作用，同时也意识到"阅读推广人"建设任重而道远，不能一蹴而就。深圳少年儿童图书馆馆长宋卫认为，目前"阅读推广人"的总体水平尚待提高，知识结构和业务技能亟待向专业化、系统化方向转变。因此，各级各类图书馆尤其是公共图书馆，要积极推动建立和完善阅读推广人制度，加快"阅读推广人"团队建设，提升"阅读推广人"的综合素质和业务水平。

在国内，深圳是首个由政府机构牵头组织阅读推广专业化培训的地方，实践时间相对较长，政策较为完善。2012年，由深圳读书月组委会、深圳市文体旅游局、深圳市教育局联合主办，深圳市阅读联合会、深圳少年儿童图书馆具体承办的"阅读推广人"培训班开班，为期5个月，培养出首批"阅读推广人"34名。据主办方介绍，"阅读推广人"培训班旨在通过开设与阅读推广相关的专业课程和推广实践，培养了一批具有一定理论基础和实践能力的"阅读推广人"，通过他们的阅读推广行为，宣传阅读价值，培养市民尤其是儿童青少年阅读兴趣和阅读水平，提升阅读推广的专业化水平。至今，培训班仍在举办。

2014年12月，由中国图书馆学会阅读推广委员会等主办的"阅读推广人"培育行动正式启动，标志着图书馆界全国性"阅读推广人"制度和架构已经建立。此后，各层级、各类型的"阅读推广人"培育行动逐渐走向规范化和专业化，并取得阶段性成果，获得业界认可。

各图书馆不仅要积极参与各个层面发起的"阅读推广人"培育行动，还应当充分利用自身的资源优势，并注重引入优秀的社会"阅读推广人"资源，大力推动本馆"阅读推广人"建设。通过定期有针对性的业务培训，开拓馆员视野，提高阅读推广能力，逐步培养出一支规模适当、队伍稳定、实践与理论兼具的"阅读推广人"队伍。

（四）加强家庭阅读推广的品牌建设

品牌通常是有号召力的代名词。一定程度上，品牌被看作一种识别标志、一种精神象征、一种价值理念，是品质优异的核心体现。通俗地讲，品牌就是人们创办的具有一定知名度的"产品"。家庭阅读推广，无论在开展之初，抑或推进到了一定阶段，都需要创设品牌、树立形象，在品牌的引领下实现可持续发展。在商业行为中，品牌往往是高品质的代名词。对家庭阅读推广而言，品牌同样代表高品质，具有较强的号召力和引导力。图书馆借助品牌，可以有效吸引家庭读者，有力引导家庭阅读，开展高品质的家庭阅读活动。

就国内而言，图书馆家庭阅读推广仍然不够普及，"最后一公里"的问题没有得到有效解决，家庭阅读推广的品牌建设显得更加重要和紧迫。目前，家庭阅读推广活动众多，但能作为品牌的不多，大的有知名度的品牌更少见。同时，我们注意到，家庭阅读推广品牌建设正得到图书馆界的重视，尤其在经济较为发达的地区，图书馆事业相对发达，各图书馆多建立了自己的全民阅读活动品牌，而且渐成体系，由单个品牌形成平台品牌，再延伸出众多子品牌。总体来说，图书馆需要增加品牌意识，以品牌为导向，充分发挥品牌的引领力，推进全民阅读走向深入，推动图书馆家庭阅读走向繁荣。

二、创新家庭阅读推广的社会合作模式

图书馆社会合作是一个比较宽泛的概念。我们通常所指的是狭义上的图书馆社会合作，即图书馆与自身法人实体之外的社会其他机构和个人之间开展的各种形式的合作和共建活动。很多国家在推进全民阅读的过程中，从阅读推广活动的资金来源，到项目策划、宣传，都十分注重图书馆与社会各界开展广泛合作。例如，美国国会图书馆阅读中心只有 10 位专职工作人员，每年却能够举办全国性质的阅读活动，主要就是依靠图书馆其他部门与社会相关组织的协办和参与，阅读中心则主要负责活动策划与组织，这些活动的经费来源几乎完全依靠企业及其他社会组织的赞助。在

国内，图书馆界亦越来越重视引入社会合作，凝聚社会共识与优质资源，以家庭阅读为抓手，共同推进全民阅读。

（一）"图书馆＋机构"

对于家庭阅读推广而言，这里的机构主要指与政府、企业相区别，具有非营利性、非政府性、公益性等基本特征的社会组织，按照清华大学公共管理学院非政府管理（NGO）研究所所长王名教授的定义，社会组织是一个特定的概念，特指在政府与企业之外，向社会某个领域提供社会服务，并具有非营利性、非政府性、志愿公益性或互益性特点的组织机构。在我国，社会组织不仅包括狭义的社会组织，即社会团体、基金会和民办非企业单位等，还包括各级各类人民团体、群团组织，如妇联、工会、科协等。首先，图书馆与上述机构有着共同的价值追求。公共图书馆是一个"文以载道"的公共文化机构，坚持"开放、平等、免费"的服务理念，其实质是公共图书馆精神的回归和本质体现，这种精神之核心就是人文关怀和人本主义的精神，这与社会组织所倡导的公共精神如博爱、互助、参与、宽容、奉献等有共同之处；其次，社会组织通过资源支持、项目合作等形式参与图书馆公共服务，不仅有助于弥补政府公共文化供给不足，而且有助于提升图书馆公共服务质量、创新图书馆阅读推广的工作机制。例如，据杭州图书馆统计，截至 2016 年底，杭州图书馆与政府机构、社会团体、媒体、企业、培训机构等合作开展各种长期和短期的文化活动项目，包括家庭阅读推广活动项目，占到了活动项目总数的 90% 以上。其中，"小故事·大舞台"红领巾绘本表演大赛，由共青团杭州市委、杭州市文明办、杭州图书馆等多家机构合作举办，活动内容涉及知识普及、才艺展示、健康教育等多个方面。又如，深圳"阅芽计划"由深圳市妇女联合会、深圳市读书月组委会办公室、深圳市卫生和计划生育委员会、深圳市教育科学研究院、深圳市阅读联合会、深圳图书情报学会、深圳市爱阅公益基金会联合发起，为全国首个政府与民间联合会联袂推动的专为 0—6 岁儿童定制的儿童早期阅读项目。深圳图书馆和深圳少儿图书馆参加了首批"阅芽包"的预约发放宣传工作。

（二）"图书馆＋家庭"

顾名思义，"图书馆＋家庭"是以图书馆和家庭为活动主体，家庭既是服务的对象，也是服务的参与方。通常情况下，图书馆通过完善的前期调查研究，制定完整的家庭阅读大纲以指导家庭阅读，不仅涉及孩子，也包括对家长的培训。近年来，随着家庭阅读推广活动的深入和延伸，对"图书馆＋家庭"模式进行了新的探索，比如开设家庭图书馆。简单理解，意即在经过申请、筛选等程序后，公共图书馆在读者家里开办微型图书馆，定期更新图书，同时要求家庭图书馆也给社区居民提供一定的借阅服务。例如，上海市青浦区图书馆推出面向少儿的"家庭图书馆种子计划"，也就是后来家庭图书馆的雏形。第一期家庭图书馆共招募了9个家庭。之后，该项目入选"服务创新，转型发展——上海地区图书馆服务创新成果展"十佳项目[1]。又如，温岭市图书馆通过微信公众平台发布温岭图书馆"家庭图书分馆"计划，正式开始阅读推广新尝试——创建家庭图书分馆，原定的首批30个名额很快就被一抢而空，在招募活动截止前，温岭市图书馆共收到来自近40个家庭的报名申请。同时，温岭图书馆还计划在温岭各乡镇都开设家庭图书分馆，预计5年内达500家，并与乡镇图书分馆形成联动。

目前，家庭图书馆阅读推广已经吸引了越来越多图书馆和相关专家学者的关注和研究。一方面，开设家庭图书馆不仅能在一定程度上满足家庭成员的阅读需求，也有助于增进邻里间的联系往来，以点带面，有效推动家庭阅读和全民阅读。另一方面，图书馆在开设家庭图书馆时，亦要坚持有效性和可持续发展的原则。一是要设置科学的准入条件，对申报家庭严格筛选；二是要在推广与实施家庭图书馆计划的过程中，注重突出家庭特色；三是要建立良性运行和评估机制，以利于家庭图书馆的长期运营和家庭图书馆计划的可持续性实施；四是要体现公共图书馆的开放性、公益性、平等性，扩大辐射范围，对公共图书馆服务切实起到补充作用。

（三）"图书馆＋学校"

据《上海科技报》报道，民进上海市委妇女儿童委员会不久前曾组建

1　顾丹华. 公共图书馆如何推广家庭阅读——以上海市青浦区图书馆为例 [J]. 河南图书馆学刊，2015（08）：27-28.

课题组，通过对全市8所小学一至五年级的1039名学生调查发现，尽管小学生普遍对课外阅读有浓厚兴趣，但由于学业负担重、缺乏指导、家庭阅读氛围不理想等原因，阅读时间和阅读水平都有待进一步提高。阅读时间有限是首要问题；其次，阅读面比较窄。的确，在应试教育的影响下，我国儿童从小学甚至幼儿园开始，就以学习成绩为第一目标。这虽然是家长迫不得已的选择，但由此产生的后果是，阅读常常被不自觉地与教育和考试关联起来，越来越多的幼儿阅读、儿童阅读、青少年阅读在家长、学校的干预下，带有强烈的功利色彩，儿童为了获取知识而被迫阅读，课外阅读时间就只能一让再让。特别是面临升学压力的时候，自主性课外阅读时间被挤占更多。这样的做法既违背了少年儿童的天性，也是对阅读理念的误读。此外，从不同渠道的调查结果可以看出，父母阅读越多，儿童课外阅读就越多；家庭藏书量越大，儿童课外阅读也就越多；家庭对公共图书馆的利用率越高，儿童的课外阅读也就越多。可见，家庭阅读至关重要，家庭、图书馆、学校均对儿童阅读起着重要作用且影响深远。因此，公共图书馆应该与学校携起手来，着重向家长、儿童强调阅读的重要性，借助公共图书馆的丰富资源，引导家长和儿童对阅读产生兴趣；或与学校建立图书资源互相流通制度，联合开展家庭阅读指导。

例如，深圳市盐田区沙头角图书馆率先在全市实施"小橘灯"阅读推广计划。该计划围绕"开心阅读、成长阅读、分享阅读、经典阅读和网络阅读"，拓展形成近20个不同类别的活动项目，积极发动学校和家庭共同参与，有计划、分步骤地引导未成年人形成良好的阅读习惯。该计划实施以来，积极引导少年儿童走进图书馆和利用图书馆；注重与街道辖区学校合作，大力推动建设阅读示范学校图书馆，并结合不同年级学生的阅读特点与要求，进行分级阅读辅导，借此全面提高少年儿童的阅读能力。该计划特别加强了对阅读能力较差的少年儿童进行阅读辅导，希望通过多样的阅读方式，为少年儿童创造健康的成长环境，让"小橘灯"温暖每一个孩子的童年，成为孩子成长路上的一盏明灯。目前，"小橘灯"阅读推广计划业已成为在深圳具有一定影响力的全民阅读品牌。

（四）"图书馆＋社区"

作为居民身边的图书馆，社区图书馆离家较近，看书、借书方便，服务灵活，本应该受到居民热捧，然而一直以来，全国各地众多社区图书馆多数存在建设和管理薄弱、阅读环境不佳、利用率偏低的窘境。据相关媒体报道，有的社区图书馆一整天都没有一个读者。与大中型图书馆相比，形成强烈反差。这种不正常的现象，越来越引起社会关注。可见，推进家庭阅读仅靠社区或图书馆一方的努力是远远不够的。为了改变这一境况，市区级公共图书馆应该加强与社区合作，在人力、财力、资源和服务等方面给予社区图书馆更多支持和指导，帮助社区图书馆走出困境，涅槃重生。

例如，深圳罗湖区图书馆实施"悠'图书馆"（U-Library）计划，深圳罗湖区图书馆于居民小区内开设罗湖区首家"悠·图书馆"。不同于传统的社区图书馆，"悠·图书馆"大胆引进国外最新图书馆经营理念，打破传统管理模式，全新打造社区图书馆服务品牌。图书馆面积约 100 平方米，一眼望去没有"长桌长椅一字排开"的刻板冷清的印象，取而代之的是柔软舒适的沙发、富有创意的书架和桌椅、温馨柔和的灯光、生机盎然的绿色盆栽，服务台上的小盒子里还有为老人准备的老花镜。这样的社区图书馆不仅仅是一个阅读和借还书的场所，它在内部空间设计上还考虑了社区开展聚会、活动、沙龙的功能需求。"悠·图书馆"通过每月定期举办"悠阅生活""尚修学苑""真人图书馆""读书沙龙""故事列车""悠乐飞扬""百味书生"等活动，逐渐成为聚拢人气的社区文化中心和全民阅读主阵地。2016 年 10 月，"悠·图书馆"在由文化部指导、中国图书馆学会主办的"2016 年最美基层图书馆和中国图书馆榜样人物风采展示"评选活动中，荣获"2016 年最美基层图书馆"称号。

（五）"图书馆＋志愿者"

图书馆志愿者（也称义工），在国外被称为"Library Volunteer"或"Volunteer Library Worker"。西方国家的图书馆志愿者服务历史悠久，从社区图书馆、学校图书馆到大中型公共图书馆，几乎在每一项阅读推广活动中，都能看到志愿者的身影。在国内，一般认为，公共图书馆招募志愿者的行动始于 1996 年，由福建省图书馆开创。此后，许多公共图书馆都引入了志愿者服务，如上海图书馆、深圳图书馆、佛山图书馆等。北京大学信息管理系教授王子舟认为，目前国内志愿者援助图书馆的形式主要有两种：一是图书馆主动招募志愿者为图书馆服务；二是社会个体或民间组织自发成为志愿者为图书馆服务。也有学者将图书馆志愿者细分为更多的类型，但大体上也都属于以上两种范畴。

目前，越来越多的图书馆认识到，志愿者作为图书馆的重要资源，是图书馆事业发展的重要支撑。例如，新加坡国家图书馆管理局把志愿者定位为"战略伙伴"，志愿者扮演着改善公共图书馆服务的角色。从图书馆的角度来说，志愿者能够给予图书馆额外的资源，为改善公共图书馆的服务提供创新动力。就家庭阅读推广而言，志愿者服务更加"专业"，这要求志愿者既要了解图书馆及其资源与服务，又要懂得家庭阅读推广。志愿者可能是一位家长、一位学生，也可能是某一领域的专家。因此，图书馆应该注重家庭阅读推广志愿者队伍建设，使其能够循序渐进和专业化发展。例如，苏州市吴江图书馆为了更高质量地开展少儿活动，成立专门的未成年人阅读推广志愿者团队——彩虹使者；又如，合肥市少年儿童图书馆通过组建小志愿者服务队，组织亲子采购团采购图书等方式，摸索读者参与管理的途径和方法，更好地发挥了"小身材"的"大作用"；再如，在深圳市文化志愿服务总队的支持下，深圳图书馆文化志愿服务队不断发展壮大，文化志愿服务队提供七大服务类别共计16个服务项目，同时注重引入社会力量参与文化志愿服务，比如，合作的志愿者服务团队有深圳市义工联合会、深圳市律师协会、深圳市残疾人联合会、深圳市关爱行动组委会办公室等多家单位，服务内容不断丰富和创新，组织管理更加精准精细。

（六）"图书馆＋书店"

在"图书馆＋"思维的影响下，传统意义上的图书馆正在发生变化，向多个领域跨越和融合，"图书馆＋书店"就是一个典型。例如，内蒙古图书馆曾在世界读书日期间，与内蒙古新华书店合作，共同推出"你选书，我买单"活动，这即是后来内蒙古图书馆推出的"彩云服务"的雏形，亦被认为是国内图书馆和书店的首次结缘。自此之后，"图书馆＋书店"如同一粒种子，在全国各地生根发芽。比如，山西、山东、广东、江苏等地先后参照该模式，推出各具特色的"你选书，我买单"活动。又如，"书香南京"首届金陵图书馆读者节正式开幕时，金陵图书馆为读者端出公益大餐，策划了"你选书，我买单"活动，持有金陵图书馆借阅证的读者，不分老幼，均可以到指定的新华书店选择自己喜欢的图书，办理借阅手续后，直接把书从书店带回家。

总体上，这样的活动为广大"啃书族"提供了便利，既维护了读者的阅读自由，也降低了读者的阅读成本，让读者直接参与其中，提高了读者的阅读体验和参与感。图书馆还可以邀请家庭代表以"亲子阅读"形式参与，通过挑选他们喜欢的书籍，激发家庭成员的阅读热情。

三、推进区域图书馆联动

区域图书馆联动，是指区域内不同类别、不同级别图书馆之间，建立联动机制，创新联动项目，共同致力于全民阅读推广事业。这体现的正是"图书馆+"思维模式。

例如，深圳图书馆曾牵头召开全市公共图书馆馆长联席会，会议提出了进一步加强市区图书馆阅读推广联动的工作方案，出台了区域联动的具体措施。主要包括：其一，要建立联络机制；其二，要建立深圳市"图书馆之城"阅读推广联合服务平台，包括门户网站、移动 App 及相应的微信、微博等；其三，要建立深圳市公共图书馆讲座专家信息库和展览资源库，充分实现资源的共知共享；其四，要探索建立数字资源采购统一议价机制等。为落实馆长联席会议有关决议，深圳图书馆又牵头在"图书馆服务宣传周"推出了新型文化服务项目——少儿智慧银行，该项目定位为深圳市"图书馆之城"统一服务框架下的联动计划。这样以区域联动的形式推进"少儿智慧银行"项目，不仅推动了深圳市、区公共图书馆的少儿服务创新，同时也以少儿阅读作为切入点，带动家庭阅读，促进全民阅读。比如，由深圳市文体旅游局主办、深圳图书情报学会策划的"共读半小时""我在图书馆……"有奖征集及"伴读"少儿阅读活动，均为由各级各类图书馆首次联手实施的全市联动阅读活动。随后，在全国第二十八个图书馆服务宣传周期间，深圳图书馆再次牵头，联合市、区公共图书馆进行整体策划，推出"全城联动，让书回家"、少儿智慧银行全市"智慧星"阅读活动和深圳市"图书馆之城"支付宝城市服务项目等。

又如，2015 年，浙江省各级公共图书馆曾于世界读书日联合开启"图书馆之夜"活动。本次"图书馆之夜"活动由浙江省文化厅主办,浙江图书馆承办,参与面非常广泛,活动内容非常丰富,除省、市、县级 95 个公共图书馆外,不少乡镇分馆、主题分馆和 24 小时图书馆也参与进来,总共开展了 1000 多场活动。浙江图书馆开展了"共吟汤公曲、重温莎翁剧——'天堂'之对话"活动;杭州市图书馆联合六大主题分馆,让读者通过参与、体验、互动等方式,全方位展示阅读的乐趣;宁波市图书馆开展了"甬图寻宝"等活动,让每一个年龄段的读者都能参与其中;温州市图书馆联合三家"城市书房"开展"经典诗文快闪朗诵"活动;嘉兴市图书馆开展了"永恒的莎士比亚——莎翁剧作赏析暨表演吟诵"活动;海宁市图书馆和所有乡镇分馆联合开展"阅读,让城市更美好——图书馆之夜"活动。此外,"图书馆之夜"活动仅是浙江全省公共图书馆全民阅读节系列活动中的一项内容。截至 2015 年 5 月下旬,全省各级公共图书馆还陆续联合开展了以"图书馆就在我身边"为主题的十大系列阅读推广活动,具体包括:第十二届浙江省未成年人读书节、"全家共读一本书"阅读推广、公布"阅读之星"、评选"读者最喜爱的乡镇(街道)图书分馆"、评选"优秀阅读推广人"、发布《浙江省公共图书馆 2015 年度阅读报告》、开展"图书馆就在我身边"征文、举办"数字阅读大闯关""图书馆随手拍"等活动。

通过推进区域图书馆之间的合作与联动,不仅进一步提升了图书馆阅读推广的品牌知名度和文化影响力,也彰显了各级公共图书馆在推进全民阅读中的主阵地作用。

四、运用新技术,打造新媒体服务

《新媒体概论》一书将新媒体描述为:在数字技术和网络技术的基础之上延伸出来的各种媒体形式[1]。有研究者称,移动图书馆(wap 网站与客户端 App)、微博和微信已成为图书馆新媒体服务的"三驾马车"。这种描述虽然不尽准确,但至少表明新媒体技术已经逐渐成为图书馆开展服务和阅读推广工作的重要工具,为图书馆带来了崭新契机。

随着"互联网+"的崛起,特别是《国务院关于积极推进"互联网+"

---

1 刘行芳. 新媒体概论 [M]. 北京:中国传媒大学出版社,2015.

行动的指导意见》表明，"互联网+"行动已经发展到了新的阶段和更高的水平。"互联网+"本质内涵是互联网思维，表现为以互联网为标志的信息通信技术可以无处不在。"互联网+新媒体"为图书馆开展阅读推广工作提供了更为广阔的思路和更为多元的模式。

就实际情况而言，绝大多数图书馆已经比较注重引入各种信息技术做加法。比如，在传统既有图书馆业务的基础上，利用互联网技术，建设门户网站、wap网站，开发微博、微信等，用以介绍资源与服务、发布活动公告、报名讲座等，但基本上只能算作是处于"+互联网"阶段，因为这种做法没有体现出真正的互联网思维，在资源、服务和管理等层面并未利用互联网技术实现整体创新或转型。要想实现从"+互联网"到"互联网+"的彻底转变，图书馆尚有一段路程要走。同时，越来越多的图书馆已经投入到"互联网+"行动中，显现出实实在在的进步和希望。

例如，浙江图书馆公布了《开放融合，连接一切——浙江省公共图书馆"互联网+"行动计划》，要求全省12个公共图书馆在工作思路上确立协同一致原则，树立互联网思维，用"互联网+"提升图书馆服务；并通过流程重组、服务上线、跨界融合、数据共享、开拓创新五个措施开展"互联网+图书馆"行动。

又如，国家图书馆于2015年正式推出国图公开课。据曾任国家图书馆馆长韩永进介绍，国图公开课借鉴MOOC（慕课）大规模、开放、在线的理念，将依托于互联网、移动通信网、广播电视网等多种媒体，将服务扩展至平板电脑、手机、数字电视、电子触摸屏等多种服务终端，采取线上线下相结合的互动模式，开展图书馆社会教育新服务。国图公开课开通有"读书推荐"频道，采取网站+视频、线上线下互动的模式，向读者推介读物等。

再如，东莞图书馆近年来紧跟潮流，积极利用新媒体开展阅读推广，创新阅读活动载体，打造新亮点。比如，东莞图书馆曾推出"扫码看书，百城共读"活动。活动首先精选了一批获得茅盾文学奖、文津图书奖及国内各大书目推荐榜单等比较经典、热门的图书，内容涵盖亲子教育、少儿读物、文学艺术、小说、传记等，然后将这些图书制成二维码，通过制作书墙、海报、宣传单等方式，放置于人群比较密集的场所，读者只要利用手机或平板电脑等"扫一扫"，即可免费获得全文，或通过东莞图书馆

App 下载全文，方便快捷。"扫码看书，百城共读"最大的价值在于，通过线上与线下的融合，最大可能地降低了阅读门槛，让家庭和个人能很容易地获得阅读资源，达到多层次、全方位、多领域开展阅读推广的目的。

第四节 家庭阅读推广的现状及发展策略

一、家庭阅读教育的内涵及价值

（一）家庭阅读教育的内涵

中国自古以来就非常重视家庭教育，我国历史上留下了许许多多关于家庭教育的美名佳话，如孟母三迁、岳母刺字、画荻教子等。阅读教育是家庭教育的重要内容之一。纵观我国有关家庭教育的著述，从南北朝时期的《颜式家训》，到清朝的曾国藩对家庭教育的精辟见解，都是以性格培养和习惯养成作为家庭教育的主要内容。近年来，全国青少年研究中心通过广泛调查研究，结果显示，在青少年众多学习习惯中，对一个人的成功影响最大的是阅读习惯。

综上所述，家庭阅读教育作为家庭教育的一个重要组成部分，它的内涵主要是家庭成员对儿童进行的以激发儿童阅读兴趣、培养儿童阅读习惯、提高儿童阅读水平和阅读质量为主要内容的家庭教育活动。科学有效的家庭阅读指导能够促进儿童养成良好的阅读习惯，提高儿童的阅读能力和综合素质[1]。

（二）家庭阅读在儿童阅读教育中的重要价值

第一，家庭阅读教育是推动国民素质和社会发展的重要力量。家庭阅读教育是家庭成员主要是父母对孩子提供阅读帮助和指导的过程。阅读指导的过程是成人和孩子的互动过程，这个过程也是家长自我转变、自我提升的过程。另外，家庭阅读指导一般不是单靠家庭自身来完成的，而是由家庭以外的社会机构如学校、社区街道、媒体、教育科研院所、图书馆等共同完成的。而家庭是最普遍的社会群体，是社会的细胞，因此，家庭阅

---

1 金奕. 家庭环境在养成阅读习惯过程中的作用 [J]. 宁波大红鹰职业技术学院学报，2005.

读教育质量直接影响着国家文明程度和综合实力的强弱、影响着社会的稳定和发展。

第二，家庭阅读教育是学校阅读教学的基础和补充。一般来说，学校的阅读指导是儿童学习阅读的主要手段，效果也比较显著，但是学生阅读素养的提高不是朝夕之事，学校课堂阅读的时间和阅读内容都很有限。家庭阅读教育可以弥补学校阅读教育的许多不足。家长配合学校阅读教育、参与学生的阅读教育活动，更能激发学生的阅读兴趣，提高其阅读的积极性。另外，家庭同样发挥着提供资源和承担责任的特殊功能。现代社会由于信息渠道的广泛性及信息内容的开放性，家庭成为人们获取知识和信息的重要渠道；又由于社会和各种媒体对大量信息的过滤及对年青一代正确引导、帮助的任务，社会和媒体也历史性地成为家庭阅读教育的重要渠道。因此，家庭阅读教育不仅是学校教育和社会教育的基础和补充，而且是国家教育事业不可或缺的重要组成部分。

第三，家庭阅读教育对培养儿童阅读习惯起着奠基作用。家庭相对于其他社会组织具有更强的稳定性、持久性，这是学校和社会教育所不具备的。作为基础教育的家庭教育，一旦出现偏差，教育对象身上便会形成深深的烙印，很难在学校教育和社会教育中弥补或消除，同时增加了学校教育和社会教育工作的难度，教育者付出再多也难以获得良好的教育效果。家长科学的阅读观念对儿童阅读习惯的养成和阅读能力的培养会产生极为有利的影响。自身具备良好阅读习惯的父母，是孩子最好的榜样。国内外学者通过大量研究证明，亲子阅读是父母影响儿童阅读行为的重要方式之一。在国外，一些儿童阅读素养较高的国家，亲子阅读已经被父母视为不可推卸的教育责任。在知识社会的今天，中国父母也应意识到，阅读是促进儿童智力发展的一个重要因素，同时也是发展儿童其他能力的基础。陪伴孩子阅读不是一件可有可无的家庭活动，而是一件重要的职责。

二、我国家庭阅读教育存在的主要问题及原因剖析

（一）我国家庭阅读教育存在的主要问题

从当前儿童阅读教育的现状看，我国多数家庭并未在培养儿童阅读习惯上发挥应有的作用，家庭阅读指导严重缺失。存在的主要问题表现在以

下几方面。

1. 家庭阅读功利心强。不少家长鼓励孩子读课外书，但都是教学辅导书或知识性的书籍，如百科全书等，家长订阅的报刊大多跟孩子的学习有关，希望孩子阅读的书籍是能够对孩子学习有帮助的，一切围绕考试转，而不太关心有关孩子成长的书籍和娱乐性书籍。

2. 家庭阅读缺资源。根据调查，我国少儿图书的出版规模与发达国家相比，仍处于较低的水平。我国儿童的读物拥有量跟发达国家相比差距较大。我国家庭藏书数量偏低，家庭藏书100本以上的只有10%。而目前国际上儿童阅读能力处于最高水平的国家，家庭藏书都超过200本。这些情况说明了我国儿童家庭阅读资源相对缺乏，阅读环境相对滞后。

3. 家庭阅读缺时间。许多家长将课外阅读称为读"闲书"，他们只针对考试来安排孩子的时间和学习内容，平时只安排孩子看与考试有关的书，这也就挤占了孩子正当的阅读时间。家长订阅的也都是辅导材料。家长对课外阅读的态度造成孩子无书可看、无看书时间的情况。

4. 家庭阅读缺方法。调查发现，绝大多数的家长认为自己缺乏正确的指导方法。很多家庭阅读教育无目的、无计划，阅读书目也缺乏选择性。比如，许多家长在选择作品时不尊重学生，往往依照家长自己的兴趣爱好、价值判断而一味地包办代替、横加干涉；或者家长把指导停留于口头督促；或者认为阅读是学校单方面的事情，完全依赖学校教育。而一些受教育水平较低的父母通常认为自己没有资格或没有能力指导孩子阅读，阅读被放到了一个"神圣"的位置。

（二）家庭阅读教育存在问题的原因分析

影响家庭阅读指导质量的因素是多方面的、多层次的，既包括家长自身的条件，如阅读观念、阅读习惯等，也包括家庭生活方式及家庭内部关系，同时家庭阅读指导还受到社会文化氛围、学校等影响。

第一，家长阅读意识淡薄。中国父母大多数没有阅读的习惯，缺乏阅读的兴趣和良好的阅读习惯。由于家长阅读意识淡薄，导致许多家长对阅读往往抱着很强的实用目的和功利态度。比如，受应试教育的影响，许多家长把阅读目的定位于提高儿童的考试分数，跟学校教师的教学目的保持高度一致。甚至有些家长认为阅读只与名利、生存有关，读书无用，只有学会赚钱才最有用。父母对亲子阅读重视程度不高；家长能够有意识为学生准备书房、书橱和书桌的比例偏低[1]。一个没有书香气的家庭自然影响学生对阅读的态度。因此，家长阅读观念亟待改变。

第二，家庭阅读教育有先天不足和局限性。由于家庭阅读教育主要是在特定的家庭阅读氛围、特定的家庭关系中所进行的一种阅读活动，因此，家庭阅读指导有其自身的先天不足和局限性。由于家长素质参差不齐，家长所掌握的阅读知识经验和指导能力有限，并不是所有的家长都能胜任家庭阅读教育。另外家庭生活条件差别较大，不是所有的家庭都具有适宜儿童阅读的环境。部分家庭生活仍然比较困难，不仅影响了对儿童阅读教育的投资，家长为了生计也难以把很多精力和时间放在孩子的阅读教育上。所以，家长应该有效整合社会各种资源，通过多种途径和渠道，提升家庭阅读教育水平。

第三，政府及社会各部门没有充分意识到家庭阅读教育的影响力和社会效应。造成我国家庭阅读教育现状不尽如人意的因素很复杂，最根本原因就是政府及社会各部门没有充分意识到家庭阅读教育是提升全民素质和促进社会文明的切入点，政府未能提供足够的配套政策资源和公共服务措施促进全民阅读水平的提高。此外，图书馆、出版社、作家、书店等相关职能部门对家庭阅读教育推动措施不够，没有充分发挥自身的资源优势；家庭和学校存在脱离现象，没有形成教育合力，各自为政，削弱了应有的整体合力。而中小学教师的阅读素养普遍较低，也无法真正起到引导家庭阅读的作用。

三、我国家庭阅读教育的发展策略与实施原则

（一）我国家庭阅读教育的发展策略

儿童阅读教育是一项持久工程，不是单靠家庭教育就能完成的，需要全社会相关机构共同关注，并整合全社会的资源共同参与和推进。因此，就必须让家庭和社会两方面进行协调合作，才能更好地完善家庭阅读教育，促进儿童阅读素质可持续发展。

1　杨婵. 对图书馆家庭阅读指导有关问题的思考 [J]. 图书馆工作与研究，2007.

1. 家庭应加强儿童阅读教育。

第一，家长应树立科学的阅读观念。在家长的各种教育素质中，家长的阅读观念是决定家庭阅读指导质量的核心问题。调查研究发现，家长"喜欢且经常看书"会直接影响孩子对阅读的喜爱程度，绝大多数的儿童因家长喜欢且经常看书而喜欢读书。可见，父母的阅读观念、阅读习惯和品质影响着儿童对阅读的态度。因此，家长应树立"知识改变命运，阅读改变生活"的科学阅读理念，使阅读成为儿童发展的内在需要和自觉行动，使阅读成为儿童的一种生活方式。

第二，家长要对儿童进行阅读行为习惯的养成教育。在日常生活中蕴含着许多阅读教育的因素，既可以有目的、有计划、有组织地对儿童进行阅读技能的指导，又可以随机开展阅读兴趣和习惯的养成教育。比如，父母可以创设良好的家庭阅读环境，向学生介绍、推荐书籍，丰富阅读资源，营造温馨静谧的阅读场所等使儿童愉快地阅读。父母要带头读书，注重言传身教，引导儿童热爱阅读，养成良好的阅读习惯。阅读兴趣的培养不只局限于书籍，家长还应带孩子去郊游、参观，耐心倾听孩子谈话，多与孩子进行交流，等等。总而言之，就是家长应通过多种教育方法和途径，培养儿童良好的阅读兴趣和阅读习惯。

2. 全社会共同参与并推动家庭阅读教育发展。儿童阅读教育体系是一个系统工程，需要全社会共同努力和参与。只有改善和提高全社会的儿童教育观念、教育理想、价值观等，从根本上改变儿童阅读环境，才能够真正保证家庭阅读教育质量。这是提高家庭阅读教育水平的前提和保障。

第一，政府应倡导全民阅读、改善儿童阅读环境。政府要加强宣传号召，让公民认识阅读对于儿童教育、对于家庭和谐、对于社会发展的意义。除了号召外，政府还应提供足够的配套政策资源和公共服务来促进儿童阅读。

第二，社会各相关机构要结合工作实际和职能特点，引导和推动家庭热爱阅读的新风尚，促进家庭阅读的普及性和长效性，营造良好的社会读书氛围。比如，学校应加强与家庭的协调和融合，发展家校之间的互动，二者共同形成教育合力。位于城市文化中心优越位置的公共图书馆需要拓展思路，创新图书馆服务的方式，图书馆应发挥自身得天独厚的优势，建立和开展推动家庭阅读教育的制度和措施。开展家长培训，普及家庭阅读指导等，帮助家庭形成良好的阅读习惯，从而更有效地提升图书馆的服务能力。此外，儿童文学出版社和作家、书店也要更多地介入阅读推广活动，为家庭阅读教育提供助力。作为管理者要对书市进行治理整顿，给家庭阅读创造良好的环境和空间。

（二）家庭阅读教育的实施原则

家庭阅读教育的原则是指人们对家庭阅读教育的发展规律的认识和实施准则，它不仅是单个家庭的阅读教育原则，也是全社会进行儿童阅读教育的基本原则。概括起来应遵循以下三条基本原则。

1.针对性原则。针对性原则是指阅读指导要针对儿童阅读发展的实际水平、年龄特点，以及所处的社会地域环境等而言的。指导者在进行阅读指导之前要充分考虑儿童的生活环境、地域特色及个体差异等，有针对性地确立阅读指导目标及指导内容。例如，指导者要根据儿童的年龄阶段特征有针对性地进行阅读指导。孩子年龄越小，越需要家长的推荐和指导。对低幼儿童，家长要多读故事，教识字，去书店、图书馆等，父母与孩子间的文化交互活动在儿童初始阅读中起着最重要的作用。对高年级儿童则要引导鼓励其经常和广泛地阅读。又如，出版社要注重每个年龄段儿童的阅读实际，从策划、编校到推广，更多地考虑到特定的读者对象，为青少年阅读输送源源不断的优质资源。作家为儿童写书时，要更加了解每个年龄段的儿童的心智特征，创作好书。此外，不管是农村还是城市都可以开展书香校园活动，但是在选择阅读内容、指导方法上需要根据地域的差异而有所侧重。

2.实践性原则。实践性原则是指在进行儿童阅读指导时要注重实践性、注重言传身教。比如，父母主动参与到儿童的阅读过程中，形成父母带头读书、子女热爱读书的家庭阅读氛围；父母可以帮助儿童制订科学、合理的阅读计划等。教育者（尤其是教师）在指导儿童阅读过程中要教给儿童阅读的方法和技能。一些专家认为，辅导儿童阅读的行为是和其他需要经过训练以后方可胜任的工作一样，也是一种经过训练才能掌握的技巧。像教学生梳洗打扮社交礼仪和识别亲属辈分等一样，教育者要教给他们一些必要的阅读方法和阅读技能，引导儿童科学阅读，提高阅读效率。

3.整体性原则。这包含两方面含义：第一层含义是指阅读指导过程不仅仅是对儿童阅读能力的提高和阅读素养的提升，要以促进儿童综合素质的全面发展为根本主旨；第二层含义是指阅读教育资源和阅读教育手段的整体性。这是因为，儿童的阅读教育发展不是一朝一夕之功，不是单靠某一次活动就可以完成的。因此，在进行阅读教育活动时，教育者要充分考虑活动前后的延续性和发展性，以及各种类型活动的渗透性，同时还要考虑利用社会、家庭、学校和社区的教育资源，增强阅读教育的合力。例如，学校应加强与家庭的协调和融合，发展家校之间的互动，提高家长参与阅读指导的主动性、积极性和创造性，二者共同形成教育合力，营造文明、健康向上的良好阅读氛围。

综上所述，家庭阅读教育在儿童阅读能力的培养中起着举足轻重的作用，但当前我国儿童家庭阅读教育却存在着许多不足。要改变家庭阅读教育的现状，既需要深化改革，加大对公共服务体系的投入，也需要社会、家庭、学校等各部门的互相配合作用，共同参与并推动家庭阅读教育发展，提高家庭阅读指导水平，促进儿童阅读素养可持续发展。

第四章 图书馆家庭阅读推广活动

第一节 图书馆家庭阅读推广活动的策划

家庭阅读推广活动的策划是指策划人员在组织开展某项阅读推广活动之初，创设活动主题、设定活动目标和制订活动方案的过程。这是开展家庭阅读推广活动必不可少的起点和基础，同时，活动策划对整个推广活动及其中的每个环节都具有指导作用。"凡事预则立，不预则废"，策划的成败在很大程度上影响和决定着图书馆家庭阅读推广活动的成败。

一、组织策划团队

有研究者认为，策划是集创造性和科学性于一体的艺术。现代策划需要的是多个学科的综合知识和团体的智慧，需要个人特别是团队的创意。图书馆阅读推广活动发展至今，活动内容日趋丰富多元，形式更加复杂多样，图书馆必须要组织搭建一个可靠的、执行力强的策划团队，才能从整体上确保一项家庭阅读推广活动的策划与组织实施均能高效、有序完成，且能够达到预定目标。因此，组织策划团队已经成为开展家庭阅读推广活动必不可少的环节之一。

在实际工作中，图书馆家庭阅读推广策划团队通常具备以下职责：其一，负责整个家庭阅读推广活动项目的统筹和管理，包括组织调研、分析读者需求，以及组织、完成整体策划创意等；其二，组织、指导、完成所有视觉识别系统的策划设计；其三，组织、制订、完善各个家庭阅读推广活动的具体实施方案；其四，负责品牌的塑造和推广，制定、实施品牌战略；其五，设计、审定媒体宣传方案，组织、策划媒体活动，做好活动宣传和品牌宣传；其六，做好业务分工，落实主体责任，包括联络、协调、监督、安全及其他日常工作。

随着图书馆阅读推广活动的规模化、经常化、多样化、品牌化，图书馆对阅读推广活动的开展有了更高更新的要求。近几年，各类各级图书馆，尤其是城市公共图书馆特别重视全民阅读推广，这些图书馆及时转变思维，紧跟时代潮流，设置了阅读推广部门，比如设置了读者活动部、业务辅导部、社会工作部等。如果说一个常设的阅读推广部门可以为全馆阅读推广活动的高效、顺利开展提供组织保障，那么，一个可靠的家庭阅读推广活动策划团队，则可以为家庭阅读推广活动的策划和组织实施等各个流程提供系统保障。

对于公共图书馆来说，通常情况下，家庭阅读推广活动作为阅读推广活动的一部分，由本馆阅读推广部门负责组织搭建策划团队。但对于除少年儿童图书馆之外的大众图书馆来说，少儿阅读活动的策划团队往往由少儿服务团队负责组织搭建。当然，对一些牵涉面较广、影响力较大的家庭阅读活动，因其对策划、运作要求较高，可以与多个部门开展合作与寻求支持，也可以通过开展社会合作，引入社会力量。例如，南京图书馆在新馆开放时正式成立社会工作部，专门组织开展讲座、展览等读者活动。在暑期大型系列活动策划与开展过程中，家庭阅读推广活动部分通常由社会工作部、少儿馆各自组织策划团队，独立策划，比如"书香童年"俱乐部四大系列活动。当然，根据实际需要，一部分活动在组织策划团队时适当引入了其他部门人员，甚至开展社会合作，借以提高活动的层级和影响。比如"南京市少先队队长畅游南京图书馆"专场活动，由馆团委、团市委、市少工委联合策划，当然策划团体的主体人员仍然来自图书馆。同时，由馆领导出面从办公室、读者服务部、历史文献部、信息部、物管部、后勤部等多个部门抽调精干力量，共同组织策划团队，明确分工，为活动的顺利实施奠定了良好的组织基础。

二、调研读者需求

调研读者需求指围绕家庭阅读对家庭读者的阅读需求进行调查和研

究。调研不仅是一种工作方法，而且是关系图书馆家庭阅读推广工作得失成败的关键步骤。我们知道，家庭阅读至少应该包括父母自己阅读、亲子共读、孩子自己读书三个方面，每个方面都涉及不同的子领域，这都可以成为图书馆调研家庭阅读读者需求的课题。通常情况下，调研可以是广开言路、开门纳谏型，也可以专门针对某一个项目而展开；可以前往其他有经验的图书馆实地调研，相互学习交流，也可以面向读者调研，比如，举行相关主题读者座谈会、开展问卷调查等，但必须围绕家庭阅读而展开。同时，调查和研究之间既有明显区别，又有紧密联系，调查是研究的前提和基础，研究是调查的发展和深化。图书馆通过开展前期调研，可以获取有关阅读推广活动、家庭阅读推广活动的读者意见和相关数据，及时进行汇总、分析与研究，形成调研报告，为创新家庭阅读推广活动的主题提供参考，为制定最佳的家庭阅读推广活动策划与实施方案打下基础。

例如，深圳图书馆举办"阅读推广洽谈日"活动。活动得到了市民读者的积极响应，活动当天，到场洽谈、交流的读者络绎不绝。深圳图书馆在现场就本次阅读推广活动开展情况进行了问卷调查，调查内容涵盖年龄、学历、活动频次、活动品牌类别、倾向主题类型、活动满意度等方面，比如，在获取读者活动信息的方式上，约70%的被调查者表示自己通过图书馆网站、微信、微博等数字化渠道获取活动信息，约30%的读者表示自己通过海报、册页等实体宣传品获取活动信息。调查显示，读书沙龙、"阅读·深圳"经典诗文朗诵会、周末实验音乐会、经典诵读、律师咨询、"南书房"夜话等最受读者喜爱，参与度最高。在读者参与活动倾向性调查中，经典阅读类主题活动最受读者喜爱，一半读者表示喜欢参与或想参与，远高于其他主题类别；户外运动、金融理财、传统文化类也深受读者喜爱，三成以上读者表示愿意参与。在阅读空间建设方面，"南书房"阅览服务区最受读者青睐，其次是讲读厅和报告厅，捐赠换书中心也是读者喜欢的馆舍场所。此外，读者还提出了许多有价值的意见和建议，比如，加大活动微信推送力度、增加传统文化活动、打造精品活动等。

三、创意活动主题

一个成功的活动项目策划，应该具备的要素主要包括：项目主题与名称、经费、目标人群定位、项目人员任务分配（场地、协调、宣传等各方面）、预计耗时、前期宣传、所需图书馆资源、所需设备、预期参加人数及场地安排等，这些要素组成了图书馆项目策划相对稳定的模式。可见，项目主题作为要素之一，对于整个活动的重要性不言而喻，就像"文眼"之于一篇文章，最能显示出作者的写作意图，是把握文章主题思想的窗口。

对于图书馆主办开展的家庭阅读推广活动来说，通常由阅读推广部门或少儿服务部门牵头，成立策划团队来确定活动的主题。家庭阅读推广活动可以单独成为一个主题，也可以作为全馆阅读推广活动年度或阶段性主题的子主题。

对于区域性、级别较高的大型或超大型阅读推广活动来说，图书馆通常担任承办单位，需要根据活动的总主题来指导本馆阅读推广活动的开展，以及确定本馆阅读推广活动的分主题。

例如，浙江省95家各级公共图书馆联合开启的"图书馆之夜"活动，以"图书馆就在我身边"为总主题。作为响应，温州少年儿童图书馆开展了"大圣归来"分主题活动，让孩子在趣味中发现阅读的快乐。温州市瓯海区图书馆打造了"星光大道"和"书虫舞会"等主题活动，各种书中人物走上舞台表演，到馆读者与书中"名人"互动，欢乐共舞。杭州图书馆则把帐篷设在图书馆，让小读者们和家长一起在书香中度过了难忘而温馨的一晚。

四、制订活动方案

有了好的活动主题创意之后，接下来就要着手制订活动方案。活动方案指围绕活动主题为某一项家庭阅读推广活动所制订的书面计划，涵盖活动开展过程中的所有要素和节点，包括活动标题、活动时间、活动目标、参加与组织人员、活动内容，以及具体的活动实施步骤等。一份详尽的活动方案是家庭阅读推广活动顺利开展的基本保证。为此，活动负责人需要对活动方案中每个关键步骤进行详细分析和研究，反复打磨，甚至需要对某些关键环节进行预演，才能形成最佳的活动方案，保障活动顺利开展。

首先，活动标题要体现活动主题，用词确切，表意清楚，能抓住读者的眼球，走入读者的心里，引起读者共鸣，吸引读者参与。因此，活动标题应该切合实际要求，既要考虑大众需求，又要注重分众需求。

其次，活动时间要有针对性。家庭阅读推广活动主要面向少年儿童或家长开展，最好选在周末或晚上进行，以保证家庭读者有时间参与。活动要通过多种渠道提前公布活动时间，且不要轻易变更活动信息。

再次，开展家庭阅读推广活动，需要事先设立一个明确的活动目标。活动目标可以为活动的开展提供方向，为活动的完成设置预期，有助于图书馆相关部门在活动结束以后开展总结与效果评估工作。相对于活动主题而言，活动目标应更加具体，更加接地气，便于读者理解和接受。

此外，要不断优化活动实施方案。图书馆在制订出一份初步的活动方案后，务必充分吸收主办方、合作方的意见和建议，逐步完善，确保各环节、步骤顺畅，可操作性强，必要时需要进行推演，以验证活动方案的可行性和可靠性。

第二节 图书馆家庭阅读推广活动的组织实施

家庭阅读推广活动的组织实施至关重要。对于一项阅读推广活动，特别是大型活动，活动的发起、组织与实施，通常涉及众多单位，如主办单位、承办单位、联办单位、协办单位等。其中，主办单位一般是地方宣传、文化、教育等政府机构，以及工会、共青团、妇联等群众性团体组织；联办单位、协办单位多是学校、社区、媒体和赞助商等；图书馆则一般作为主要的承办单位，承担着活动的策划、组织实施，以及和其他组织者之间的协调联系等工作，这些工作具体而细致。在这个过程中，可能需要整合图书馆各部门的力量和资源，也可以引入社会力量，以解决在开展阅读推广活动时所遇到的问题，并获得所需要的人力、物力、财力、智力的支持。在活动完成后，图书馆还要会同活动的相关部门或单位，及时对活动进行总结与评估。

此外，开展家庭阅读推广活动，对于图书馆是一项长期业务，需要有一套常规的运作和管理机制。这是推进图书馆阅读推广制度化建设的重要一环，应从馆领导的层面重视阅读推广工作，例如，设置以馆长为组长的领导小组，以阅读推广常设部门为具体实施小组，科学安排，细化分工，责任到人。

一、活动宣传

图书馆在完成家庭阅读推广活动策划的前提下，在活动组织实施之前，就需要启动活动宣传。有效的活动宣传可以给读者留下美好的"第一感"。从心理学的角度看，"第一感"是由第一印象（也称首因效应，或先入为主效应）所引起的一种心理倾向，持续的时间长，对事物整个印象产生的作用更强。所谓"酒香也怕巷子深"，图书馆应该进一步"走出去"，主动联络媒体，集思广益，借助多种渠道宣传，只有这样才能做好宣传工作。因此，有效的活动宣传对于阅读推广活动来说非常重要，不可或缺，它不但有助于提高活动的知名度和影响力，还有助于读者详细了解阅读推广活动信息，带动更多家庭和读者参与到阅读推广活动中来。

图书馆家庭阅读推广活动宣传，一般分为两个阶段：前期宣传和后期宣传。无论处于哪一个阶段，宣传都应该围绕家庭阅读推广活动的主题展开，充分利用活动的亮点吸引媒体和读者的眼球，以提升宣传的效果，达到宣传的目的。其一，前期宣传是指将活动的相关信息，包括主题创意、活动方案等，迅速、精准、广泛地传递给读者。对于家庭阅读推广活动来说，通常不可能满足所有家庭的个性化需求，因此，图书馆必须细分读者群体，比如确定好活动是面向孩子，还是面向家长等，进而拟订宣传计划，制订相应的宣传方案，有针对性地开展宣传工作；其二，现场活动的结束并不等于宣传工作的结束，图书馆应与读者建立起密切的联系，让读者对后续活动产生期待，培养读者对活动的忠诚度，形成该品牌的目标市场。同时，发布活动总结或调研报告，这不仅体现了图书馆对读者的重视，也有助于下一期活动水平的提升和优化，实质上延长了活动的生命周期。

每个阶段所采取的宣传方式不尽相同，但并无太大区别。就前期宣传而言，不仅要采取传统的宣传方式，比如宣传海报、横幅、宣传册、展板、宣传栏等，还要充分利用报纸、电视台、广播电台等媒体。例如，2014年，首届西南地区四城市"风·雅·颂——国学经典诵读"邀请赛，由文化部全国公共文化发展中心和中央人民广播电台《中国之声》共同主办，由成都市文化局发起，并联合昆明、贵阳、重庆三个城市共同举办，赛事得到了中央人民广播电台、《人民日报》《光明日报》，以及当地报社、电视台、广播电台的报道，宣传效果很好，活动影响很大。

对于一般的阅读推广活动而言，宣传海报等传统的阵地宣传方式经济实惠，操作简单，但较为被动；电视台虽受众广泛，宣传效果好，宣传力度大，但宣传费用又太昂贵；相对来说，"互联网＋新媒体"就更加适应时代要求，既取其长，又避其短。因此，在"互联网＋"时代，图书馆更要引入互联网思维，注重借助互联网平台和技术开展"互联网＋新媒体"宣传。例如，"南国书香节"以青少年为重点，以培养阅读风尚、营造书香氛围为主线，由广东省委宣传部等部门牵头主办，全省图书馆广泛参与。书香节组委会充分利用"互联网＋新媒体"发动宣传攻势，如在南方网、大洋网、网易、腾讯网、新浪网、广东文化网开设了全方位、多角度报道书香节盛况的专题栏目，推出网络视频，还开通了微博与读者互动等。

就后期宣传而言，活动通常侧重主动性的媒体宣传，比如，通过媒体、互联网发布活动圆满结束的新闻稿。主办方还可以借助"互联网＋新媒体"与读者开展后续互动，或发布调查问卷的研究报告。这既是对活动的总结，也是对活动的进一步宣传。除此之外，在"互联网＋"时代，尽管大众对文化活动的舆论关注度比对公共事务的关注度要小，但突发负面报道一旦经过互联网媒体转发后，就可能在极短时间内迅速发酵，引发全社会关注，甚至传遍全球。为此，图书馆要树立基于互联网思维的危机处理意识，制订应急预案，以便妥善处理阅读推广活动宣传工作中的危机事件。

二、现场组织与实施

在经济学中，资源配置是指根据社会需求，组织资料、设备、资本、劳动力等生产要素，对相对稀缺的资源在各种不同用途上加以比较，做出的选择，以对有限的、相对稀缺的资源进行合理配置，用最少的资源消耗，生产出最适用的商品，获得最佳效益。同理，在活动的现场组织实施过程中，必须做好资源配置工作。围绕某一个家庭阅读推广活动项目，对有限的人力、物力等，根据不同的岗位和用途进行合理分配和分工。

在活动实施之前，人员安排、场地布置、设备调试、文字材料准备、综合事务及其他会务服务必须全部到位。具体为：其一，工作人员要着装整洁、待人有礼。基于安全考虑，所有工作人员都要熟悉场地的消防安全通道；其二，场地布置总体上要温馨舒适，给读者一种宾至如归的感觉，同时要营造活动的氛围，突出活动的主题。在细节上，每一个环节都不允许有遗漏，比如，会场大厅导示牌、会场座位排序、桌椅摆放、条幅悬挂、舞台、讲台、花盆布置等；其三，设备调试要万无一失，比如，电脑、投影仪、话筒、音响设备、摄影摄像设备、灯光、空调等；其四，文字材料要齐全，比如，活动方案及议程、嘉宾发言稿、电子版演示文稿、活动宣传资料、资料袋及纸笔等；其五，综合事务安排要细心周到，比如，与会领导房间安排、接待参观用车准备、用餐安排、报到接待及签到、进退场引导、现场摄影摄像，以及放置面巾纸、饮用水、传递话筒等其他会务服务。此外，要做好活动预备方案，即对潜在的或可能发生的突发状况，事先制订应急处理预案。

主办方要按计划准时开展活动，并确保活动有序进行。在活动实施过程中，工作人员仍有大量细致的工作要做，应按活动方案中拟定的任务分工继续完成。活动总负责人应全程实时跟进活动进度，并常规性地将活动现场的情况与前期策划时的活动方案进行对比，如果发现偏离主线，进度过快或过慢，要及时进行调整；对于活动现场出现的突发状况，要统筹协调、快速处理，如果活动仍要进行，就要努力使活动的后续过程尽量回归原定方案，保障活动高质量完成。

活动现场应有专人负责收集读者的反馈信息，主要包括互动环节读者提出的问题和建议。活动结束后，可以主动索要读者联系方式，以便联络和继续沟通。同时，可以在活动场地配备意见簿等，用于收集读者对活动的意见或建议。

三、活动总结与效果评估

从策划学的角度看，可将活动的总结评估定义为：在一定原则的指导下，运用科学的方式方法，对策划实施内容、运作程序、操作手段、功能结构及其最终效果等做出公正的判断和结论。对于图书馆家庭阅读推广活动来说，总结与评估是整个活动最后一个环节，全面细致地做好这一环节的工作，也是对整个活动的总结与评估，可以使活动有一个良好而又完整的收尾。

首先，在阅读推广活动结束后，活动总负责人应牵头对整个活动开展全方位、多角度的分析总结。这是对阅读推广活动效果的有效检验，可以为后续活动的开展提供重要的、可靠的参考意见，有利于在后续活动策划、组织实施过程中提高水平，提升技巧，避免图书馆在家庭阅读推广活动中自说自话、闭门造车，同时也是对阅读推广活动过程中经验教训的总结。图书馆应主动搜集关于活动的效果、读者满意度等方面的意见，深入总结，找到症结，及时提出改进措施和解决方案，哪怕只是"微改进"，也可能带动后续活动质量的提升；同时，对于活动过程中的成功经验，要继续发扬，从而使活动团队越来越富有经验和技巧，把家庭阅读推广活动开展得越来越丰富多彩，进入一种良性循环状态。

其次，图书馆应该尽快建立和完善阅读推广活动评价机制。21世纪初，一部分高校图书馆开始引入相关评估标准对本馆读者服务质量进行评估，比如海南大学图书馆于2005年7月将ISO9000质量管理体系引入图书馆质量管理评估，并于一年后，通过了认证机构的年度审核。2008年，武汉大学图书馆将"LibQUAL+"评估体系引入日常的读者服务管理，以便了解读者的满意度和满足率。从全国公共图书馆系统来看，图书馆主管部门也应出台相关规章制度，明确要求阅读推广相关部门应在活动结束后牵头对全馆重点活动进行认真总结与评估。但无论是在制度层面，还是在现行的质量认证管理体系中，多数图书馆还未形成专业的、系统的、面向广大读者的阅读推广活动评价机制。

鉴于这种实际情况，图书馆应先从以下两个方面着手开展效果评估工作：一是定性评估，即搜集活动策划团队的自我感受与评价、读者对活动各环节的反馈意见，以及媒体报道与社会影响等，据此做出定性评价。二是定量评估，即首先设计一套较为客观的、科学的阅读推广活动评价指标体系，评价指标至少要达到两级。以二级评价指标体系为例，具体包括：一级评价指标的内容及权重，二级评价指标的内容、权重、量化分值，以及评价标准要点描述等。例如，一级评价指标可以包括活动过程、活动结果、设施设备等，其中活动过程对应的二级评价指标可以包括规范性、沟通性、及时性等；活动结果对应的二级评价指标可以包括创意性、经济性、满意度等；设施设备对应的二级评价指标可以包括实用性、案例性、舒适性等。然后，图书馆基于这个评价指标体系设计调查问题，开展问卷调查，综合分析读者所打出的评价分值，即一定程度上实现对某一项阅读推广活动的定量评估。整体来看，两种评估方式互有优劣。因此，在对阅读推广活动进行效果评估时，图书馆应该注重定性评估与定量评估搭配使用，相互补充。

第三节 图书馆家庭阅读推广活动的品牌塑造

图书馆家庭阅读推广活动品牌就是图书馆通过开展特色化、个性化的家庭阅读推广活动，在图书馆业界和全民阅读领域形成一种独特的影响，打造一个全新的图书馆家庭阅读推广形象，彰显自己的特点，构筑未来的竞争优势，最终提升为图书馆的核心竞争力。通常情况下，家庭阅读推广活动品牌属于阅读推广活动品牌体系中的子品牌，后者又属于图书馆服务品牌体系中的子品牌。

对于图书馆家庭阅读推广活动而言，其品牌塑造同样需要经过品牌定位、品牌设计、品牌营销，以及品牌延伸等若干环节。

一、品牌定位

被誉为"定位之父"的两位全球顶尖营销战略家艾·里斯和杰克·特劳特这样给"定位"下定义："定位始于产品。然而，产品本身并不是定位的对象，潜在顾客的心智才是定位的对象。也就是说，定位就是确立产品在潜在顾客心智中的位置。"图书馆家庭阅读推广活动品牌定位就是在读者的头脑中为某一活动品牌寻找一个独特的位置，也是给自己的品牌确立一定的行业地位。它是一个互动过程，既是品牌信息传播的过程，也是读者对品牌认知的过程。一是要获得在图书馆业界内的竞争优势，即在读者心目中形成难以忘怀的、不易混淆的优势效果；二是要与其他品牌建立品牌区隔，突出差异性和特色。而这种在品牌定位过程中体现出来的品牌特色和差异化优势，正是品牌的核心价值所在。如此一来，读者在产生了相关需求时，就可能会首先想到这家图书馆、这个活动（品牌）。

二、品牌设计

品牌设计就是对品牌形象的设计。与一般意义上的品牌相似，图书馆家庭阅读推广活动的品牌，其构成要素也包括品牌名称、标识与图标、标记、标志字、标志色等，其中品牌名称是核心要素。例如，"南书房"原本是清康熙帝读书处，历史悠久，颇具盛名。图书馆作为市民终身学习的理想场所，称得上是市民免费使用的大书房。深圳图书馆坐落在莲花山南畔，"南"可以理解为莲花山以南的南、南方以南的南、北雁南归的南，意味着阳光、温暖、开放、希望，图书馆希望读者能在这里悠游历史长河，横跨东西文明，享受"深阅读"带来的非凡收获，故定名为"深圳图书馆南书房"。

相应地，图书馆家庭阅读推广活动的品牌形象就是指存在于读者心里的关于品牌的各要素的图像及概念的集合体。针对品牌形象的设计，主要体现为品牌的视觉系统设计，即 VI 设计。例如，深圳图书馆"南书房" VI 设计。深圳图书馆是国内第一家完整导入 VI 的大型公共图书馆，其 Logo 灵感来源于馆舍建筑整面的曲面韵律玻璃幕墙。"南书房"作为深圳图书馆的二级子品牌，在服务宣传和阅读推广活动中坚持统一应用 VI。其一，整体上，VI 设计简洁明了，又美观大方，与深圳图书馆 Logo 并置时，主次分明，又融为一体；其二，与其他二级子品牌相比，既协调一致，又区隔明显。又如，首届西南地区四城市"风·雅·颂——国学经典诵读"邀请赛的 VI 设计。为了快速建立品牌知名度、塑造品牌形象，由项目四城市执委会办公室联合牵头对整个项目 VI 进行设计，主要包括：确定了项目名称、大赛宗旨，设计了独立的、别具特色的品牌 Logo，设定了宣传网站、宣传海报的整体 VI 风格。项目名称与大赛宗旨相互呼应，存在于品牌 Logo 之中，而项目名称和品牌 Logo 又融入宣传网站和宣传海报中，体现了品牌设计的统一性。同时，作为 VI 的基础部分，品牌 Logo 的设计色彩、图案、字体，以及宣传网站和宣传海报的主题风格、背景图案，均与国学经典主题相称，相对于其他活动品牌设计来说，该品牌 Logo 具有明显的差异性。

此外,从广义上讲,品牌形象不仅指有形的内容(也就是外在品牌形象),比如品牌 VI 设计,还包括无形的内容(也就是内在品牌形象)。有学者提出,"品牌形象是在竞争中的一种产品或服务差异化的含义的联想的集合"。从市场营销学的角度看,品牌形象的无形内容是由内而外展现出的独特魅力,能被消费者感知和接受的个性特征。随着社会的发展,人们对商品的要求不仅包括商品本身的功能等有形内容,也包括内在的、无形的内容,反映了人们的情感和精神追求。同样的道理,图书馆家庭阅读推广活动品牌不仅包括外在品牌形象,也包括内在品牌形象。例如,深圳图书馆"南书房"通过环境形象、员工形象、服务内容构建的一个完整的阅读推广和服务品牌形象,不仅在于它在空间设计上所散发出的古典严肃美和清新时尚感,还在于它所营造出的灵动飘逸、宁静温馨的阅读氛围,成为读者的"第三空间",为读者提供了一个可沉下心、慢阅读、慢生活的公共书房,让读者可以舒适、自在地享受阅读的宁静与快乐。读者也可以参加沙龙、朗诵会、读剧、征文、图书版本展等系列活动,感受经典阅读的魅力。

三、品牌营销

品牌营销是指通过市场营销使客户形成对企业品牌和产品的认知过程,就是企业要利用品牌符号,把无形的营销网络铺到社会公众心里,把产品输送到消费者心里,使消费者认可产品和服务。这是企业不断获得和保持竞争优势必须构建的营销理念。在市场营销理论被引入到图书馆领域以后,国际图书馆协会联合会(IFLA)管理营销专业委员会就设立了国际图联国际营销奖,以表彰世界上最优秀的图书馆营销活动,提高图书馆专业人员的认识,促进图书馆营销活动的开展,让图书馆有机会分享图书馆营销的经验。清华大学图书馆的"爱上图书馆视频及排架游戏"获第十届IFLA 国际营销奖第一名,这也是该奖项设立以来国内图书馆首次获此殊荣。这充分体现了国内图书馆对于阅读推广品牌营销的重视程度。

图书馆在进行家庭阅读推广活动品牌营销的过程中,要灵活运用企业品牌营销的理论,不可生搬硬套,因为二者之间存在着本质的差异性。一是公共图书馆服务属于公共文化服务范畴,公益性是其基本价值属性。

因此，图书馆品牌营销始终要以公益性为依归，旨在给读者提供更好更优质的公共文化服务；而企业品牌营销的最终目的则是实现企业利益最大化；二是公共图书馆所具有的公共文化属性，要求图书馆在对品牌营销进行效果评估时把社会效益放在首位，实现社会效益和经济效益的统一；而企业品牌营销则主要看重经济效益，体现的是企业的生产总值同生产成本之间的比例关系，比如，可以通过量化指标，准确得出销售额和利润，直观反映出品牌营销的效果。鉴于这种特殊性，图书馆在开展阅读推广活动品牌营销的过程中，应该着重从品牌意识、品牌质量、品牌传播等方面下功夫。

第一，要树立品牌意识。对于品牌营销的认识，图书馆界仍然存在一些观念上的误解，比如，没有意识到品牌的重要性，以为只要把活动做好就可以了，这说到底是缺乏品牌意识。品牌营销的前提和基础就是要创立品牌，阅读推广活动就好比一个企业的某种产品和产品系列，而产品不等于品牌。这要求图书馆在进行阅读推广活动的统筹和策划之前，就要站在全馆的高度来规划阅读推广活动的品牌定位、品牌设计、品牌营销与品牌管理等，以打造全馆统一的、协调的品牌体系。

第二，要控制品牌质量。对于企业来说，品牌质量是指品牌的产品质量，主要反映该品牌产品的耐久性、可靠性、精确度、易于操作和便于修理等有价值的属性。对于图书馆来说，品牌质量则是指品牌体系中的某一次活动的质量，主要通过活动的前期策划、中期组织实施，以及后期总结评估来反映，其中每一个环节都是决定该活动质量水平的重要因素。比如，策划团队的水平、主题的创意性、活动方案的可操作性、现场的舒适度、双方的沟通性、读者的满意度，以及活动所产生的社会效益及影响等。品牌质量体现的是品牌的生命力，品牌之所以成为品牌，就是因为它所代表的是每次阅读推广活动的高质量，也因此品牌能在读者中广为传播、备受赞誉。

第三，要巧用品牌传播。对于企业来说，品牌传播就是企业以品牌的核心价值为原则，在品牌识别的整体框架下选择广告、公关、销售、人际等传播方式，将特定品牌推广出去，以建立品牌形象，促进市场销售。对于图书馆来说，品牌传播主要是指以提供更优质的公共文化服务和推进全民阅读为原则，基于本馆阅读推广活动的品牌体系开展宣传和公关，将活动品牌推广到社会各个层面，比如，在社区、学校、家庭、工厂及公共文化服务较为缺失的地方，免费开展阅读推广活动，体现了图书馆服务的基本性、均等性、公益性和便利性。

首先，图书馆要主动宣传推广。国内图书馆在采用横幅、海报、宣传册等进行宣传推广时，应加强对活动品牌形象的利用，比如，设计品牌标志，提高辨识度，增加宣传效果。随着互联网的发展，宣传推广时图书馆应注重线上线下结合的方式，充分利用互联网技术，让品牌的传播效果最大化。

其次，图书馆要巧用公共关系。公共关系是一种专门用来塑造组织形象、协调关系、塑造公众形象的传播手段和管理艺术，在美国被视为"能够决定图书馆命运"的法宝。在策划阅读推广活动时，公共关系就是其不可或缺的一部分。

四、品牌延伸

现代营销理论认为，品牌延伸是指在已有较高知名度与市场影响力的品牌的基础上，将原品牌运用到新产品或服务上，以减小新产品进入市场风险的一种营销策略。品牌延伸具有能增加新产品的可接受性、降低消费行为的风险、提高促销性开支的使用效率、满足消费者多样性需要等多项功能。某种程度上，品牌延伸与品牌定位是品牌发展战略中的矛盾与统一体，因为品牌延伸的继续深入，反过来可能会导致品牌定位的模糊与混乱。合理的品牌延伸有利于品牌的健康成长，相反，如果品牌延伸处理不得当，那品牌也会有覆灭的危险。因此，在处理家庭阅读推广活动品牌延伸时，图书馆应处理好自身与品牌定位的关系，通过合理的品牌延伸，塑造、产生新的品牌和项目，逐步形成家庭阅读推广活动品牌平台和品牌体系。

图书馆家庭阅读推广活动的品牌延伸，可以是通过本级品牌向下延伸产生新的子品牌，也可能是通过已有的一系列相关性很强的本级品牌向上延伸产生新的上一级品牌。当然，品牌延伸的结果不一定会立即形成新的品牌。此时，图书馆应该注重对这些新延伸产生的项目或活动进行悉心培育，找准定位，使其逐渐成为潜在的、未来的家庭阅读推广活动品牌。

第五章 高校图书馆阅读推广

第一节 高校图书馆阅读推广概况

一、高校图书馆阅读推广的含义

（一）高校图书馆阅读推广的定义

阅读推广是否应该成为图书馆主流服务之一，阅读推广的含义又是什么？《阅读推广手册》《公共图书馆宣传推广与阅读促进》等文件和规章制度都没明确给出答案。但国内学者们普遍持有的观点，即作为全民阅读推广的重要动力源泉和全民阅读的前沿阵地，图书馆应该充分利用其自身优势，开展阅读推广，促进全民阅读，构建书香社会。

至于阅读推广是否已经成为图书馆的主流服务，虽然目前很多图书馆都设立了独立的专门负责阅读推广工作的部门或专职人员，但就国内图书馆现状而言，在高校图书馆范围内阅读推广暂时还不能说已经成为主流服务。至于什么是阅读推广，目前国内图书馆界主要有以下五个具有代表性的定义。谢蓉认为："图书馆阅读推广活动是图书馆作为推广主体，通过一定的推广媒介，利用特定的设施设备，选择适当的阅读内容并对活动形式进行一定的设计，从而对阅读推广的客体对象（特定的读者群体）施加影响，并接受反馈不断调整以期达到最佳效果的所有工作。"范并思认为："图书馆服务形式中应该包含阅读推广；阅读推广的对象是普通公民，但是图书馆应该关注的是由于各种原因不能正常利用图书馆的各类读者；阅读推广是通过形式多样的活动加以外化的服务；阅读推广是通过图书馆员介入式的方式来开展的服务；阅读推广的最终目标是通过阅读培养公众的阅读饥饿感，从而提高公民的素养。"张怀涛认为："阅读推广顾名思义就是推广阅读；简言之，就是社会组织或个人为促进人们阅读而开展的相关活动，也就是将有益于个人和社会的阅读活动推而广之；详言之，就是社会组织或个人，为促进阅读这一人类独有的活动，采用相应的途径和方式，扩展阅读的作用范围，增强阅读的影响力度，使人们更有意愿、更有条件参与阅读的文化活动和事业。"王波认为："阅读推广，就是为了推动人人阅读，以提升人类文化素质、提升各民族软实力、加快各国富强的进程为战略目标，而由各国的机构和个人开展的旨在培养民众的阅读兴趣、阅读习惯，提高民众的阅读质量、阅读能力、阅读效果的活动。"王新才认为："大学图书馆阅读推广，主要是针对大学生的阅读推广活动，是大学图书馆工作者根据图书馆的著作收藏，针对读者，尤其是广大大学生读者的阅读需求而开展的特定的书目推荐及阅读组织活动。"

那么，高校图书馆阅读推广的定义又该如何界定呢？《普通高等学校图书馆规程》中明确指出："高校图书馆的主要职能是教育职能和信息服务职能。即高校图书馆应该充分发挥学校在人才培养、科学研究、社会服务和文化传承创新中的作用。所以狭义的高校图书馆阅读推广，应该是以高校图书馆为主导，联合校内外其他部门或单位，利用各种渠道和资源，向师生读者宣传推广图书馆及其资源和服务，旨在培养师生阅读兴趣、习惯、能力和专业学科知识为目的的一系列推广阅读的活动和措施。广义的高校图书馆阅读推广，还应该体现高校的社会服务功能，其客体对象还应包括社会大众，其目标也应上升至提升国民阅读素养和文化水平上。

（二）高校图书馆阅读推广的构成要素

阅读推广与其他事物一样，必须具备一些不可或缺的组成要素。总体上看，必须包括主体、客体、对象、目标、活动、效果。高校图书馆阅读推广的主体即阅读推广组织者，也是阅读推广发起者，具体指高校图书馆，或是以高校图书馆为主导的校内外其他相关利益者积极参与的临时或固定的组织，或是以校内外其他相关利益者为主导的高校图书馆积极参加的临时或固定的组织。高校图书馆阅读推广的客体，是指阅读推广的目标群体，主要包括在校师生、社会大众和社会组织。高校图书馆阅读推广的对象，是指阅读推广过程中向客体推广的内容，主要指各种类型和载体的文献资源、阅读工具、阅读理念和文化等。高校图书馆阅读推广的目标，是指阅读推广所期望达到的作用和实现的意义，也就是为什么推广，具体指如何提升师生阅读素养和综合素质，如何促进社会大众走进图书馆利用资源等。高校图书馆阅读推广的活动，是阅读推广的载体，是阅读推广的内容和形式。高校图书馆阅读推广的效果，是指阅读推广产生的影响和结果是否与目标一致，效果可分为显性效果和隐性效果。

（三）高校图书馆阅读推广的特点

相对于公共图书馆，高校图书馆阅读推广工作除了具有文化传承性、公众参与性、社会公益性、定位多向性、主动介入性、成效滞后性等特点外[1]，还具有以下特点。

1. 活动主客体一体性。总体上，高校教师和大学生具有良好的文化素养和综合素质，有能力也更有意愿转换为阅读推广活动角色，充当活动主体。新媒体时代下，借助于互动性强的信息传播技术，师生读者能更方便快速地转换角色。所以，高校师生及相关组织经常既是阅读推广活动的主体又是活动的客体，二者时常融为一体。

2. 活动客体单一性。就目前而言，高校图书馆阅读推广活动最主要、最大的客体来源是比较单一的校内师生读者及相关组织，复杂的层次多样的校外社会大众读者只是零星地散落在各种活动和师生读者之中。

3. 活动对象专业性。由于活动客体的特殊性，相对于公共图书馆，高校图书馆阅读推广活动内容所选择的资源和内容往往具有较强的学科专业性和较高深的学术理论性。

4. 活动效果显著性。虽然阅读推广活动效果评价一直难以定量统计，但高校图书馆阅读推广活动效果在一定程度上还是可以从教师的教学水平和质量、教科研水平和学生的学习成绩、综合素质等指标上，进行适当的定量分析与评价。

5. 活动目标特殊性。相对于公共图书馆开展的践行阅读自由和公平等阅读推广活动，高校图书馆阅读推广活动更多关注的是师生读者的阅读质

1　张怀涛. 阅读推广的概念与实施 [J]. 河南图书馆学刊，2015，36（1）：2-5.

量和品位，以及高校和高校图书馆的人才培养目标和宗旨。

（四）高校图书馆阅读推广的目标

高校图书馆不同于公共图书馆，作为高校三大支柱之一，其活动的开展必然与教学、科研存在着千丝万缕的联系，活动的目标不可能完全脱离促进专业学科学习、各类考试、创新创业教育等人才培养目标，而单纯地培养阅读兴趣爱好和能力。所以狭义的高校图书馆阅读推广，即以图书馆为主导，联合其他部门和单位，在充分利用现有资源的基础上，开展的培养师生阅读兴趣、习惯和能力，提升师生专业技能和综合素质为目的的系列活动，旨在实现学校教育教学目标和图书馆宗旨。广义的高校图书馆阅读推广，还应该体现高校的社会服务职能，其对象还应包括社会大众，其目标要上升至提高国民阅读兴趣和素养。正如北京大学图书馆提出的观点，即"高校图书馆必须兼顾各类学生要求，兼顾各项职能的落实，必须将畅销新书、休闲类书籍的阅读推广和严肃的学术类书籍、教学类书籍的阅读推广相融进行或交替进行，阅读推广不能只看读者参与人数和社会反响程度，还要看是否与高校图书馆的任务和宗旨相符合。"

（五）高校图书馆阅读推广的类型

有学者曾将高校图书馆阅读推广分为教育功能、深化阅读、信息保障、和谐关系和艺术鉴赏五大类[1]。也有学者从阅读推广内容的角度，将阅读推广分为阅读文本推广、阅读工具推广、阅读方略推广、阅读理念推广和阅读文化推广五种类型；从阅读推广活动的角度，将阅读推广分为微推广、小推广、中推广、大推广、巨推广和宏推广六种类型[2]。此外，从阅读推广其他构成要素角度划分，高校图书馆阅读推广还可以分为以下几种类型：从活动主体角度出发，可分为图书馆主办类、协办类和联合主办类等；从活动客体角度出发，可分为学生类、教师类、师生类、社会大众类等；从活动对象角度出发，可分为推广图书馆类、推广资源类、推广服务类等；从活动功能角度出发，可分为休闲娱乐类、社会服务类和专业学术类等；从活动目标角度出发，可分为阅读能力提升类、阅读兴趣培养类

1　郭文玲.高校图书馆阅读推广策略分析与研究[J].图书馆论坛，2012，32（6）：53-56.

2　张怀涛.阅读推广的要素分析[J].晋图学刊，2015（2）：1-7.

和阅读方向引导类等；从活动地点角度出发，可分为馆内类和馆外类，其中馆外类又可分为校内类和校外类；从活动周期角度出发，可分为定期类和不定期类等。不同类型的阅读推广活动，有着不同的目标和效果，可以满足不同读者的个性化阅读需求，高校图书馆应该根据不同读者的阅读需求，采取不同策略，开展不同类型的阅读推广活动。

二、高校图书馆阅读推广的问题

高校图书馆是高等学校发展的产物和重要的教辅部门，同时也是社会体制的变革和科学文化事业发展的公共产品。作为学校的文献信息资源中心和区域内的社会文化知识中心，高校图书馆不仅需要为学校师生提供服务，也应该充分利用自身和校园内丰富的资源优势为社会大众提供阅读和信息服务。多年来，高校图书馆的阅读推广工作水平有了大幅度的提升，服务活动取得了显著的成效，但总体工作水平和质量与国外发达国家相比，还有较大的距离。工作的不足之处来自多方面，比较突出地表现在以下几点。

（一）机构人员不完备

加强组织机构和人力资源建设，是图书馆发挥阅读推广作用和效益的首要保障。目前国内高校图书馆独立设置阅读推广部门的不多，多数高校图书馆阅读推广工作仅靠非专设部门的临时人员开展。另外，阅读推广工作组织团队人员构成相对单一，缺乏跨专业（如营销、艺术、计算机等）推广人参与，更没有采取措施积极主动地吸纳读者、院系和区域内其他高校图书馆、公共图书馆、书店等相关部门的加入。

（二）规章制度不健全

虽然部分高校图书馆坚持每年单独制订阅读推广工作计划，也编制专项活动经费预案，但缺乏总体的长期规划和相应的规章制度，无法保障阅读推广工作持续、快速、健康的发展。例如，活动方案制定没有调研论证机制，仅凭个人经验和喜好决定活动内容；活动开展没有监督机制，无法保障活动公平、公正、公开的原则；活动没有成绩认证体系，活动结果和参与者的成绩得不到宣传与肯定；活动没有经费使用具体细则，经费使用不够科学合理；活动没有评价体系，仅凭活动参与人数、参与领导规格衡量，无法进一步提高活动质量。

（三）资源保障不到位

高校图书馆读者阅读需求，既分散又集中。大学生读者阅读需求分散是指不同年级、不同专业、不同个体之间的阅读能力不同，阅读兴趣爱好也不同，阅读需求个性化特征比较显著；阅读需求集中是指大学生在考试复习、考证准备、毕业求职等活动前期，往往对某些特色类目的资源需求量较大，时间也很集中。教师读者阅读需求分散是指不同学科专业、不同年龄层次、不同个体之间的阅读能力不同，阅读兴趣爱好也不同，在承担教学任务期间内阅读需求区别较大；阅读需求集中是指，每当假期来临之际或在假期内，他们一般比较集中地从事教科研活动，对教科研文献资料的需求量比较大。校外读者的阅读需求个性化特征更为明显，同时与校内读者相比，他们的信息素养普遍较低，需要高校图书馆有针对地开展相关培训，以提升他们的资源获取能力。校内外读者阅读需求特性，加上读者资源需求无限大和馆藏资源有限性的矛盾，使拥有丰富资源的高校图书馆，在某一特定周期和时间节点上，往往也处于馆藏资源不足的状态。

（四）工作理念不合理

阅读推广目标是活动的方向，主题是活动的灵魂，内容则是活动的躯干，目标需依托主题活动内容来实现，三者相辅相成，缺一不可。所以高校图书馆阅读推广活动的工作重心应该在于读者及其阅读需求，部分高校领导或图书馆领导及工作人员还没有彻底转变工作理念，将阅读推广视为政治任务或形象工程，导致活动偏离了工作目标。具体表现在以下四个方面：第一，活动主题不够明确，主题过于宏大、生硬，缺乏针对性，讲究点多面宽，内容与主题脱节，形散神也散，无法满足读者的实际阅读需求；第二，活动缺少特色，过度强调活动的连续性和过分依赖其他组织推广案例的引导示范作用，活动缺乏创新，品牌意识不足，不能调动读者的参与热情；第三，活动同质化现象严重，图书馆可能迫于资源紧张和能力不足等压力，活动内容和项目虽然逐年增加，但技术含量和学术水平不高，长期开展同质化、低水平、难度低的活动，有"形象工程""走场作秀"之嫌；第四，活动宣传效果不理想，活动宣传途径虽多种多样，如海报、横幅、展板、图书馆网站等，但总体上缺少技术含量，没能充分利用微博、微信等新媒体，也没能深入到读者的日常生活和工作中。

（五）活动支持度不足

高校图书馆开展阅读推广活动，面向的是校内外数量众多的不同类型的读者。仅靠图书馆有限的力量和资源"唱独角戏"肯定无法取得预期的效果，行之有效的工作局面应该是由图书馆指挥的一场"交响乐"。但现实是活动经常得不到应有的支持、帮助，甚至得不到关注和理解。一方面，内部支持不足。由于活动在馆内事先未能广泛宣传和积极动员，导致馆员思想不统一，行动不协调，团队协作不足；另一方面，外部支持不足。有的学院领导及其他部门负责人除了参加活动的开闭幕式外，基本不了解活动的具体内容，也不会主动给予活动必要的支持。除此之外，有的部门担心影响自己的工作，不理解、不支持图书馆开展的阅读推广活动。

三、高校图书馆阅读推广的发展建议

阅读推广作为图书馆现阶段最具活力和人文关怀的服务，对于读者阅读现状和阅读推广工作中的问题，需要高校图书馆在阅读推广中进一步加强理论自觉和管理自觉。高校图书馆要建立工作长效机制，要大胆借鉴营利组织的营销理念结合先进的科学技术，采取多样化的措施，吸纳各方资源，转型升级阅读推广工作。

（一）健全组织机构

1.搭建校内三级管理机构。建立健全三级管理机制，即学校层、图书馆层、院系与学生层。首先，高校成立学校阅读推广委员会，从宏观角度组织活动管理，着重加强活动第三方监督机构建设和成绩认证、效果评价、经费管理机制；其次，图书馆成立专门的阅读推广组织机构，并充分吸纳其他专业学科馆员，加强团队建设，制定活动实施方案或指导院系和学生组织开展活动；最后，院系和学生社团分别成立阅读推广分会，协办和承办图书馆层开展的活动，也可以在图书馆层的指导下，自行组织活动。例如，山东师范大学学生社团在图书馆的指导下，以"读者带动读者，读者感染读者，读者指导读者"为理念，开展的"创新阅读推广——创意悦读"活动。

2. 建立区域阅读推广联合组织。高校图书馆需要整合校内资源，联合公共图书馆、书店等机构和组织共同开展服务范围更广的阅读推广活动。例如，铜陵职业技术学院在校园内成立了国内首个集高校图书馆、公共图书馆与新华书店为一体的"三合一"图书服务中心，并于当月面向全体市民和全校师生服务，服务中心升级了传统"新书通道"阅读推广模式，借鉴了内蒙古图书馆推出的"彩云服务计划"，开展了以"你读书，我买单"为主题的"现场买书、现场借阅"活动，以"还民于图书采购权"的模式，吸引读者走进图书馆利用图书馆资源。

（二）完善规章制度

1. 合理规划阅读推广"十四五"。图书馆应以"十四五"规划为契机，将阅读推广提升至图书馆及校园文化发展的战略高度，加强顶层设计，建立长效机制。例如，美国范伍德市纪念图书馆在《2013—2018 战略规划》中明确提出"培养所有年龄、各种文化的人的阅读兴趣"的目标，并制订详尽的工作计划与措施；广州市图书馆于"十二五"期间制定了《广州图书馆 2011—2015 年发展规划》，明确阅读推广目标、使命与策略，成功地将阅读推广工作纳入图书馆事业整体规划中，提前迈出了阅读推广管理自觉的步伐。

2. 推行阅读推广个人负责制。提高活动参与积极度，不仅包括读者的积极性，还应包括馆员的积极性。图书馆应积极推行阅读推广人制度，健全相关工作职责和规章制度，明确绩效考核办法，将阅读推广与职称评定、职务晋升直接挂钩。一方面，可以促进工作的顺利开展；另一方面，可以提高馆员的工作积极性，预防职业倦怠。同时应积极尝试由某一馆员组织开展一项阅读推广活动。例如，美国沃斯堡公共图书馆在暑期阅读推广活动中就由一个馆员承担一个活动，活动以馆员的名字命名，充分挖掘了馆员的聪明才智，取得了很好的效益，也有利于活动品牌的树立。网络信息化时代，图书馆还可以通过微信群等平台，鼓励读者组织开展小微主题的阅读推广活动。

3. 完善经费管理办法。经费一直是制约活动效果的重要因素之一，图书馆必须坚持以下原则，加强经费管理工作。一是依法原则。图书馆应依据国家相关财务管理制度，建立科学合理的活动经费预决算及使用管理办法，并严格执行。同时，图书馆还应采取各种合法的措施积极扩展活动经费来源，如争取政府、资源供应商、企业家赞助活动奖品等；二是节约原则。图书馆应合理规划、使用活动经费，将"好钢用在刀刃上"，要避免铺张浪费的开、闭幕式；利用新媒体手段开展线上宣传，减少传统横幅展板的使用；活动的精神奖励和物质奖励并举，适当增加物质奖励比重等；三是效益原则。图书馆应总结往年的活动效果，科学调配活动项目间的经费比例，如效果好的征文、读书明星评比等活动，后续应该扩大活动参与范围和奖励额度；效果并不明显的专家讲座活动，则应该邀请广受欢迎的专家予以替代等；四是监督原则。活动开展过程中，图书馆要加强监督工作，保障活动的公平、公开、公正等；在经费的使用过程中，要加强民主监督和经费使用公开工作，同时图书馆还应该积极广泛地吸取馆员和读者对经费使用的意见和建议。

4. 构建成绩认证体系。开展具有检验大学生专业和综合素质的活动时，图书馆应积极向学院申请并取得其他部门的支持，以加强活动成绩认证工作，调动读者活动关注度和参与积极性。

（1）活动成绩与课程学分挂钩：图书馆应尝试与教务处联合举办如征文、知识竞答等活动，对表现优异的学生予以课程学分奖励，或以开设信息素养公共课为模式，全面推进各类经典文献阅读。例如，韩国江原大学为提高大学生的阅读能力和综合素质，专门成立委员会，制定《读书认证制度》，要求大学生在毕业前必须完成读书认证、计算机认证和外语认证三者中的任意两个。

（2）活动成绩与学生发展挂钩：图书馆应加强与学生处合作，制订有关学生管理办法，在各类评优、评先工作过程中适当倾斜支持参加义务协管员、送书下乡等公益性活动或组织阅读推广活动的学生。而且，盖印学校公章的活动认证对大学生的就业也有帮助。

（3）加强成果的宣传工作：图书馆应加强与宣传部门的合作，通过学报、网站、电台等途径开辟专栏对活动开展全方位、立体化的宣传报道，有条件的图书馆还可以尝试出版发行内部专刊宣传阅读推广。同时，对成绩突出的个人或事迹还应力争在更高级别的媒体上予以宣传报道。另外，在《致家长的一封信》中予以表扬，对于学生来说可能更为珍贵。

5.完善工作评价机制。2002 年，国际图联和联合国教科文组织共同编写的《公共图书馆服务发展指南》指出："图书馆应当定期评估其推广和宣传工作，并确保评估的结果能够成为未来项目规划的参考依据。"相对于公共图书馆，高校图书馆阅读推广工作起步较晚，规模较小，总体水平也较低。就目前来看，高校图书馆阅读推广普遍存在工作水平参差不齐和工作机制不够完善两大问题，导致服务活动质量、效益较低。需要通过评估进行总结，以便转型升级提质。评价过程中要避免将大学生的自身原因归结为阅读推广主要问题或认为图书馆工作的不足是大学阅读问题中的次要原因，而是要基于图书馆和读者两个角度用实证方法来评估阅读推广工作。目前较为流行的阅读推广评价方法为图书馆服务质量评估体系（LibQUAL+TM），在具体开展评价时应坚持以下原则：一是客观性原则，即评价要客观公正，结果要科学有效；二是完备性原则，即评价指标要能覆盖活动的各个方面，做到全面、细致；三是定性与定量相结合原则，即评价要在分析大量原始数据的基础上，归纳活动相关本质属性；四是可操作性原则，评价体系及指标要简明扼要、易于操作。

6.完善其他管理制度。有读者曾提出，图书馆的管理好坏决定了读者读书的兴趣。所以在阅读推广过程中，图书馆还应不断健全、完善各项基本管理制度，不断加强对馆员、协管员与读者的管理与指导，为阅读提供良好的制度和文化环境。

（三）优化阅读推广策略

1.明确活动主题。活动主题是活动目标的表现形式，也是活动内容的外部形态，在确定主题过程中应坚持以下原则。一是创新与亲民结合原则。主题应有创意，要富有大学文化时代特征，同时也要接地气，贴近读者需求，使主题具有"亲和度"。例如，吉林大学图书馆创建的"白桦书声"校园朗读分享平台，将阅读推广与学生自我展示、校园会议、青春回忆相结合，引发了广大读者的共鸣；二是"舍大求小"原则。活动主题要密切联系目标与内容，要有针对性，不必过分注重活动范围，如书法展明确针对有特殊才华的学生，可能会更容易引起相关读者群体的重视度和认可度；三是逆向思维原则。最简单的创新就是反向思考，如创新传统的

"好书推荐"阅读推广,将图书馆给读者推荐转变为读者给图书馆推荐,还可以继续延伸让读者给父母推荐图书;更有甚者,如深圳职业技术学院图书馆将从未被借阅过的书挑选出来,以"谁都没有借过的书"为主题搞展览,激发读者的挑战欲望。

2.合理确定活动内容。目前大多图书馆设定的阅读推广内容,还没有深入对读者心理和读者收获的研究,也没有对活动自身运行规律进行研究,造成活动同质化现象严重。图书馆在制订方案过程中,应坚持以下原则。一是继承与创新相结合。活动效果好的要发扬光大,同时在形式上也应不断创新,保持活动的连续性并形成品牌效益;活动效果不明显的应进行总结反思,通过改变内容和形式,提高活动效益。例如"知识竞答"可以尝试以电视娱乐节目"一站到底"的模式开展;"说书"比赛可尝试改为"说课"比赛,让同学们切身感受教师的辛苦。二是深阅读与浅阅读相结合。新时期大学生阅读需求和层次迥异,阅读推广不能再拘泥于传统阅读和深阅读,应将新媒体阅读和浅阅读作为延伸和补充,为读者提供特色服务,满足他们的个性化需求。三是读书与读图、"读媒"相结合。图像经典也是经典,读图也是一种享受,人在享受图片时增加智慧也是一种智慧,同时"流媒体"的出现进一步实现了资源的全球共享,图书馆在阅读推广过程中也应注重培养学生"读媒"的技能。四是专业性和趣味性相结合。当活动内容具有很强的专业性时,就需要在形式上活泼些,例如,开展游戏闯关模式的专业知识竞答;设计易于识别的活动标志为活动形象代言;以养生、保健、自然科学等内容充实传统专家讲座等。

(四)开展个性化阅读推广

阅读推广的出发点和目的均是满足读者的阅读需求,只有深入了解读者的个性化阅读需求,才能使活动的组织有的放矢,从而达到事半功倍的效果。图书馆应该结合分级阅读理念,运用大数据、新媒体等技术,积极开展个性化阅读推广,满足读者多样化阅读需求。

1.大数据与个性化阅读推广。业内外诸多实践证明,移动互联网与数据挖掘技术的融合发展必将成为打开读者真实阅读世界的一把"钥匙"。图书馆阅读推广大数据主要包括图书馆业务数据、文献数据和用户数据三大类,其中文献数据和用户数据是读者阅读的情报,是个性化阅读推广的方向。一方面，图书馆应该加强与图书管理软件开发商、数字资源供应商等校外机构合作，分析读者借阅、咨询、数据库利用和参与图书馆事业等大数据，掌握读者的阅读属性（包括阅读记录、兴趣、能力、需求、趋势等），开展个性阅读服务。例如，中山大学图书馆提取读者阅读属性服务，为每位读者量身定制精美的"借阅足迹卡"，记录其阅读记录和成果，受到了读者们的欢迎和分享；另一方面，图书馆应加强与教务处、学生处、团委等校内机构合作，分析读者办证、学籍、学习考试、社会活动和家庭等信息大数据，掌握读者的自然属性（包括年龄、性别、爱好、专业、特长等），开展基于分级阅读理论的阅读推广和网络关联文献推荐服务等个性阅读推广。大数据不仅能掌握读者个性化阅读需求，还具有牢固阅读推广主体之间的关系和提升阅读推广效果评价说服力等功能。图书馆在使用读者大数据的过程中，要特别注重对读者隐私的保密工作，维护读者对图书馆最起码的信任，保证图书馆事业获得读者尊重和支持。

2. 新媒体与个性化阅读推广。新媒体阅读推广已不再是简单的阅读内容推广，读者的阅读需求具有社会性，他们渴望交流与互动，容易受到其他读者的影响。所以有人说："无社交，不阅读""无传播，不阅读"。新媒体（如微博、微信、贴吧、论坛、个人门户类网站）不仅可以拓展推广渠道、丰富推广资源、扩大推广范围，还可以增强潜在线上群体的黏合度、提升推广速度、降低推广费用，实现个性化阅读推广。新媒体发展至今，大多平台之间已经实现了内嵌和交叉功能的重叠，图书馆可以结合实际需要，着重将一种或几种新媒体全面渗透至阅读推广过程中，同步组织线上与线下活动，使两者相辅相成，共同发展，全面满足读者个性化阅读需求。同时图书馆还要善于利用新媒体的互动与转发功能，利用其强大的"生态圈"，完成活动品牌的建立。一方面，加强线上宣传活动。利用"微信订阅号"发起阅读推广活动项目投票，让读者参与决定活动的内容与形式，满足读者实际阅读需求；利用图书馆官方微博、微信平台，以文字、PPT、视频等形式发布活动公告，即时报道活动进展，提高活动互动性和趣味性；利用"微信公众号"向读者推送活动消息，并通过自主报名系统方便读者参与活动。另一方面，组织线上推广活动。利用社交网站建立阅读推广公共主页，聘请师生读者为管理员、版主，通过论坛开展阅读讨论，增强活动互动性；利用微博结合社交网站，寻找校内具有共同阅读属性的读者，开展线上阅读推广活动，并在活动专题页面中添加网上购书链接，实现资源采购"还权于民"，提高活动参与便利性；利用微博开展微书评、微话题等，以浅阅读引导深阅读，并引入积分体系激励读者参与活动。图书馆在组织线上活动的同时，还应该加强线下信息共享空间一站式服务，方便线上线下同步开展活动。

（五）丰富宣传推广对象

图书馆在推广阅读过程中可以尝试导入企业识别系统（CIS），包括理念识别（MI）系统、行为识别（BI）系统和视觉识别（VI）系统，全面宣传推广图书馆、资源与服务，提高图书馆影响力，提高读者对阅读推广的认可度与支持度。

1.宣传推广图书馆。宣传推广图书馆的目的是提升图书馆的知名度，提高图书馆的入馆率和使用率。具体的 CIS 导入方式如下。

（1）建立图书馆理念识别系统：一是阐明图书馆使命、宗旨、核心价值、服务理念、馆内文化等，使读者对图书馆形成正面的认识，提高对图书馆的认同感；二是喊出宣传口号，用最精练的语言提出标志性口号，表达图书馆的理念或核心价值，塑造良好的形象；三是制定规章制度，规范图书馆与读者之间的关系，建立和谐的阅读环境；四是宣传馆员，使馆员成为图书馆的明信片。例如，美国纽约皇后区图书馆在公交车体上印制一张面带微笑的女图书馆员的照片，宣传馆员的事迹，让读者深刻了解新时期图书馆员的精神面貌。

（2）建立图书馆视觉识别系统：图书馆要想吸引读者，必须改变传统的"阿姨看守书库"的形象，对图书馆进行全面的营销包装，例如，坚持"能用表格不用文字，能用图片不用表格"的原则，包装静态引导性标识；巧妙设计图书馆 Logo；规范馆员行为举止和着装；通过媒体、网站、视频加强对图书馆的宣传；改变密集型排架，采用书店式平放陈列，甚至突破传统图书分类法体系；合理设置馆内空间，营造舒适阅读环境。

2.宣传推广服务。宣传推广服务的目的是提高读者对服务项目的了解，提高读者对服务的体验和对资源的利用。图书馆在阅读推广过程中可将 CIS 的行为识别（BI）演绎为服务识别（SI），通过营销宣传策略，消除读者脑海中"长长的书架密密麻麻陈列着死气沉沉的图书"的烙印，清晰告诉读者图书馆是一个生长着的有机体，传统的文献借阅服务只是图书馆行业性服务标识。作为"第三空间"的图书馆，还能提供个性化情报咨询、讲座展览、休闲娱乐等服务，满足他们多样化的文化需求。推广服务的过程关键在于构建图书馆自身的行为识别，并采取各种措施予以宣传，最大限度缩短图书馆与读者之间的距离，使图书馆成为人们最常去的地方。在这方面，做得较成功的案例有北京西城区图书馆的公益培训、杭州市图书馆的"第三公共空间"、铜陵学院图书馆的"铜文化"资源与服务等。

3.宣传推广资源。宣传推广资源的目的在于提高读者对资源的熟悉度，提升资源的利用率。阅读推广过程中反映出文献保障不足等问题，部分原因是读者信息素养偏低和图书馆资源组织揭示程度不足所致。图书馆可以通过分类阅读推广客体，开展专项资源推广服务，方便读者利用资源，提高读者阅读热情。例如，以方便利用为理念，突破杜威分类法，将"专升本"类资源依据专业目录采用书店式平放陈列推荐。另外，图书馆还可以依据文献的构成要素即知识内容、信息符号、载体与记录方式，开展分类导航资源活动。但正如道格拉斯、威尔普斯所说："人们更喜欢读他们自己，即越是熟悉的东西才越觉得有趣。"研究也表明，读者选择阅读的内容不会受馆员有意识的控制，所以在资源宣传推广过程中图书馆还需要进一步转变死板教化的"经典阅读"理念，从思考"什么是好书"转变为"读者想读什么书"，有区别、分步骤地开展浅阅读与深阅读相结合，读书与读图、读物相结合，读纸质资源与读数字资源、读有声资源相结合的阅读推广活动，维护读者获取知识自由的权利。

第二节 高校图书馆推动家庭阅读的内容

现阶段，高校图书馆阅读推广活动，主要采取的组织方式有：读书征文比赛、图书推介、讲座、图书捐赠、读书有奖知识竞赛、图书漂流、图书展览、经典视频展播、读书箴言征集、名著影视欣赏、馆徽设计征集、名著名篇朗诵、品茗书香思辨赛、评选优秀读者、读书会（读书俱乐部、读者协会）和（微）书评等活动等。本文通过调研发现，总体上讲座、书展、（微）书评、读书会和图书漂流五种活动是高校图书馆阅读推广的主要形式和未来发展趋势，所以将对此五项活动逐项进行讨论。

一、高校图书馆讲座活动

（一）讲座的定义

《朱子语类》卷七九："（陆象山）于是日入道观，设讲座，说'皇极'，令邦人聚听之。"《桂岩书院铭》："桂岩种德，旧扁在此，讲座有铭，敢效遗轨。"所以，"讲座"本意是儒师讲学的座位。如今常作为一种教学形式，多利用报告会、广播、电视或刊物连载的方式进行，如中国经典文化阅读讲座。"讲座"有传播知识、交流思想、传承文化之效。高校图书馆讲座是高校图书馆利用场地、设施和技术等条件，出于一定的目的，通过组织、策划，邀请主讲人，面向读者进行的一项常规性活动。组织、举办各种讲座，是高校图书馆阅读推广工作的一项重要方式。高校图书馆拥有丰富的教学资源，通过举办讲座，开设"第二课堂"，可以很好地培养读者的阅读素养，提升读者的终身学习和继续教育的能力。

（二）讲座的类型

根据讲座的功效，高校图书馆阅读推广讲座主要分两大类：一类是，用户培训课程。例如，新生入馆教育、文献信息检索教学、数据库使用培训、免费网络学术资源的检索与利用和阅读工具使用辅导等，这类讲座既能体现高校图书馆教育读者职责，也是高校图书馆营造阅读氛围的有效手段；另一类是，文化交流讲座。这类讲座是图书馆的主要服务内容之一，历史悠久，早在 20 世纪五六十年代，沈雁冰、郭沫若、老舍、季羡林等文化名人就先后在图书馆举办讲座。这类讲座不同于一般的上课，对主讲人的文化素养和沟通能力要求很高，主讲人还要具有及时有效的应付读者提问的能力，因此主讲人一般是知名教授、社会名流等。如今高校图书馆在开展这类讲座时，邀请的主讲人不仅有专家学者，有时也有普通的读者，目的在于阅读技巧的分享和阅读体验的交流。另外，根据讲座的形式还可以分为以下三类：一是系列讲座，即在学期伊始或每月伊始就确定讲座内容、时间和地点，提前在图书馆网站上进行公布，供用户自由选择；二是不定期讲座，即图书馆不定期举办的讲座，讲座往往结合当前读者关注的热点问题、热门活动、新资源或新技术举办；三是预约讲座，即图书馆提供的以用户为导向的讲座，预约讲座将决定权交给读者用户，讲座内容和时间均由用户来定制，能够更为细化培训对象，深化培训内容。

（三）讲座的组织

1. 成立工作团队。相对于其他阅读推广活动而言，讲座涉及的内容广泛、形式多样，讲座的读者众多，会场的秩序与安全极为重要，另外还涉及前期主讲人的选择、讲座的宣传推广，讲座期间的保障和视频拍摄、后期的资料整理、宣传与共享等工作。组织讲座活动，是一项大的系统工程，需要各方面人力、场地、设施设备等资源的密切配合，尤其是需要一个高效、分工明确的跨专业、跨部门的团队。团队具体组织成员，涉及的部门主要有图书馆、院办公室、宣传部、学生处、教务处、团委、系部、保卫处等，涉及的专业人员有图书馆员、主讲教师、各类读者、艺术策划、宣传人员、保卫人员、后勤人员等。

2. 重视选题内容。为了满足不同读者的阅读和文化需求，高校图书馆讲座的选题需要内容丰富，但又不能分散、凌乱。针对活动的不同目标和功能，选题需要科学的整体规划。内容选择应坚持以下几个原则：一是讲座内容要有宽度。内容要从中华优秀传统文化到国外经典艺术、从当下时政热点到世界政治和经济格局、从大学生心理健康到青少年道德修养和老年人保健养生等，力争做到每个读者有讲座，每个讲座有读者；二是讲座内容要有纵深。针对不同文化水平的读者、听众，讲座内容既要有科学知识普及类，又要有专深科学研究类，力求做到内容各具特色，讲座循序渐进、深入浅出；三是讲座内容要有体系。针对不同类型的讲座，主题既要有相对独立性，又要有一定的内在关联性。独立讲座内容要清新简练，也要包含大量有价值的信息。

3. 选择合适的主讲人。主讲人是一场讲座的灵魂，优秀的主讲人不仅具有极其重要的宣传推广作用，也是一场精彩讲座的前提保障。讲座内容的多样化决定了主讲人的多样化，一般高校图书馆阅读推广讲座主讲人主要有图书馆员、数据库培训员、专家学者、社会名流等。图书馆员和数据库培训员是讲座的常客，专家学者和社会名流是提升讲座学术水平和文化底蕴的关键。另外，高校图书馆还可以邀请具有代表性的学生作为主讲人，使讲座更贴近日常的学习和生活，可以拉近主讲人与读者之间的距离，例如，很多高校图书馆以"告别母校"为讲座主题，由即将离校的毕业生为师弟师妹们传递大学生活和阅读经验。另外，武汉大学图书馆为了使读者更好地了解和使用图书馆资源，长期为读者提供"90分钟专题系列讲座"，其中使用技巧篇讲座就是由熟练掌握图书馆资源使用技巧的学生代表担任主讲人。

4. 讲座时间与地点的选择。高等院校的工作时间与其他组织机构有相似之处，但也有其自身特点。除正常的工作日外，高等院校还有集中性的寒暑假期。面向校内不同的师生读者或校内外不同的读者，讲座在时间和地点的选择上要有灵活性，尽量满足不同的读者在时间和地点上的需求。在面向校内师生读者开展活动时，图书馆要考虑到大学生的课外时间和学校规定的教科研时间，还要考虑到教师周末不便来校参加讲座活动的因素。所以，图书馆可以考虑将面向学生读者的讲座放在周末或工作日的晚间，将面向教师的讲座集中放在学校规定的教科研时间或节假日内。面向校外读者的讲座，应该尽量与校内教学工作时间错开，可以充分利用节假日时间，也可以考虑利用学校下班时间段。另外，为了便于社会读者聆听，图书馆可以考虑将讲座的地点转移至社会公共场所和居民社区内。

5. 讲座的宣传与推广。随着计算机网络技术的不断发展，高校图书馆在宣传讲座过程中，不仅要使用醒目的电视、报纸、横幅、海报等传统媒体和手段，还应该借助图书馆官方网站、微博、微信、论坛、简易信息聚合（RSS）等网络新媒体平台和技术。为了解决读者与讲座时间和地点上的冲突，在讲座实施过程中，不仅要有合适的时间和场地，还要通过新媒体进行网络直播与录播。例如，四川省图书馆曾与网易直播合作，对《首席小提琴演奏家教你如何听懂古典音乐》讲座进行了直播，获得了很好的广告宣传效益，直播视频共有58000余次的播放量，随后图书馆又做了2场讲座直播，收视量更是分别达到了13万人次和17万人次。讲座结束后，图书馆还应该指派专人负责收集整理讲座视频等资料，做好后期宣传和进一步的推广和共享工作。

二、高校图书馆书展活动

（一）书展的定义

书展，即图书展览会的简称，是图书馆一种传统的服务方式。近年来面对读者阅读习惯的转变，简单的书目推荐工作已经不具备足够的吸引力和影响力，而书展却具有展示馆藏资源、营造阅读氛围、提高借阅量等功效。所以近年来，高校图书馆习惯利用一些纪念日、节假日或特殊的时间节点，在图书馆内或校园内的显著位置设立专区，周期性地开展书展活动，书展活动也已经成为图书馆阅读推广的一种重要手段。

（二）书展的类型

按照展出图书的来源不同，本文将书展分为三类：一是展出图书馆自身馆藏资源。这类书展通常被称为主题书展，即在某一时期内，围绕某一主题，挑选相关书籍集中展示，旨在吸引读者浏览和借阅，提高资源利用率，传递某种思想和价值观。如喜迎党的十九大主题图书展、纪念抗日战争胜利图书展、伟人纪念日图书展、诺贝尔文学奖得主莫言图书展。二是展出非自身馆藏资源。这类书展主要是由高校图书馆联合出版社、新华书店、资源供应商等图书出版发行机构合作举办，由前者提供场地，后者提供图书资源。这类书展往往还同时开展现场选书荐购或直接销售图书等活动，缩短图书采购流通周期，提高读者阅读率。三是不同图书馆联合展览馆藏资源。由于图书馆在组织书展过程中可能会出现资源短缺的现象，所以拥有共同目标、馆藏互补的某一区域内的两所以上的高校图书馆常以联合举办书展的形式开展活动。这类书展不仅可以扩大活动影响范围，提升活动实际效果，还可以进一步促进馆际互借等多种协作交流活动。

（三）书展的主题

作为阅读推广活动形式之一，高校图书馆的书展区别于其他展览，除活动主办方是高校图书馆，书展的主题是其最大的特点。高校图书馆书展的主要对象是校内师生读者，所以要充分利用馆内资源，选择合适的书展主题内容，满足读者的阅读需求。书展的主题内容可以是学校某一领域的专家教授的荐书，也可以是馆员或师生读者精心挑选的优质的利用率高的图书，还可以是富有创意的主题内容。书展主题内容的选择既要注意避免一些生涩难懂的图书，又要结合学科和馆藏特色扩展主题和深度；既要周期性地开展系列主题书展，又要保持相同主题书展时间上的间隔；既要举办以校内师生读者为对象的与学术科研结合紧密的如各种教材主题书展，也要举办面向不同层次、不同类型读者的通俗易懂、贴近生活的书展，如科普知识及法律常识主题书展。

（四）书展的组织

1.人员配置。书展工作，包括前期的策划宣传与资源场地的选择、中期的组织和后期的整理与总结，涉及人员主要有负责人（总策划人）、工作人员、宣传推广人员、安保人员等。主要负责人不仅要统筹全局，还要负责监督、协调、总结等工作。较大规模的书展还应该成立一个临时性的领导小组，成员应该包括图书馆员、学校相关部门、院系教师和社团学生等，成员之间要有明确的分工和团结合作的精神。工作人员是指参与布展、图书搬运、设备操作、撤展等具体工作的人员，可由图书馆员带领社团学生和师生志愿者充任。宣传推广人员则是指活动线上、线下信息发布者和宣传单、横幅、海报的设计者，可邀请有兴趣的具有专业特长的师生具体操作此项工作，由图书馆员来协调。

2.展厅选址和布置。如今大多数高校图书馆都有专门的展厅，小型的书展可在图书馆内开展。如果组织大型的书展，则需要在馆外搭建临时性的展厅。展厅选址对活动效果十分重要，展会工作人员需要选择人流量大的公共场所，但要注意避免影响学校正常教学秩序，也要注意安全保障工作。展厅的布置风格应该与书展主题相一致。同时，最好选择晴朗的天气组织开放式的书展，以取得最佳的宣传效果和视觉效果。

3.线上与线下相结合。通过海报、横幅、广播等发布信息告知读者展会的名称、主题、时间和地点，是高校图书馆书展活动传统的宣传途径，如今仍然有众多的受众群体，作用不可取代。在新媒体时代，利用新的宣传技术开展线上宣传的作用将越来越显著。另外，受时间、空间的限制，读者参与不便，实体书展惠及的受众数量总是有限。为了更好地服务校内外广大的读者，高校图书馆举办线上书展已经成为线下书展的一种拓展和延伸。例如，美国达特茅斯学院图书馆对在线书展的定义给出了简洁、明了的概括："之前以实体状态呈现的展览，现在通过数字手段加以保存并以自由获取的方式向公众开放。"清华大学图书馆百年馆庆网站开设了"数字展厅"、华东师范大学图书馆网站上有"主题书展角"、北京师范大学图书馆网站常年举办系列微书展。

4.书展的存档与总结。存档与总结，是高校图书馆书展活动中较薄弱的环节。书展活动资料的存档不仅是一种总结，更是对未来工作的指导。例如，香港科技大学图书馆于1991年开始有计划地大规模地开展书展活动，如今任何一位读者都可以在图书馆网站上查阅历年来的展览详情，且网页的设计也与展览保持着一致的风格。科学合理的归档和数字化工作，极大地方便了读者们的观展需求，也极大提高了读者利用图书馆的欲望。总结读者对书展活动的反馈与评价，我们发现书展主题是读者决定前来观展的首要原因。一方面，读者会选择观看自己感兴趣的主题书展，他们认为这样的书展对自己的生活、工作和学习比较有帮助；另一方面，读者会选择观看与高校图书馆资源馆藏特色相关的书展，他们认为这是高校图书馆的优势和特色书展，参观学习的价值较大。

三、高校图书馆微书评活动

我国出版业的发展迅速，读者们经历了"找不到书读"到"书太多找不到"的尴尬境界，同时由于图书资源质量参差不齐，读者们还需要面对"知识泛滥，信息污染"的困惑、窘境。读者们亟须图书馆帮助其提高"阅读精准度"，解决其"图书选择困难症"，所以长期以来，图书馆也确实在积极举办各种各样的图书评论和好书推荐活动。近年来，随着新媒体的兴起和读者数字化阅读率的增长，微阅读已经成为大学生的主流阅读方式。微书评正以它"短小精悍"的特点深受大学生读者欢迎，已经成为高校图书馆阅读推广的重要形式之一。

（一）微书评的定义

书评是"图书评论"的简称，即评论并介绍书籍的文章，是以"书"为对象，实事求是地、有见解地分析书籍的形式和内容，探求创作的思想性、学术性、知识性和艺术性，从而在作者、读者和出版商之间构建起信息交流的渠道。书评之于读者，首先在于它的信息功能，即为读者选择图书提供参考，以便有针对性地去阅读，如当当、京东、亚马逊等图书销售网站都具有书评功能；另外在于它的导读功能，即准确反映图书核心内容，帮助读者了解图书精要，为读者在阅读时提供价值判断的参考。微书评，则是内容在140字以内的微型书评，主要是以书为对象进行介绍或评论。

（二）微书评的特征

规范优秀的微书评如："如果你没有看过张艺谋拍的电影《活着》，就别看了，看原著吧，如果你看过电影《活着》，那就请你看一遍书吧，让你升华一下，文字带给你的真实和震撼，让你的想象超越时间、空间的影响，扩展到你的生活、意识、思维方式……福贵的形象和命运让你感受着历史的残酷。"所以，与传统书评相比，图书馆微书评除依旧具有书评的功能和作用外，还具备以下五个作用与特征：一是短小精悍。微书评相对于传统书评的优势是简短，寥寥几语即点睛之笔，信手挥就的是神韵。一语点石成金的精评，如鲁迅对《史记》的精短书评："史家之绝唱，无韵之《离骚》"。二是参与性强。传统的书评对作者和读者的要求较高，加上通过传统的媒介进行传播，书评常常被贴上"学者们的专利"的标签。普通大众不愿意写书评也不敢写。微书评的学术性和写作门槛较低，内容形式也较简单，也方便传播，所以大众的参与积极性较高。三是方便易操作。微书评并不需要作者通篇认真仔细地阅读某一本图书后才能创作，它更注重作者瞬间的阅读心得和感受，不需要证据论证。很多情况下只是作者在阅读图书的某一章节，甚至是某一句话而突发的灵感。同时，由于通过微博等新媒体进行传播，读者可以随时随地利用智能手机等工具进行阅读，便于作者与读者的实时互动与交流；四是轻松的意境。微书评突破了传统书评在逻辑、字数和结构等方面的限制，形式更加短平快，符合读者的碎片化阅读习惯；五是影响力大。无论是微书评的作者，还是微书评的读者，数量不仅庞大，而且影响范围深远。加上新媒体互动性强的特点，微书评的评论对象——图书的种类也更丰富。另外，作者与读者交流沟通过程中，经常会发生读者反过来变成作者的场景，随着交流的深度和广度不断拓展，"长尾"图书会被慢慢挖掘并流行开来。

（三）微书评的组织

1.建立微书评数据库。建立科学合理而又内容丰富的微书评数据库，是高校图书馆开展微书评促进阅读的基础。首先，图书馆可以通过鼓励馆员、教师、学生读者撰写微书评；邀请专家学者撰写微书评；收集整理馆内现有、网络在线和其他图书馆的微书评；购置或协商取得书评作者和出版社的微书评使用权等，丰富图书馆微书评数据库。其次，按照一定规范分门别类整理微书评，并将其录入相关数据库，建立能有效满足各类读者需求的各具特色的微书评数据库。最后，开发用户检索、浏览、下载和上传系统，不仅使用户可自行获取相关书籍的微书评，还可以使用户上传共享自己的微书评。

2. 搭建微书评交流平台。在图书馆网站首页开设微书评板块，介绍每种书的出版信息，并附上微书评，实现与读者的互动。在图书馆网站开辟读者微书评交流中心，并融合多种媒体，利用微博、微信、个人图书馆 App、图书馆信息平台等，将中心打造成移动阅读交流中心，鼓励读者参与微书评创作与交流，促进作者与读者之间、读者与馆员之间、读者与读者之间的交流与互动，推动阅读思想的碰撞与融合，提升读者的阅读鉴赏能力。链接微书评交流中心和微书评数据库，实现既能在网上查阅微书评，又能发表微书评的双向交流机制和读者与图书馆的互动机制。平台交流主题既要体现理想气质和批判精神，又要包括人物传记、推理小说、旅行美食等读者喜闻乐见的主题内容；既要尊重作者的学术观点，提倡百花齐放、百家争鸣，又要充分发挥微书评审美的功能，引导读者阅读积极向上的书刊，辩证地汲取书刊的内容。

3. 举办微书评大赛。2010 年 10 月 18 日—12 月 18 日，榕树下文学在路上暨"首届微书评大赛"成功举办。2011 年 8 月 4 日"书香羊城——微博书评大赛"活动启动，通过大洋网、网易、新浪、腾讯、139 说客等微博平台开设了专题页面，至 2011 年 10 月 14 日共获得超过 900 万人次点击浏览量，收集到微书评作品超过 12 万件。高校图书馆可以借鉴上述成功活动案例经验，根据馆藏定期举办微书评大赛，激发读者读书、评书的热情，重在参与互动的过程，从而推动阅读。高校图书馆还可以通过图书馆网站开发专门的书评系统，搭建微书评创作积分激励体制，鼓励读者写图书评论，引导读者"以书交友"，分享阅读心得和乐趣，营造阅读氛围，例如重庆大学图书馆的"书评中心"系统。

4. 建立微书评服务共享机制。建立微书评服务的共享机制，是改善高校图书馆微书评工作的重要手段，也是提高图书馆微书评工作总体水平的有效做法。通过加强高校图书馆间的交流与合作，可以实现微书评资源的优势互补，互通有无分工协作。另外，高校图书馆还可以通过加强与出版社、书店、行业协会和相关网站之间的合作交流，逐步打造一个互惠互利的微书评有机整体，增加图书馆微书评的虚拟馆藏，使高校读者自由阅读各类微书评资源，有效满足各类读者对微书评的需求。

四、高校图书馆读书会活动

（一）读书会的定义

《礼记·学记》曰："独学而无友，则孤陋而寡闻。"所以阅读既是个人的独立行为，也需要与人互动交流，才能更进一步，而读书会就是读者互通交流的平台和有效途径。卡兰德曾以瑞典的读书会为例，指出读书会是一种特殊形式的小团体研读，参与者通过互相讨论，彼此帮助，目的是理解和相互启发；虽然有阅读计划和研读素材，但并没有固定的知识或材料，也没有达成的特定目标，自愿参与，聚会时间和地点以参与者方便为原则。近年来，读书会因其简单自由、平等互助、形式多样、渗透力强等特点，已经成为推进全民阅读的主要模式，例如，在瑞典，全国各地几乎每个乡村都有学习圈，学习圈已成为瑞典人的一种生活方式；在美国，据统计如今约有四分之一的图书馆读者参与了他们各自所属的读书会。中国自古就有以文会友的美好传统，如今，组织、引导、支持读书会活动也已经成为高校图书馆阅读推广的重要手段之一。

（二）读书会的模式与类型

随着社会阅读风气的兴起，如今读书会有了进一步的发展，读书会的运作模式和工作类型也多种多样、各具特色。在世界范围内，读书会主要有以下九种类型：单主题读书会、多主题读书会、交互流通读书会、图书漂流读书会、图书馆读书会、在线网络读书会、作者读书会、广播读书会和书店读书会[1]。按承办方划分，主要有公共图书馆组建的读书会、高校图书馆组建的读书会、民间自发组建的读书会。还可以按活动目标、需要、主题、年龄、性别、区域、是否收费等角度进行分类。总体来说，高校内

---

1 黄辉，凌征强. 全民阅读视角下我国高校图书会发展策略研究 [J]. 高校图书馆工作，2016（6）：90-93.

的读书会模式相对较为单一，类型也较少。据统计，我国的读书会主要有学生自发组建、学校图书馆牵头组建和学校教学管理部门牵头组建三种类型，也有少数校外读书爱好者利用高校图书馆资源和平台组织的读书会，例如，新乡学院图书馆晨光读书会就是依托新乡学院图书馆，由新乡市内一批阅读爱好者组成的书友会。

目前，我国高校图书馆读书会主要有两类模式：一类是图书馆发起成立并自行运作的读书会，例如，重庆大学图书馆成创立的"书香重大"读书会、华中师范大学图书馆创办的"风雅读书会"、天津财经大学图书馆成立的"思扬读书会"等；另一类是学生自发成立和自主管理的读书会社团，在社团章程中明确将校图书馆作为指导单位或主管单位，例如，合肥工业大学"春风读书会"、华东政法大学读书会等。高校图书馆读书会活动的组织者主要涉及三种情况：一是高校图书馆成立的读书会组织，并由该组织举办读书会活动；二是高校图书馆通过指导类似于读者协会等学生社团举办的读书会活动；三是高校图书馆工作人员自发组织的读书会活动。相对于国外，目前国内高校图书馆还是以自己独立组建读书会的模式来开展阅读推广活动的情况居多。

（三）读书会的作用与意义

1.有利于阅读推广实施与普及。组织读书会活动是图书馆的阅读推广活动之一，读书会组织还是服务图书馆阅读推广活动的有力助手。读书会活动的质量不仅直接影响着读书会的生存发展，还影响着其他形式的阅读推广活动效益。所以切实有效地组织读书会并开展读书会活动，既有利于高校图书馆的阅读推广工作，也有利于弥补图书馆组织的活动时间相对短暂或周期长的阅读推广活动的不足。图书馆应将读书会设为阅读推广工作的"常设机构"，将读书会活动设为阅读推广工作的"常设活动"。

2.有利于拓展读者阅读的深度和广度。读书会的性质决定了会员在活动中能有效开展深入的、互动的、积极的、平等的交流，这种交流有利于读者在快节奏的学习生活中精心品味积极健康的读物，有利于读者不断培养阅读兴趣，不断拓展阅读面，从而摒弃过多的碎片化阅读、浅阅读和功利性阅读。

3.有利于提升图书馆资源的利用率。图书馆拥有充足资源、专业场地、优越环境和阅读氛围，是大多数读书会活动的最佳场所；周期性的大规模读书会活动，也有利于提高图书馆的资源利用率。例如，读书会活动需要必备的、拓展的、延伸的图书及相关文献资源，这些资源会随着读书会的活动，不断进入会员读者的视野，甚至一些长期未利用的资源也会随着读书会的活动被不断挖掘和利用。

4.有利于图书馆整体服务水平的提升。读书会开展的活动，除了阅读分享交流等沙龙性质的活动，还经常延伸开展书评、讲座、影视欣赏、朗诵、征文、书目推荐等活动，这些活动无疑会进一步促进图书借阅、资源建设、参考咨询、信息素养培训等图书馆其他业务工作的开展，从而进一步促进图书馆整体服务水平的提升。

5.有利于提升会员综合素质。读书会的常规读书分享和交流活动流程一般包括开场、分析、讨论和总结，此过程不仅对主持人综合素质要求高，而且对普通会员的语言表达能力、思考分析能力、临场应变能力、人际沟通能力等综合素质也有较高的要求。所以经常组织、参加读书活动的会员读者，不仅其阅读素养和文化素质方面会有极大的提升，而且其综合素质也会有所增强。

6.有利于提高教学质量。专业性强的读书会，其活动对会员读者的专业学术水平提升作用是显而易见的。即使是非专业类读书会，其活动也能有效提高读者的阅读和思考，对读者的学习观念、学习态度和学习效果有一定程度的推进，例如，台湾地区高校推广读书会的初衷之一就是提升教学质量，实现"教学卓越"。

7.有利于校园文化建设。读书会活动本身就是阅读群体性活动，读书会活动有利于促进学习群的形成、发展和壮大。大量积极健康的读书会汇聚在图书馆和校园内，将营造出浓郁的校园阅读氛围，而积极向上的校园阅读氛围则是校园文化建设的重要内容和基础条件。

（四）读书会的组织

1.明确定位，提高会员自读率。自由、平等等特征，既是读书会组织吸引读者的优势，也是读书会组织稳定性不足的劣势。高校图书馆需要通过规范读书会组织的规章制度，明确组织目标、组织方式、活动宗旨，才能有效缓解这一问题。其中以明确组织目标最为关键，图书馆要准确定位读书会及其活动的宗旨，在会员加入组织之初对其进行必要的入会教育，既要强调组织的自由性和平等性，也要强调组织活动的参与性和互动性等特点。在组织活动过程中，为了提高全体会员的自读率，读书会要避免长期开展单一的阅读分享、专家讲座等阅读传授性活动，避免活动失去阅读交流与促进的功能。

2. 加强管理，提高读书会影响力。相对小众和分散，也是读书会组织的特点之一，但组织的活动频次低、覆盖范围小等问题，容易造成组织持续性弱。高校图书馆应该通过独立创办和积极引导两种途径，增加校园内读书会组织和成员的数量，使读书会组织既小又多、既专又散，使每个读书会都有其自身的特色和内涵。高校图书馆可以通过大量短小精悍的读书会，开展连续不断的形式多样的读书活动，提高读书会组织的影响力和阅读推广活动的认知度、参与度和支持度。另外，相对于其他传统的阅读推广活动，目前图书馆组织读书会活动还是比较前卫的，读者们对图书馆组织支持的读书会的了解相对不足，对读书会活动的形式和内容的认识也不够真切。需要高校图书馆通过传统的宣传手段和方式结合读者们喜欢的新媒体，以营销等企业管理理念，加强对读书会及其活动的宣传和推广。

3. 持续扶持，引导交流与合作。本文总结国外读书会的工作经验发现，读书会活动的有效开展，需要一定的资金、资源、场地和设施设备等基础条件。另外，读书会组织的成长和发展除了需要高校图书馆持续大力的引导和支持外，还需要图书馆以外的高校其他行政部门的帮助和关心。需要图书馆为其搭建合作交流平台，以便与校内外其他的读书组织、相关行业协会、文化传媒机构、图书发行机构等合作，才能获得更多的支持和汲取更多的工作经验，才能使读书会组织和活动更加茁壮成长。

五、高校图书馆图书漂流活动

（一）图书漂流简介

1. 图书漂流的起源。图书漂流是一段文明美丽的奇妙旅程，它起源于20世纪六七十年代的欧洲，读书人将自己读完又不再阅读的图书贴上标签（一般为黄色）随意放在公共场所，如公园的长凳上，遇到这本书的人可取走阅读，读完后（可能会附上阅读故事、心得等信息）再将其放回公共场所，让下一位爱书人阅读，继续一段漂流书香。没有借书证，不需付押金，也没有借阅期限。这种好书共享方式，让"知识因传播而美丽"。如今越来越多富有想象力的书友在投漂图书时，在投漂说明中设定了自己的漂流规则，使图书的漂流过程变得更加丰富多彩，图书漂流的方式已不再局限于投放户外一种。例如，有一位书友在过生日时收到朋友送他的一本书，阅读之后，他产生了一个想法，就是让这本书在每个要过生日的书友中传阅。这本书不再直接投放到公共场所，而是通过传递的方式在恰当的时间传递到恰逢过生日的书友手中。

2. 图书漂流的发展。随着互联网的普及，图书漂流活动变得更有效率、更普及。2001 年，美国人罗恩·霍恩贝克受一个叫 PhotoTag.org 网站的启发，为了让那些尘封的图书再次进入社会，成为世界各地热爱读书人的共享资源，从而将漂流的图书变成永久性的流动图书馆。在其妻子和两位志同道合的朋友协助下，他成功创设了"图书漂流网站"，网站的标志就是一本奔跑的书，理念是"爱它，就释放它"，非常朴素隽永。网站自问世以来，深受世界各地热爱读书人的欢迎，如今网站注册会员已经遍及世界各地。图书漂流的"分享、信任、传播"宗旨与"每个人都有阅读的权利，社会有责任保证每个人都有机会享有阅读的利益""让世界上每一个角落的每一个人都能读到书"等图书馆精神和社会主义核心价值观完全吻合，使其在国际图书馆界、出版界、教育界等领域深受推崇。我国图书漂流活动始于 2004 年初，春风文艺出版社在国内组织策划的全国首个图书漂流大型公益性活动。2004 年 3 月，深圳有位记者第一次尝试了个人图书漂流活动。2004 年 5 月，在南开大学校园内发生了第一个由大学生实施的图书漂流案例。2006 年 5 月，吉林大学图书馆率先在高校图书馆组织开展图书漂流活动。如今，全国各地图书馆、出版社、新华书店、社区、个人等纷纷开始组织图书漂流活动，其中拥有丰富资源和独特优势的高校图书馆更是积极将图书漂流活动作为阅读推广工作的重要形式之一。

（二）图书漂流注意事项

图书漂流来自国外，作为"舶来品"，在高等校园内才刚刚兴起不久，高校图书馆首先应该理清以下三个问题，才能有效开展活动，实现活动目标。

1. 图书漂流的性质问题。图书馆开展的图书漂流活动，既不同于传统的借阅工作，也不是好书推荐活动。它是一种具有独特宗旨、目标和方式的阅读推广活动，具有"乌托邦"式的既新鲜又神秘的阅读体检交流。图书馆应该摒弃传统的读者服务理念，在具体的活动过程中要注意以下三个环节：一是在漂流物的选择上，既要选择读者喜欢的、流动性强的、积极向上的图书、期刊、光盘等资源，也要尊重读者的漂流喜好，注重发挥读者在漂流书选择过程中主体作用；二是在漂流形式的选择上，既要积极采用更自由、更时尚、更浪漫、更有趣的方式开展活动，也要确保活动和漂流物处于有效控制范围内，避免活动处于无组织、无秩序的状态；三是在漂流目标的定位上，既要保证活动推广阅读的效益和活动持漂率，也要注意对参与活动的读者的文明诚信教育和活动回漂率。

2. 图书漂流的管理问题。从国内外的实际经验现实来看，图书漂流活动开展过程中最令人担忧的就是"断漂"问题。如何有效地缓解这一问题，将是图书漂流活动健康成长的关键。这一问题具体涉及活动管理中的两个概念，即持漂率和回漂率。有调研发现，制定严格的活动规章制度并采取积极有效的管理措施会使图书的回漂率显著提升，但很可能制约活动的持漂率和漂流路线长度。相对来说，图书漂流还是一个新鲜事物，在漂流物资源相对紧张的情况下，考虑回漂率在所难免，但过分强调回漂流，可能会导致活动的本质和宗旨发生变化，即使是在图书漂流比较盛行和繁荣的欧美国家，图书的持漂率也只有 20%~25%，所以在目前社会阅读大环境下，高校图书馆在开展图书漂流活动过程中，应该采取适度的疏导和管理政策，尽可能提高持漂率和漂流路线长度。同时，图书馆应该积极拓展活动漂流图书资源的来源渠道，提高活动资源的供给量，从侧面缓解回漂率低的问题，也要加强与相关部门的合作，增强读者共享意识和诚信教育，从正面缓解断漂的问题。

3. 图书漂流的范围问题。基于图书漂流活动的组织难度大、资源紧张、难以有效管理等问题，目前高校图书馆开展的图书漂流活动，大多只是面向校内读者。从实际活动来看，即使回漂率达到 80% 以上的高校图书馆，其实际效果也并不算理想。高校图书馆的社会化服务已经逐渐展开，活动图书也应该更多地漂向社会、惠及大众，只有这样持漂率和漂流路线才能有更多提升的空间。同时，随着漂流范围和方向的拓展与延伸，活动的宣传效果、参与度和总体效益也将逐渐增强。另外，高校图书馆应积极邀请社会读者加入图书漂流活动，不仅有利于全民阅读推广工作的进一步开展，而且有助于漂流图书来源渠道和数量的增长，校内读者与校外读者之间交流的广度和深度也会随之增强。

（三）图书漂流的组织

1.转变工作理念。近年来，如何充分利用馆藏资源特别是纸质类资源，遏制资源使用率下降的趋势，已经成为高校图书馆亟待解决的重大问题。图书漂流这类新颖的阅读推广活动，可能是解决问题的突破口之一。图书馆首先要树立开展图书漂流的理念，同时要转变"重藏轻用""爱不释手"的传统观念。为了扩大漂流书的数量和来源渠道，图书馆不仅要大力鼓励广大读者积极捐书，而且要积极将馆藏好书漂出去，同时还要在年度预算中，单独设置每年用于图书漂流的资源经费项目。在工作初期，思想观念的转变尤为重要，要避免对捐赠图书进行"精心"挑选以充实馆藏而将其余图书用于漂流的现象发生；同时也要避免将那些几乎全无利用价值的馆藏资源填充进漂流书架和站点。要力争做到将好书漂向读者，让书香沁人心脾，旨在发挥资源利用价值，促进读者阅读，促进读者共享阅读。

2.转变角色定位。高校图书馆全权负责图书漂流各项工作和全部环节，不利于激发读者的聪明才智和活动创意，不利于活动的持续开展和活动宗旨的有效实现。高校图书馆要及时转变活动角色定位，仅具体负责活动的统筹工作，包括活动规则的制定、活动资源的筹集、资金政策的争取、校内外相关部门的合作等。活动的具体实施，应该坚持以读者为主导、图书馆协助的原则，以半自由状态为活动运行模式，让读者自己成为图书漂流的践行者。图书馆和读者双方应分工明确，团结协作，充分发挥各自在活动中的优势，提升活动效果。在活动开展之前，高校要在原有的读者协会等学生社团组织的基础上，成立新的图书漂流读者工作委员会之类的组织，专门负责开展图书漂流活动。只有充分调动读者的参与积极性，才能提高漂流书的质量和图书的持漂率。例如，由华东理工大学图书馆开展的图书漂流活动，就是由校图书馆主办，由校学代会自管会承办，活动现场吸引了众多同学及部分老师的参与，短短一个小时，400多本图书就被"一抢而空",活动中图书的漂流路线也很顺畅、长远。

3.加强活动宣传。任何推广阅读活动的组织和实施,都需要积极有效开展全程性的宣传工作。相对新鲜的图书漂流活动,更需要开展大量的宣传工作才能有效实施和进一步发展。宣传活动的内容,不仅包括活动的内容、规章和意义,还要包括对参与者的诚信教育。宣传活动的方式,不仅包括传统的宣传渠道,还要注重新媒体的应用和图书漂流网站、实体漂流站点的建立。宣传活动的对象,不仅包括校内师生读者,还要包括校外读者。宣传活动的时间,不仅要做前期宣传,还要做到过程性宣传和总结性宣传。宣传活动的模式,不仅要开展单一的宣传活动,还要结合评选图书漂流榜、读者发漂榜、阅读漂流图书心得体会交流等组建鼓励性立体化的宣传活动。正所谓细节决定成败,在加强活动宣传工作的基础上,高校图书馆还要注重活动经验的总结,不断提高活动细节处理水平。活动不仅要做到漂流图书可读性强,还要通过精心包装设计漂流图书的封面和标签内容,打造"明星"漂流图书。

4.加强合作交流。图书漂流活动的效果很大程度上取决于漂流图书的质量,图书漂流活动的效果则反映于图书的持漂率。虽然几乎所有的社会组织和个人都认为在当今功利阅读、浅阅读盛行的浮躁的阅读环境下,图书漂流作为一股清流,对促进全民阅读、资源共享和社会公德都有积极的作用,但他们中的大多数目前仍处在观望状态。高校图书馆在开展活动的过程中,要加强与外界的联系和合作,以便取得更多的关注和支持。首先,加强与出版发行机构的合作,以便获取更多有价值的图书资源用于漂流;其次,加强与学工部、宣传部、团委等校内其他部门的合作,以便提高活动宣传效果和读者的参与积极性;再次,加强与其他高校图书馆的联系,通过区域内高校图书馆之间合作,组织实施图书漂流活动,以便提高图书的持漂率和漂流路线的长度;最后,加强与社会组织之间的合作,通过取得社会组织机构的支持与合作,以提高活动影响力和影响范围,建立校内图书漂向社会与社会图书漂进校内的双向机制。

第三节 高校图书馆推动家庭阅读的基础

一、高校图书馆阅读推广基本内容

自 1995 年起，联合国教科文组织把每年的 4 月 23 日定为"世界读书日"，目的是要向全民尤其是青少年推广阅读和写作，提高人们的版权意识。从此以后，我国全民阅读的呼声越来越高，尤其是在相关部门的倡导下，全民阅读活动在全国各地蓬勃发展，活动规模不断扩大，内容不断充实，方式不断创新，影响日益扩大。2013 年，为落实党的十八大精神，国家新闻出版总署颁发《关于开展 2013 年全民阅读活动的通知》，全国各地纷纷响应。高校图书馆作为教育、科技、文化的前沿阵地，推动全民阅读，为全民阅读提供良好条件和资源保障，是图书馆义不容辞的责任。

（一）高校图书馆阅读推广的概念

阅读推广是将阅读这种认知过程向更广的范围传播，使更多的读者参与到阅读活动中来。从传播学的角度讲，阅读推广包括五个要素：谁、说了什么、通过什么渠道、向谁说及有什么效果。具体地说，阅读推广是推广主体、阅读者、阅读对象及推广媒介等要素在一定时空范围内设计、组合、组织和配置的结果，通过它们之间的相互作用，让阅读成为人们实现知识分享、提升精神境界、获得有用信息及愉悦身心的一种渠道。

高校图书馆既是高校的组成部分，又是文化教育机构，在阅读推广中担任着重要的角色。在高校，大学生是阅读者，是高校图书馆阅读推广的主要对象。阅读对象主要是指阅读的客体，解决的是"推广什么"的问题，如各类图书、报刊及"Living Book（真人图书）"等。推广媒介即推广手段的问题，指采取什么手段向阅读者推广阅读资料，如利用纸质媒介、网络媒介、广电媒介进行阅读推广。对高校图书馆来说，阅读推广的主要媒介是图书馆馆员、校内阅读协会、高校教学联合体、成人教育读者、网络空间读者。

（二）高校图书馆阅读推广的制度依据

《普通高等学校图书馆规程》中明确规定，"高等学校图书馆是学校的文献信息资源中心，是为人才培养和科学研究服务的学术性机构，是学校信息化建设的重要组成部分，是校园文化和社会文化建设的重要基地""高校图书馆应充分发挥在学校人才培养、科学研究、社会服务和文化传承创新中的作用""高校图书馆的主要任务之一是积极参与各种资源共建共享，发挥信息资源优势和专业服务优势，为社会服务"。这为建设阅读型社会，推动全民阅读提供了制度依据。随着国家对教育事业的不断投入，高校图书馆的各种馆藏资源及硬件设施都得到了质的提升。高校图书馆应该在不影响正常教学和科研的前提下，承担起服务社会，满足广大群众的精神文化需求的责任和义务。高校图书馆不仅要为本校的广大师生服务，也应该担负起社会化教育的责任。高校图书馆的资源是一种公共财产，理应为社会公众共享，而且要逐步向社会开放，这是社会发展的必然趋势和要求。

（三）高校图书馆阅读推广是履行教育职能的体现

高校图书馆，无论怎样提供和利用文献，怎样保存人类文化遗产，其最终目的都承担着教育阅读者的职能。《普通高等学校图书馆规程》中明确规定："高等学校图书馆必须贯彻国家的教育方针，履行教育职能和信息服务职能，为培养德、智、体、美等方面全面发展的人才，发展教育科学文化事业，建设社会主义物质文明和精神文明服务。""开展信息素质教育，培养读者的信息意识和获取、利用文献信息的能力。"具体落实到高校阅读推广过程中，通过审美和其他途径，给读者以阅读的享受和启迪，达到智慧的开发，已成为高校图书馆履行教育职能的最高体现。

（四）高校图书馆阅读推广的基本内容

高校图书馆作为高等学校重要的为教学和科研服务的学术机构，其服务对象主要是学生和教师。高校图书馆根据教学、科研和课外阅读需要，根据大学生读者好奇心、敏感性、求新意识强的特点，有针对性地举办各类阅读推广活动。高校图书馆阅读推广，主要是指针对大学生的阅读推广活动。

高校图书馆阅读推广，主要涉及三个方面：其一是高校，属于高等教育机构；其二是图书馆，是高校文献信息资源中心；其三是大学生，是阅读推广的主要对象。

从推广这一概念来看，又涉及三个方面：其一是推广的主体，即由谁来推广；其二是推广的客体，即推广的对象；其三是推广什么，即拿什么内容给推广的对象。

在高校图书馆，阅读推广的主体当然是高校图书馆阅读推广活动的组织者，其客体广义上是高校图书馆的所有读者或用户，但通常，这种推广主要针对大学生。因此，高校图书馆阅读推广，实际上就是高校图书馆工作者根据图书馆的文献收藏，针对读者，尤其是大学生读者的阅读需求而开展的特定的文献信息推荐及阅读组织活动。

二、高校图书馆阅读推广发展历程

（一）古代阅读活动

阅读推广有个近义词，即导读，两者含义基本相同，但又有区别。

导读偏重于阅读指导，主要涉及三个方面：一是关于某一问题有哪些书或文献可读，套用张之洞在《书目答问》中的说法，即"应读何书"；二是关于一定范围的书或文献该如何去读，即张之洞所谓"书以何本为善"；三是关于具体的某一本书，应如何理解、学习其内容，即书应如何读。

导读之导者通常为教育工作者。

对古代的教学机构，《礼记·学记》称："家有塾，党有庠，术有序，国有学。"家族开设的私人教育场所称塾。据《周礼》记载，"五百家为党，一党之民求学的地方称庠，一万两千五百家为遂（据《礼记》郑注，术为遂声之误），一遂之民求学之地为序。"党通常在乡，所以有乡党之称，而遂则在远郊之外。学是太学，是一国最高教学机构。另据《礼记·王制》载，"夏后氏养国老于东序，养庶老于西序"，则序分东序和西序，郑玄注称："东序，在国中，王宫之东；西序，小学在西郊。"因此，基本上，古代东序和太学属大学性质。

《礼记·内则》开具了一份学习时间表："六年，教之数与方名。

七年，男女不同席，不共食。八年，出入门户，及即席饮食，必后长者，始教之让。九年，教之数日。十年，出就外傅，居宿于外，学书计。衣不帛襦裤，礼帅初，朝夕学幼仪，请肄简、谅。十有三年，学乐诵《诗》、舞《勺》。成童，舞《象》，学射御。二十而冠，始学礼，可以衣裘帛，舞《大夏》，惇行孝弟，博学不教，内而不出。"古人重修身，既要诚意正心，也要格物致知。可以看出，一个学生从六岁开始接受最简单的基础教育，渐学渐多，一直到成童，即十五岁以上，习《象》舞，学射箭和驾车，到二十岁举行冠礼，才算真正成年，可以学礼。也可看出，其所学不仅是学知识，更重要的是要学习礼乐制度，或为人处世之道。

据《礼记·学记》，人从少年到成年，其求学要经历约九年，"一年视离经辨志，三年视敬业乐群，五年视博习亲师，七年视论学取友，谓之小成。九年知类通达，强立而不反，谓之大成"。通常每年都有子弟入学，即所谓"比年入学"，入学之后，学校每隔一年都要对学生的德行道艺进行考校，即所谓"中年考校"。经过第一、第三、第五、第七、第九年的五次考校，最终可达至大成。达到了这种程度，就可以"化民易俗，近者说服，而远者怀之"，这也就是"大学之道"。这样一个过程，相当于现代从中学到大学毕业。

进了学校，该学什么，如何学，通常是教与学的关系问题。导读，就是当学生有学习需求时老师在学习方法等方面给予的指导活动。早期学统于官，能接受教育的主要是贵族子弟。到了春秋战国时期，教育逐渐走向民间，私人也开始开办学校。孔子就曾办学，并培养了约三千名学生。孔子虽说有教无类，但也注重因材施教，并指导弟子们如何学习。《论语》中就有不少相关记载。

导读源于教育。向弟子们推荐读物，并告知怎样理解读物，孔子的所作所为，充分证明了导读的教育属性。

通常学生学什么、读什么与古代政府的教育及政治导向紧密相关。自汉以后，随着《易》《书》《诗》《礼》《春秋》等儒家立于官学（至宋扩展为"十三经"），受教育者的阅读范围就受到了相当的限制。隋唐科举制确立后，又以之作为取士依据，读什么及如何读也就基本上围绕儒家经典展开。通常，古代的教学机构，无论是官方的还是民间的，都设有藏书场所，但它们主要作为典籍收藏场所而存在，除了普通借还服务外，藏书楼并不主动提供其他服务。

（二）近现代阅读推广

古代中国，虽然受科举制度的影响，阅读也延伸到了普通民众，但就整个社会而言，阅读活动还只存在于一小部分人群之中，并没有深入普及普通大众，且在阅读内容上也有一定的局限性。这与保守的文化体制和森严的阶层等级制度有很大关系。辛亥革命和五四运动翻开了新的篇章，前者带来自由平等的思想，引入了"西学"，后者带来了新思潮、新文化和新的社会形态萌芽，中国进入了一个全新的时代，阅读活动也随之向全民普及开来。

1.民国时期的阅读推广。民国时期的中国，处在内忧外患的社会变革与动荡之中，由于社会政治与经济环境的影响，文化事业的发展也相对缓慢。但新文化运动还是为普通民众进行读书学习、接受教育打开了一扇大门，媒体、图书馆及社会各界也都在积极倡导和推动着国民阅读，并开展了一系列的阅读推广活动。

（1）社会媒体的阅读推广：新文化运动使人们对文化有了新的认识，普通大众特别是底层民众也迫切想通过书籍、报纸和杂志等来了解新知识、新思想。此时，以报纸为主的全国众多社会媒体皆以改善社会读书风气为己任，成为阅读推广的重要阵地。1902年创刊的《大公报》是我国近现代影响力最大的报纸之一。其《文学周刊》和《图书副刊》都刊载与文学阅读和书评有关的内容。特别是1933年9月28日创立的《图书副刊》，主要收录中外图书介绍批评及学术界消息，设《书评》《新书介绍》《出版界消息》等栏目。在创刊号"卷头语"，编者如是说："一国图书出版的盛衰，也就是一个民族生活力强弱的表现，我们打算从这一方面去找出我们这一个民族再生的源，优良的种子，把他们培植起来。我们想用一大部分的力量做中外新旧书籍的介绍与批评，给予一般人以一种书籍选择的标准和常识，并注意于有系统介绍与批评，以使读者能触类旁通。此外便尽力来传达学术界的消息，使社会上的一般人士也知道中国和他国学术界的轮廓，以及大概进步到什么程度……"有感于当时人们对图书本身的学问所知不多，《图书副刊》还有意识地向读者介绍版本目录及校雠方面的学问，连续数期刊载了文献学家、敦煌学家赵万里先生的《芸盦群书题记》。

　　同时期的另一有影响力的报纸，开我国现代报纸之先河的《申报》也非常重视国民阅读能力的培养和提高。其副刊《自由谈》于 1911 年 8 月 24 日创刊，1949 年 5 月停刊（出版了 39 年），除刊登最受欢迎的每天一篇针对时局形势、社会风尚而写的议论性杂感外，还有散文、随笔、游记、速写、小考证、读书记、文艺评论、科学小品和短篇翻译等文章。1932 年 12 月 1 日，《申报》还创办了申报流通图书馆，李公朴任馆长，面向上海广大学徒、店员、工人、职员和青年学生服务。申报流通图书馆不仅借书给人看，还指导人读书，帮助人读书，邀请民主进步人士为读者在读书过程中遇到的问题进行解答。其他的一些报纸也以传播图书出版新闻、提升社会读书风气为己任。如 1938 年 1 月创刊的《文汇报》，在创刊后不到半年的时间里，于 1938 年 5 月 8 日《世纪风》文艺副刊开设了《书评专刊》（共出版 9 期，至 1938 年 7 月 3 日）。在其停刊的告别辞中，郑振铎先生郑重告白是"暂行停刊"，并宣称"将为或将扩大篇幅，单独出版，以对于读者有较大的贡献"。

　　（2）图书馆的阅读推广：图书馆作为普及文化、进行社会教育的先锋阵地，在民国临时政府成立伊始，就被纳入国民教育行政体系之中，分属社会教育司管辖。1915 年政府先后颁布了《图书馆规程》和《通俗图书馆规程》，相关法规的出台使图书馆事业的发展有了律法保障，也有利于图书馆开展阅读推广活动。

　　民国时期部分图书馆设立了推广部，负责图书馆的宣传推广服务，如浙江省立图书馆、江苏省立镇江图书馆。在工作内容上，这些图书馆主要以进行知识的普及、识字教育、读者指导与教育等活动为主。刚刚从半殖民地半封建社会中解脱出来的普通民众面对一个新的社会历史时期，迫切需要文化知识的给养，特别是普及性的知识，所以这时的图书馆在阅读推广方面，都以通俗易懂的书籍为主。如民国海龙县、珲春县、榆树县的图书馆，藏书以文学、社会学、地理、历史、杂志、教科书为主，内容健康，基础常识多，具有知识性和趣味性，利于民众获取知识、提升品德。抚松县图书馆还把购置儿童书报刊作为图书采购之首要任务，十分重视儿童的阅读教育。在识字教育方面，针对当时存在大量文盲的现象，1920 年政府在全国范围内掀起了一场平民识字教育运动，而通俗图书馆（民国时推广通俗教育的图书馆，服务倾向于下层民众）则成为开展此项活动的重要场所，并请来专门的教师，对民众开展识字等通识教育。在读者指导与教育方面，1940 年民国政府为推行图书教育，特制定了《图书馆辅导各地社教机关图书教育办法大纲十五条》，并通令各省市教育局遵行。大纲规定各省、市、县立图书馆应行辅导之工作，适应读者需要与兴趣，开展读者指导工作，帮助读者进修学习、进行读书活动。1930 年 7 月，上海东方图书馆为帮助读者更好地进行阅读，还开办了四角号码检字法讲习班，学习五个星期，听讲人达四百人。在读书指导上，图书馆通过建立读者指导部或读书指导部开展读者的读书指导工作，如申报流通图书馆和北平市立第一普通图书馆都设立了相关部门开展读者指导工作。申报流通图书馆在《申报》上设立读书问答栏和辅导园地，公开答复读者读书生活中的普遍性的问题，同时编印推荐书目、名著提要等来辅助读者阅读。北平市立第一普通图书馆除了在各报纸的社会服务栏目中进行读书指导外，还在广播电台举办"读书指导"以启发全市市民的读书兴趣。

在推广方式上，民国时期的图书馆主要通过各式宣传、读者活动、其他延伸服务等来进行阅读的推广。图书馆宣传阅读、宣传自我的方式较为丰富，通过开办展览、树立广告标语、利用媒体等吸引人们走进图书馆、了解图书，进而阅读图书馆之所藏图书。如 1936 年 3 月 30 日，江苏省立苏州图书馆为了激发读者兴趣，利用春假期间，开设梅展七日；1946 年11 月 12 日，孙中山 80 周年诞辰，上海市立图书馆举行了"总理文献展览会"，收集文献一百多种，来馆参观者甚多；1947 年 2 月 10 日，上海市立图书馆与英国文化委员会合办中西文美术图片展览会，陈列西文图书 131 册，中日文图书 640 册，挂图 137 幅。还有一些图书馆也举办过类似展览，以激发人们到馆的兴趣。图书馆还通过广播电台、报纸等社会媒体宣传所藏之图书。出版自有刊物也是当时图书馆进行阅读推广的宣传方式，如上海通信图书馆和北平图书馆分别出版了《上海通信图书月报》和《读书月刊》，以新书通报、图书评价和阅读指导为主要内容，便于读者了解图书馆的动态和新书报刊的情况，从而做出适当的阅读选择。在开展读者活动方面，安徽省立图书馆成立了中学生读书会和儿童读书会，定期组织读书报告、问题讨论、专题研究、学术演讲、常识讲话、演说练习等活动，培养中学生和儿童的阅读兴趣。浙江省立儿童图书馆为鼓励儿童读者学习国学，还举行了国学故事演讲比赛。另外，浙江省立图书馆在 1933 年—1934 年间，举办了 17 次讲座，主讲人除了馆长等馆内人员，还邀请了各界专家学者，为读者进行内容丰富的讲座。在其他延伸服务方面，民国的图书馆通过设立分馆、图书流通处、代办处、阅览所、巡回文库等措施，将图书馆的服务范围进行扩展和深入，便于民众借阅图书的同时也营造了更浓厚的读书氛围。

2. 当代阅读推广。中华人民共和国成立以后，广大民众对学文化、学知识的态度空前高涨，读书的风气日益浓厚，特别是 20 世纪 90 年代以来的全民阅读时代，我国的阅读推广开始进入了全盛时期。

（1）中华人民共和国成立初期的阅读推广：中华人民共和国成立初期，百废待兴，全国的图书出版量极其有限，仅凭有限的报纸无法满足广大人民的阅读需求，特别是无法满足青年们了解党的新政策、科学文化新知识等的强烈愿望。而由于多方面原因，农村还存在着相当数量的文盲，亟须在政府的指导下开展"扫盲"。在这样的背景下，中华人民共和国成立初期的阅读推广，有着显而易见的政治文化色彩倾向。

（2）改革开放后的阅读推广：改革开放后，越来越多的人迫切地希望通过读书来快速了解我们这个世界。那个时候的大学生的阅读欲望最为强烈，那时大学里，人最多的地方就是图书馆，大家都如饥似渴地阅读，很多同学下课后或参加完活动后都是"匆匆跑去图书馆"。当时，北大书店会赶印一些外国经典名著，虽然印刷质量不够好，但新书一到，同学们就奔走相告，图书很快就被抢购一空。当时的出版业才刚刚恢复，出版能力还十分有限，无法满足人民大量的阅读需求，印刷好的图书一经发行，人们往往会在书店门口排起长龙等待购买。那一时期可称得上是名副其实的"全民阅读"，并且还出现了"文学热""思想热""武侠言情热"等不同种类图书的阅读热潮。1982 年，上海出现了我国第一个真正意义上的阅读推广活动——"振兴中华"读书活动。这项活动由上海市总工会、解放日报社、团市委、市出版局共同筹划，面向上海庞大的工人读者群体，开展活动的同时，主办单位还成立了上海振兴中华读书指导委员会。1983 年，"振兴中华"读书活动的经验开始在全国推广，形成了长达五年的以"振兴中华"为主旨的群众性读书活动。活动覆盖面广，仅在 1983 年这一年，即覆盖了 29 个省、自治区、直辖市。参与群众的数量也逐年增加，

1983 年有大约 1000 万名群众参加，1984 年参加人数达到了 3000 万。活动形式丰富多彩，有演讲、征文、知识竞赛、专题讨论、读书诗会、读书联谊会等。随着活动的不断开展，读书的内容也呈现多元化，除了一般的文学作品外，还包含了社会科学、自然科学、管理科学等领域。各地还组建读书小组，成立各种类型的读书研究组织，如读书理论小组、文学社等。

20 世纪 80 年代中后期，随着改革开放带动经济的发展，人们的重心似乎转移到了市场经济当中，"下海"经商成了很多人的选择，人们的读书热情有所降低，社会的阅读氛围进入了一个短暂的低潮。当然，这短暂的低潮也难以阻挡 90 年代开始的全国性全民阅读推广工作。

（3）蓬勃发展的阅读推广：随着市场经济的不断发展，全球化时代的到来，我国在各个领域正快速地融入世界，政治、经济、文化都发生着巨大的变化。在经济要发展、文化更要繁荣的时代要求下，人们纷纷意识到了提高文化素养的重要性，对于国民而言，一个重要且方便的途径就是读书学习，这一时期我国开始从国家层面进行大规模的阅读推广工作。

从 1988 年起，文化部规定将每年 5 月的最后一周作为公共图书馆"服务宣传周"，图书馆作为阅读推广的主要阵地又重新担负起自身的历史使命。这是中华人民共和国在图书馆界首次开展的同一时段内、集中性的活动，以推广公共图书馆的服务，引导大众了解图书馆、利用图书馆。"服务宣传周"每年在各地都有不同的主题活动，活动形式包括各种展览、座谈会、征文、演讲比赛等文化活动，还有流动图书车等书籍流通服务，以及信息发布会、信息知识讲座、专题业务咨询等活动。如今连续性的"服务宣传周"活动促进了全民阅读的发展，提升了公共图书馆的社会职能。

如果说"服务宣传周"还只是以推广公共图书馆的社会教育职能为目的的话，那么国家政策层面上的、完整意义的全民阅读则是从 20 世纪 90 年代中期广西壮族自治区的"知识工程"开始的。1994 年，广西壮族自治区实施了"知识工程"，这项社会文化系统工程在广西民众中掀起了读书藏书的热潮，推动了各级公共图书馆特别是乡镇图书馆的发展。鉴于广西地区所取得的成果，1997 年 1 月，中宣部等九个部委联合发出《关于在全国组织实施"知识工程"的通知》，将广西的经验向全国推广，提出实施"以发展图书馆事业为手段，以倡导读书、传播知识、推动社会文明与进步为目的"的"知识工程"，该工程由中宣部与文化部牵头，具体由文化部图书馆司操作，这标志着全民阅读推广工作上升到了国家文化政策的层面。同时，图书馆在全民阅读中开始逐步确立主导地位，从阅读推广的参与者向引导者转变。2000年，全国知识工程领导小组将每年的12月定为"全民读书月"，作为"知识工程"的一个重大项目，此活动以文化企事业单位为主力军，旨在"营造全民读书、终身学习的良好社会氛围，提高全民族的思想道德素质和科学文化素质"。首届"全民读书月"就包含了丰富的活动，如评选"读者喜爱的图书馆""全国优秀读书家庭""科技读书示范户"，动员号召每人"买一本书，读一本书，向西部送一本书"，以图书馆、出版社、新华书店为主要场所开展如书展、读书报告会、朗诵会、知识培训、名家讲座等一系列文化活动。2003年12月开展第四届"全民读书月"时，这项活动正式交由中国图书馆学会组织实施，并且每年公示一次"知识工程推荐书目"，作为"中国图书馆全民阅读推荐书目"向业内外推广。"知识工程"项目在2010年结束，在项目开展的10余年间，全民阅读推广工作有了初步的进展，图书馆也将阅读推广从一个非独立的业务逐步演变成一个专门的、有一定理论支撑的独立业务。

从2006年开始，我国的全民阅读推广活动进入蓬勃发展的阶段，并且逐步被提升至国家战略的高度。2006年4月，为了建设"书香中国"，中宣部、中央文明办、新闻出版总署、文化部、教育部等11个部委联合发出《关于开展全民阅读活动的倡议书》（以下简称《倡议书》），并在接下来的四年连续发出关于开展全民阅读活动的通知或行动计划，倡导在4月23日"世界读书日"前后，在全国范围内开展"多读书、读好书"的全民阅读活动。2011年党的十七届六中全会决议提出"深入开展全民阅读、全民健身活动"；2012年党的十八大报告明确将"开展全民阅读活动"，作为扎实推进社会主义文化强国的重要举措之一；2013年全民阅读列入国家立法计划，《全民阅读促进条例》开始拟议；2014年、2015年，"全民阅读"连续两年被列入"两会"政府工作报告；2016年2月，国家新闻出版广电总局发布了《全民阅读促进条例》的征求意见稿，关于全民阅读的第一个国家层面的法律性文件正式出台，标志着促进全民阅读已成为一项重要的治国方略。

我国的阅读推广贯穿于中国各个历史阶段，且其目标、形式、内容、受众等受传统文化主流思想的影响较深，反映了不同历史时期的社会政治、经济形势与文化发展方向。目前，我国的阅读推广发展日益深入，活动范围不断扩大，活动形式不断丰富，活动影响不断提升，并随之推动了文化产业的创新与发展。

三、高校图书馆阅读推广的意义

图书馆不仅是文献收藏空间，更是人们学习求知的场所。我国图书馆事业体系由公共图书馆、高校图书馆及科研院所图书馆三大类型组成。高校图书馆作为整个图书馆事业体系的一个重要组成部分，主要面向教师和学生提供服务。相对来说，公共图书馆面向全体人民，而且由于人们在探讨图书馆相关问题时，通常是以公共图书馆为对象，我们也先从公共图书馆服务入手谈阅读推广的意义，再将高校图书馆作为一个特例。

公共图书馆由于通常是由纳税人的税款建立，因此就不能拒绝为纳税人提供服务，基本上自然人都是纳税人。因此，图书馆应该对所有的人提供无差别的公平公正的服务。美国图书馆协会在 1930 年的公报中曾刊登过一份于 1929 年起草的伦理规范建议稿。该建议稿指出，图书馆工作人员是图书馆与大众发生联系的解释者，既可能对大众提供文献帮助，也可能通过个人接触而对大众产生伤害。因此，图书馆工作人员应该对使用图书馆的所有人，无论种族、肤色、信仰或健康状况，都一视同仁，提供公平、公正及有礼貌的服务，不得有个人态度，不得有偏爱，更不能带有冷漠的官僚气息。直至 2008 年，这一规范经过了多次修改，最终确定为八条。这八条中有如下几点值得注意。

第一，图书馆通过组织适当的和有用的资源、公平的服务政策，以及准确的、无偏私的和礼貌的反应来为用户提供最高水平的服务。

第二，图书馆力持知识自由原则，反对各种对图书馆资源进行审查的行为。

第三，图书馆保护每一位用户在信息检索、接收，或资源咨询、借阅、获取及传递等方面的隐私及秘密。

第四，图书馆尊重知识产权，并倡导在信息用户与版权持有者间权益的平衡。

图书馆要面向所有人开展服务，这一想法也为联合国教科文组织

（United Nations Educational，Scientific and Cultural Organization，简称 UNESCO）所吸纳。1949 年，联合国教科文组织通过了《公共图书馆宣言》，认为公共图书馆是现代民主政治的产物，是一个民有民享的民主机构。民有民享的思想在其 1994 年由国际图书馆协会联合会（International Federation of Library Associations，简称 IFLA）参与的修订版中得到了进一步强化，表述为：每一个人都有平等享受公共图书馆服务的权利，而不受年龄、种族、性别、宗教信仰、国籍、语言或社会地位的限制。对因故不能享用常规服务和资料的用户，例如，少数民族用户、残疾用户、医院病人或监狱囚犯，必须向其提供特殊服务和资料。修订版所确定的图书馆的使命还有如下条款：①养成并强化儿童早期的阅读习惯；②支持个人和自学教育及各级正规教育；③提供个人创造力发展的机会；④激发儿童和青年的想象力和创造力；⑤加强文化遗产意识，提高艺术鉴赏力，促进科学成就和科技创新。

人的自由发展不仅对个人意义重大，对民族、国家及人类社会的发展也都具有重大意义。一个专制的社会，通常限制信息的自由流通，限制人的自由发展，常常想方设法设置信息获取障碍，制造不平等，制造愚昧，从而使一部分人听命于另一部分人；而一个自由的社会，则力求破除障碍，促成人的自由发展，使人各展其智，各尽其能，从而促成社会的进步。

公共图书馆的服务针对所有人，高校图书馆则主要面向教师与大学生，尤其是面向大学生。高校图书馆开展阅读推广，其对象也主要是大学生。在一些发达国家，孩子由于从小就注重阅读习惯的培养，所以通常到了大学，就不存在普通意义上的阅读推广问题。而在我国，由于受应试教育的影响，学生从小基本上是为了考试而学习，阅读主要不是为了个人修养，而是为了提高成绩。这种培养方式使得不少孩子失去阅读的兴趣。因此，在我国，高校图书馆开展阅读推广存在着如上所述的培养阅读习惯、终身学习习惯及个人自由发展等方面的意义。还有一点，大学生是社会极其活跃的一分子，他们养成良好的习惯，就会进一步影响其他人。他们就像种子，一粒一粒，虽难见绿意，但只要持续不断地繁衍生长，终会长成葱葱森林。

第四节 高校图书馆推动家庭阅读的基本要素

阅读推广是高校图书馆的基本服务之一，随着社会的发展与进步，正吸引着越来越多的关注目光。1972 年，联合国教科文组织向全世界发出了"走向阅读社会"的号召，旨在呼吁人们把阅读当作生活中不可或缺的一部分。而在随后的第二十八次联合国教科文组织大会上，更是通过了将每年的 4 月 23 日定为"世界读书日"的决议。

阅读推广的基本要素，可以从阅读推广的主体、客体、对象三个方面及其关系上进行剖析。高校开展阅读推广的主要主体是高校图书馆，学校其他能参加阅读推广的相关部门可以成为辅助主体；客体是以图书为中心，不限载体的全部阅读资源；主要对象为本校读者。阅读推广工作中三者的关系可简单表述为主体促进客体和对象发生联系。所以，图书馆需要根据自身的能力和优势，通过从阅读资源和高校读者角度深入分析来设计阅读推广途径，是厘清阅读推广思路的必然选择。

一、阅读推广的主体

阅读推广需要一个强有力的组织机构来策划和组织各项活动。学校相关部门是高校阅读推广的领导机构，图书馆是当仁不让的阅读推广的直接组织者和实施者，学校社团和志愿者组织是重要的参与者。三者合作开展阅读推广工作，既能把握工作的主动性，又能节省图书馆的人力资源，充分调动读者参与的积极性，保证高校图书馆开展的阅读推广工作具有一定的有效性和持续性。其中，高校图书馆作为阅读推广的主体，是整个学校阅读推广工作的关键，在阅读推广工作中发挥主导作用。

（一）建设舒适优良的馆舍环境和阅读环境

阅读环境对读者的阅读能产生极大的影响。优良的馆舍环境、舒适的阅读空间、良好的阅读环境，可以让读者有家的感觉，从而使读者对阅读产生浓厚的兴趣，自发地想要在图书馆这个舒适、惬意的环境里阅读。而图书馆里浓厚、愉悦的阅读氛围，会让更多的人对阅读产生兴趣，这也是图书馆所要营造的环境目标。图书馆良好的设计和布置会使读者生出遨游书海的欲望，使图书馆成为人人向往的美好天地。

经典阅读需要人沉下心来，细细品味，反复描摹，感受经典魅力。因此高校图书馆应该注重图书馆环境和文化的建设，通过阅读共享空间、经典阅读室等的设立，汇集图书馆馆藏经典著作、激发读者阅读经典的兴趣，与此同时，图书馆应建立阅读交流栏，使学生能够交流读书体会，营造浓厚的读书氛围，使读者在优雅舒适的环境中休闲和自由交流。从而获得传统阅读的快乐[1]。

馆舍环境的布置一定要宽敞、明亮、整洁，馆内陈设上可以摆放古色古香的书桌椅，宽大的书桌上放一盏古典台灯，馆内适当地点缀一些人文景观，悬挂名家字画；图书馆一隅可添置小桥流水盆景，图书馆内适当地栽种藤蔓植物、鲜花美化环境，将精心挑选的经典书籍随意地摆放在人们触手可及的地方。在这样弥漫着浓浓书香的环境里，大学生耳濡目染，浓厚的阅读意识被激发，愿意徜徉其中，静坐下来，阅读经典，体悟跨越时空的心灵交融。

（二）制定馆藏发展政策

馆藏资源是图书馆的立馆之本，也是开展阅读推广的基本条件，没有资源，阅读推广就成了无源之水、无本之木。图书馆要结合自身的特点及其所面对读者的阅读倾向，建立合理的文献资源配置体系，保证其藏书能够充分满足读者的阅读需求。因此，图书馆不仅要拥有资源，还要拥有优质的资源。制定完善的馆藏发展政策，是图书馆资源建设的重要一环，也是图书馆阅读推广工作的基础。

馆藏发展政策是图书馆发展的一种规划性文件，目的是为图书馆馆藏的维护和发展提供政策框架。同时，馆藏发展政策还保证了馆藏发展的连续性和一致性，最终使馆藏发展为学校发展的整体目标服务。按照学校发展实际和发展目标，在保障重点学科文献资源建设的同时，力求更加全面地收藏所有学科的文献资源，确保文献资源与学校学科建设同步，甚至超前发展。

关于馆藏发展政策，我国目前还没有在国家层面制定相关的规范，可

---

1 黄建 . 高校阅读推广活动的影响因素及其评价 [J]. 大学图书馆学报，2013（2）：93-97.

供参考的仅有 2007 年由教育部高等学校图书情报工作指导委员会制定的《普通高等学校图书馆文献资源发展政策编制指南》《普通高等学校图书馆电子文献发展政策编制指南》等，且并未得到图书馆界的普遍重视。而在许多发达国家，制定馆藏发展政策已是各类型图书馆的常规工作，如美国早在 1993 年就已经有 72% 的高校图书馆制定了本馆的馆藏发展政策。

近些年来，我国在馆藏发展政策的理论研究上取得了一些进展，但在实践领域并未得到图书馆界应有的重视。除武汉大学、厦门大学等少数几个高校图书馆制定了本馆的馆藏发展政策外，很多高校图书馆制度中根本没有此项内容，导致采购工作缺乏规范和指导。因此，各高校图书馆应尽快建立起详细、主题鲜明的馆藏发展政策，其中非常重要的一项就是要为推动阅读制订良性发展计划，给予读者阅读以坚定、持续的支持和引导。不论是为满足教学和科研需要，还是为促进阅读，高校图书馆都应该实行按需采购的制度，将书商的新书目录、学科馆员的反馈、读者荐购书目和书评等作为重要的选书依据。在经费允许的条件下，明确采购要着重关注图书的质量，购买系统的、有价值的书籍，满足读者阅读的需要。

另外，由于各个图书馆的自身所处位置不同，办馆条件不相同，购书经费也多寡不均，但无论多寡，图书馆都要有效地利用购书经费，购置可以充分满足读者需求的书籍，使书尽其用，充分发挥每本书的价值。同时，图书馆还应将数字资源建设放在图书馆发展的突出位置，重点对待。网络数字技术所带来的丰富的阅读内容、便捷的获取方式、开放的阅读环境、互动的阅读过程，以及直接感官冲击的阅读效果是传统的纸质阅读无法比拟的，数字化阅读深受广大读者的青睐，已成为当代大学生的一种主流阅读方式之一，也是一种获取知识的新途径。因此，高校图书馆必须加强数字化资源建设，顺应读者的数字化阅读需求，加大对电子阅览室、多媒体室等网络设施的投入，购买电子资源，如各类数据库、电子书刊等。加强对各种资源的整合、采集、整理，将相关资源馆藏化、数字化，建立自己的特色资源数据库。加大对数字资源的建设与开发的投入，更好地为读者提供更广泛、更快捷的馆藏资源。同时，图书馆还要通过网络平台，实现对网络信息资源的整合、开发及共建共享，为读者提供更加全面综合、更加容易利用的文献资源。

总之，高校图书馆要加强资源建设整合，构筑多元化阅读平台，使各种文献形式和载体资源协同发展，建设结构合理、重点突出、特色明显的优质文献资源体系。这是对高校图书馆开展阅读推广最有力的支持。

（三）规范借阅制度

俗话说，没有规矩，不成方圆。图书馆的规章制度是图书馆实践的总结与概括，反映图书馆发展的客观规律，是图书馆馆员及读者的行动准则。它是合理组织图书馆工作，充分发挥图书馆职能的保证，也是图书馆实现科学管理的依据与准绳，是正确处理图书馆内部各种关系，发挥图书馆全体人员的积极性与创造性，提高服务质量和保证图书馆正常运行的手段。

图书馆针对读者服务一般都会有相应的制度。借阅制度、续借制度、预约制度、召回制度、馆际互借、超期惩罚制度及豁免制度等可构成一个完整的借阅体系，它的合理、有序、健康运转，能够保障读者阅读需求顺利实现和阅读行为顺利完成。但是，目前我国许多高校图书馆的借阅制度存在着一定的问题，需要参考国外高校相关规章制度进行修改。如美国著名大学图书馆借阅制度的条款设定内容就很详细完备。各环节连贯一致，人性化贯穿于整个管理过程中。那些看似烦琐的制度条文，虽然会导致管理成本的增加，但一方面，它具有更强的可操作性；另一方面，其人性化的管理措施，使得工作人员和读者之间更亲密友好，让读者、资源与管理者之间形成一个良性的循环。在这个循环中，我们能够体会到美国著名大学图书馆制定借阅制度的目的很明确，那就是以读者为中心，提高文献的利用率。图书馆要贯彻"以读者为中心"的服务理念，首先应该从读者制度的人性化方面体现出来，只有从制度上体现，才能更持久、深入，更具操作性。

目前，国内高校主要的规章制度都有其共通之处，因而，图书馆有必要建立体例一致、形式规范、内容健全、语言标准的制度体系，各高校图书馆再根据各自的特点加以完善。特别需要指出的是，目前图书馆针对读者的有关借阅制度普遍存在的问题就是语言过分强势、生硬，这样多多少少会伤害读者的阅读热情。读者到图书馆阅读本身就是一种值得尊重和鼓励的行为，对于个别读者的不规范行为馆员在处理时也应该注意措辞和语气。

因此，图书馆的借阅制度必须与时俱进，跟上时代发展的步伐，充分利用自身优势，充分考虑读者借阅的便利性，制定更加人性化的借阅制度，提高服务质量，发挥图书馆服务读者，服务教学、科研的作用，才能真正使图书馆的教育、信息服务和学术研究职能得到充分发挥。

（四）加强阅读推广的宣传工作

宣传工作是高校图书馆阅读推广过程的必然手段。宣传工作是指对高校图书馆及其提供的产品服务的介绍，是现代高校图书馆工作的重要组成部分。高校图书馆开展宣传工作有两种作用，一是可提高文献资源的利用率。宣传作为一种传递信息资源的方法和手段，可揭示图书馆的馆藏资源和网络资源，加深读者对信息资源的认识，使读者进一步了解图书馆的职能、作用、服务项目、规章制度等，从而激发其利用图书馆的热情。二是可促进图书馆的发展。通过宣传图书馆，展示图书馆人默默无闻、无私奉献的崇高职业形象，唤起社会对图书馆重要性的认识，赢得公众对图书馆人的尊重，增强图书馆人的自豪感和工作热情，使图书馆的发展获得强大的内在动力。

目前，高校图书馆通常使用的媒介可分为传统媒介、多媒体和社交媒介。传统媒介包括悬挂横幅标语、张贴海报、布展等；多媒体有电子显示屏、报纸、电视、通识平台、网站等；社交媒介有社交网站、QQ 群、微博、微信等。无论是传统媒介还是社会化媒体，高校图书馆都应根据自身需求，结合自身的技术和管理水平，选择几种或多种推广手段，将推广范围最大化。宣传要注意传递信息的时效性、准确性和易用性。宣传还要有一定的计划性，在不同的时期，确定相应的主题，围绕主题开展各种宣传工作，用心营造友好氛围和创新服务，才能受信于读者，形成良性循环。

图书馆还可以吸收大学生参与图书馆宣传工作。在校大学生是高校图书馆的主要读者群体。大学生之间彼此了解、相互沟通，学校有什么新闻，大学生们都会互相转告，可以起到很好的宣传效果。高校图书馆吸收在校大学生参与图书馆宣传工作，可以优先选择吸收社团成员，例如，读书协会社团、校学生会等。图书馆宣传工作者首先从社团、学生代表处获取读者所需信息，同时有针对性地宣传图书馆信息，然后利用学生间的"口碑"进行宣传。这样往往能达到一个较好的宣传效果。

高校图书馆可以充分利用图书馆的宣传周、读书月等大型活动，利用校园网站、广播、海报、简报、横幅实时宣传报道，编印下发各类资料汇编，以多样的形式大力宣传阅读的价值，让大学生真正了解阅读的意义、阅读的方法，以及读什么、怎样读；披露国内外阅读动态、发展趋势；介绍阅读指导和阅读研究性著作；通报中外最新的学术性和大众性出版物；介绍或剖析中外经典著作等。在读书活动期间，采用不同的有特色的主题密集宣传，平时有计划地定期宣传，多种形式并用，给学生留下深刻印象，使阅读深入人心，使建设书香校园的思想无处不在、无人不知。

在这不断变化的形势和社会环境下，图书馆宣传工作应以提高服务水平和创新服务项目及方式为目标，应以向读者推广图书馆服务、满足读者需求为任务。宣传工作是图书馆长远发展中不可或缺的一项工作，尽管一部分高校图书馆受到经济、人力等因素的影响，宣传工作不尽如人意，但仍应克服困难，根据自身情况，尽可能地做好宣传工作，更好地为读者服务，努力提高图书馆在读者心中的地位。

（五）建立稳定的阅读服务团队

建立专门的阅读推广机构并组建稳定的服务队伍是实施阅读推广的保证。阅读推广队伍的不稳定会影响阅读推广项目的质量和连续性。目前，阅读推广工作已成为图书馆的一项重要工作，大多数高校图书馆都有专门的阅读推广人员，有些图书馆还成立了专门的宣传推广部门。

1.阅读推广人员应该具备的基本素质。

首先，具有良好的职业品质。职业品质是各个从业者对自己所从事职业的内涵和价值的判断与认可程度，以及在这种价值判断指引下所采取的职业态度。良好的职业品质既源自自身良好的社会公德修养，即为社会奉献的精神和对待他人的善良品格，也源自扎实的职业训练和深厚的个人职业意识和职业修养。良好的职业品质是图书馆阅读推广人开展好业务工作的基础。

其次，一切为读者服务的宗旨。为读者服务是高校图书馆的宗旨，"一切为读者，为一切读者，为读者一切"是服务宗旨的理想细化。服务宗旨落实到实际行动中就是：资料随手可得，信息共享空间，咨询无处不在，馆员走进学科，技术支撑服务，科研推进发展。只有这样，才能使读者不受时空限制、无障碍地利用图书馆。

再次，熟知图书馆资源及新技术。图书馆馆员、高校图书馆阅读推广人应熟知图书馆馆藏文献资源类型、内容及馆藏位置，方便随时引导读者获取文献资源；熟知数字资源、虚拟资源及利用方法，随时指导读者检索和利用数字资源；熟悉计算机技术及多媒体技术，及时通过新技术向读者推送服务。

最后，具备图书馆学基础知识和管理学知识。阅读推广人应掌握图书馆学基本知识，包括：图书馆的要素；图书馆的组织、工作内容和工作方法；图书分类体系，熟知中国图书馆分类法。掌握管理学知识是指了解管理学中基本理论的主要内容，能灵活运用管理学的基本理论和原则，分析、解决实际问题，进而做到管理好读者、管理好资源、管理好服务团队。

2.阅读推广人员应具备的其他能力。

第一，策划、组织及评估能力。高校图书馆阅读推广人必须具有较好的活动策划、组织及评估能力。策划能力应包括：阅读推广主题的拟定、阅读推广项目的设计、工作任务的分配、阅读推广进度计划的制订，以及阅读推广方案的撰写、阅读推广经费预算的制定、阅读推广活动的选址和活动的布置。组织能力表现为：顺利完成接待任务、后勤保障任务、联谊任务，做好阅读推广现场服务与管理。评估能力体现为：阅读推广活动结束后能及时对活动效果进行评估。从读者满意度和阅读效果出发，对评价低的策划活动及时进行调整，让评价高的策划活动持续开展下去。

第二，较强的公关能力。公关能力是指有目的、有计划地为改善或维持某种公共关系状态而进行实践活动的能力。高校图书馆阅读推广人的公关能力表现在建设书香校园活动中的介入能力、适应能力、控制能力及协调性等。高校图书馆阅读推广人跟读者、各部门打交道，要把握交往的技巧、艺术、原则，了解读者的行为特点，要与各种类型和特点的读者友好交往。

第三，撰写书评和推荐书目的能力。高校图书馆阅读推广人需具备撰写书评的能力。撰写书评是高校图书馆阅读推广人应尽的职责，是深化读者服务的需要，是爱岗敬业的表现。书评要尽力做到从思想内容、科学水平、审美价值及理论和实践意义等各方面对图书进行分析、评论和介绍，使读者通过阅读书评就能够快速知晓图书主题。

另外，高校图书馆阅读推广人应为读者推荐好书，推荐书目不能简单照搬出版机构的畅销书目、其他单位或者高校的推荐书目。推荐书目必须符合自己院校特点，从本校读者实际情况出发。

一个理想的图书馆，不仅是一个资源存储机构，它还应指导读者读什么及怎么读。高校图书馆应该设立专门的阅读推广岗位，有条件的图书馆可以建立阅读推广工作部门，负责开展高校图书馆推广的各项工作，包括读者需求调查、本馆现状分析及需要解决的问题等，提出开展阅读推广活动的措施和建议。阅读推广部门的建立是高校阅读推广的组织保障，便于图书馆活动的策划实施，使高校阅读推广活动内容更加专业、步骤更加精细、管理人员主人翁意识更强。

（六）阅读推广其他相关部门

高校阅读推广是高校的一项整体性工作。高校相关部门应转变"阅读仅是图书馆的工作"的观念，站在共赢视角，与图书馆携手做好学生阅读工作，共同打造书香校园。

1. 教务处。国外教育体系中，从小学到大学，学校都非常重视阅读，特别是对本民族经典读本的阅读。在美国，大学阶段要求经典阅读属于通识教育。而国内，大部分高校实施阅读教育项目时，以开设阅读课程为手段。课程内容，不仅包括国学经典，还有体现国外先进文化的著作，甚至有代表各学科专业核心及发展方向的阅读课程等。例如，为了研究阅读学理论的教学改革，部分学校开设了《专业文献阅读》《中国文学经典阅读》等课程。

高校的文学课或其他阅读类课程，虽然能够引起学生的阅读兴趣和意愿，但是课程结束就意味着阅读兴趣即将转移甚至消失。因此，教务处和各院系、图书馆急需携手合作。在开设这门课程期间，教务处根据授课教师列出相关书目，将馆藏信息放入学生选课系统中，作为学生的选课参考。同时，与图书馆进行协商，决定是否将课程相关书目作为阅读推广书目，或开展一系列的相关阅读活动。让学生意识到，阅读不仅仅发生在课堂上。

教务处不仅要注重对开设的阅读类课程，还要加强对学生专业方面读物的阅读推广，把阅读推广和学科服务结合起来，探讨如何从阅读视野开展学科服务的新思路。对某高校在校大学生的一项研究表明：大部分学生表示更愿意参加与本专业相关的课外活动。教务处应主动与图书馆合作，根据学生的专业特点，开展与专业相关的阅读推广活动。

2. 团委。校园文化建设不但与校园稳定工作息息相关，还与大学生的精神、心灵、素养及人格有着密不可分的联系，而书香校园在校园文化建设中占有重要地位，阅读推广又是建设书香校园的主要途径。团委作为校园文化建设的主导力量，应将推广阅读作为重点工作。团委应当从思想上重视阅读推广工作，加强与学校的其他相关部门的联系。

团委应与图书馆共同引导学生社团开展阅读推广工作，将阅读纳入日常活动中，而不局限于读书日。如中原工学院团委与学生工作处、图书馆等部门共同努力，将阅读文化建设与学院已有的文化内容密切联系，达到了水乳交融的境界。此外，团委也要重视与各个分支团委的合作，关注阅读推广过程中的创新。

通常情况下，团委分管学生社团，而学生社团活动是校园文化的重要载体，是高校第二课堂的领航者。团委应主动关注社团活动的"聚人"功能，保证社团活动的"育人"功能。高校阅读推广也需要各种各样的组织，让老师和学生自己也建立这样的团队，例如，读书协会、书友会、文学社及各学院的读书社团，坚持自愿、不强制原则，开展相关的阅读推广活动，这是提高社团成员综合素质的重要方法。

3. 二级院系。高校二级院系的重要职责是对学生进行素质教育，提升学生综合素质。这与大学生阅读推广的目的不谋而合。换言之，阅读推广也是二级院系应该履行的职责。如果二级院系将大学生的阅读履历卡作为毕业资格的条件之一，这是否意味着将部分大学生的功利主义反其道而行之？答案是肯定的。虽然这有悖于一直反对的"借读书之名，取利禄之实，非读书本旨"，但至少可以用最快速的方式，促使大学生开始阅读经典书籍，这至少完成了让学生阅读的第一步。

二级院系可根据各学科、专业特点，实施专业的阅读推广。从阅读角度，对学生的专业学习和技能培训方面进行指导和帮助。二级院系与图书馆联系，根据"学术专著＋学位论文＋核心期刊＋特种文献"的推荐原则，将阅读内容纳入二级院系的教育体系中，结合一线教师为学生提供专业课的阅读参考书目（非教辅类书籍），扩充学生专业课的知识面。某学者调研发现，愿意阅读授课教师推荐的专业书籍的学生居多，说明教师对学生阅读行为的"干预"较为容易。因此，二级院系应该积极整理学院教师的荐购书目，及时汇总到图书馆，方便学生的借阅。

二、阅读推广的客体

高校图书馆阅读推广的主要对象是师生读者。高校图书馆需要对不同目标对象的阅读推广行为进行研究，针对不同的读者制定和设计不同的阅读推广项目。新生对图书馆不了解，阅读目的不明确，喜欢通过新书推荐来找寻图书；高年级学生具有一定的阅读能力和意愿，阅读能力强，通过信息检索课程的学习，他们的信息检索能力有所提高，图书馆与学生社团共同举办的名师讲座、主题活动等对他们的吸引力比较强，他们参与的积极性比较高；教师文化层次比较高，到图书馆主要是为了获取专业的文献和服务，一般不会主动参与主题类的阅读推广活动，但对深层次的课题服务、学科服务比较感兴趣。因此，以大学生为主体的读者是阅读推广的客体，识别大学生读者的潜在阅读需求和阅读特点，并与大学生社团合作进行阅读推广，是做好高校图书馆阅读推广工作的前提。

（一）识别大学生读者的潜在阅读需求

提高读者满意度，实现高校图书馆发展的可持续性，可从识别读者的潜在阅读需求开始。读者的潜在阅读需求可以通过信息收集并进行调研分析，细化读者群体来识别。根据读者本身的属性，细化读者群体，分层管理。

大学生具有青年读者和学生读者的双重特征。作为年轻人，他们处在生理、心理、智力发展和世界观的形成期。生活独立性逐渐增强，思想较为活跃，思维、观察能力有所提高，自我意识较强。作为学生读者，他们接触的知识领域更加宽广而深入，其阅读兴趣、阅读目的受到毕业后继续求学或就业需求的影响。为了成为合格的专门人才，成为德、智、体全面发展的大学毕业生，他们在大学阶段，系统学习专业理论、专业技能，以及综合性的科学文化知识，使自己具有较高的文化素质、合理的知识结构，由知识型人才向智能型、创造型、通用型人才发展。

大学生的阅读倾向和规律随着其知识的累积程度和年级阶段的不同有着明显的差异，高校图书馆应针对大学生读者的这一阅读特点，开展有针对性的阅读咨询、指导。多数大一新生，刚刚从应试的阅读模式中解脱出来，摆脱了高考的压力，突然的放松使他们无所适从，而他们对于在大学应该如何阅读学习还处于懵懂无知的状态，同时对于图书馆的知识也极度缺乏，这使他们的阅读带有较大的随意性和不确定性，他们主要是进行消遣性的、无目的的阅读。所以图书馆需要对其阅读进行有效引导，通过新生入馆教育等方式，帮助他们学会利用图书馆，并树立正确的阅读动机，以免其走入阅读的误区。如河南理工大学图书馆在每届新生入学时，都要由专人对他们进行入馆教育，指导新生如何利用图书馆，以及在图书馆应进行何种阅读活动[1]。

大二、大三的学生经过学习生活，已经逐步适应了大学的阅读学习方式。由于他们已经开始了专业课的学习，面临更多的专业知识要学习，因此需要借阅大量的专业类图书，以解决在学习过程中出现的困难。他们需要在阅读的同时，拓展知识面，为将来择业打下基础。但是随着高等教育的普及、就业压力的增大，有相当一部分学生为了提高自己的就业成功率，选择通过考取各种资格证书来获得更多的就业机会，然而这也往往会导致他们在专业知识的学习上存在缺陷，不能达到用人单位对专业人才的要求，从而失去就业的机会。这就要求高校图书馆与学校其他相关单位配合，采取有效措施，指导他们加强对专业知识的学习，为以后打下坚实的专业知识基础。

对于即将毕业的大学生，他们的阅读目的比较明确，带有明显的实用性和功利性。他们阅读的主要目的集中在撰写毕业论文上，需要阅读大量并且多元化的专业书刊，他们的大部分时间都消耗在查找与毕业论文相关的专业文献资料上。还有相当一部分大学生还要考公务员、考研等，需要阅读有关的考试参考类图书资料。所以，图书馆应为其有针对性地开展文献信息检索、咨询服务。另外，毕业班的大学生还要面对择业的问题，图书馆可以聘请相关专家开设职业规划讲座，根据学生所处年级、学科专业领域、个人发展状态等情况为其答疑解惑。

1　郭海明.高校图书馆阅读推广服务机制构建 [J].图书馆建设，2015（5）：51-54.

图书馆可通过跟踪关注读者的历史借阅信息、检索记录、浏览记录，对读者进行问卷调查，也可以通过提取图书馆论坛的读者提问发言等方式，以大数据为手段全面了解读者的个人兴趣爱好、心理发展状态，确定读者的阅读倾向，为读者建立阅读档案，提供有针对性的个性化阅读服务。

（二）针对大学生读者的阅读特点提供相应的阅读推广服务

根据哈佛大学教育学家珍妮·查尔提出的阅读素养形成的"五阶段模型"，大学生应进入"构建与批判"的阅读阶段，"构建"即通过对书本知识的融会贯通形成并完善自身知识体系；"批判"即通过对自身知识体系、思维脉络反复推敲，审视书本中的逻辑、思维脉络，在批判继承过程中达到自身修养、素质的升华。

由于大学生群体心理存在跳跃性、求知性、交替性、猎奇性特征，容易造成其选择时出现困惑和迷茫。长期以来，过于追求实用的阅读模式限制了大学生眼界、思维境界的发展，给阅读选择亦造成了一定障碍。同时，由于自身专业领域、知识深度及层次的不同，部分大学生会因阅读能力、理解能力、思考能力未达到相应标准而无法开展深度阅读。碎片式的网络阅读占据了大学生越来越多的时间，大多数学生拥有积极向上的阅读态度，对阅读的重要性给予充分肯定，但由于缺乏阅读的动力，导致阅读行为较为滞后。

一般而言，大部分高校学生的阅读面都比较窄，还有一部分学生只阅读自己感兴趣的杂文，而对于文学名著或者专业书籍持保留态度。学生的阅读还具有盲目性和随机性，没有一定的阅读方向，也没有形成固定的阅读方式和阅读习惯。随着网络的影响，更多的学生现在喜欢阅读的是短小轻松、易于理解的"网文"，也就是"轻阅读"，阅读的质量上不去，部分学生对于内容的独立思考能力和深度阅读能力有所欠缺。可见，当前大学生的阅读状况不容乐观，主要表现为：阅读量少，阅读功利性强，重网络阅读、轻纸本阅读，阅读通俗化、快餐化等。这些缺陷严重影响了大学生的阅读兴趣和深度，他们多为被动阅读，无法感受到读书的乐趣。但让人欣慰的是，现在大多数学生在阅读能力方面的自我期望较高，且能够认识到自身阅读能力的缺陷，希望通过专家指导或其他方式提升自身的阅读素养。因此，图书馆在阅读推广活动中要多动脑筋，面向不同阶段的大学生读者开展有针对性的阅读咨询和指导服务，组织一些大学生感兴趣的活动来吸引大学生的关注，以此来提高大学生的阅读兴趣。同时，图书馆也可以招收一些喜欢阅读的大学生参与阅读推广活动，让他们担任阅读推广者。首先，这些大学生推广者是学生身份，与其他大学生读者在沟通上有共同语言，更了解大学生读者的需求。其次，通过大学生推广者的宣传，能够让更多的大学生了解图书馆，了解图书馆的信息资源，由此来培养大学生的阅读兴趣。最后，大学生推广者本身就喜欢阅读，通过他们的阅读行为能带动更多的大学生来积极地参与阅读。

（三）图书馆与大学生社团合作共促阅读推广

阅读推广是高校图书馆以活动的形式积极开展的，通过影响读者的阅读选择从而不断引导读者阅读的一种过程。图书馆作为学校的一个部门，不论人员还是精力都是有限的，需要借助外部的力量才能更好地开展工作。对高校来说，最好的合作伙伴就是学生社团。

学生社团是由来自不同院系、不同班级的学生自发组织起来的，按照学校相关程序和规定自主开展活动的群体。学生社团通常有形成自发性、内容多样性和活动特色化等特点。大学生社团可以加强与图书馆沟通，积极向图书馆反馈当前学生读者的阅读需求和阅读变化。大学生在参与阅读推广活动时能及时通过社团组织把自己在活动中的感受，感想反馈给活动组织者。学生对阅读活动的反馈，有利于活动组织者积累活动经验，进一步完善活动机制，为下一次开展高质高效的阅读推广活动打下坚实基础。大学生社团发挥中间作用，高校图书馆能深入了解读者的阅读喜好或阅读兴趣。同时，大学生社团中就有学生读者，学生最了解学生，学生读者能把自己最真实的阅读情况及时地反映给图书馆，有利于图书馆下一次阅读推广活动的开展。学生社团根据读者的阅读需求和变化进行创意和设想，能进一步丰富阅读推广的活动内容，让活动形式多样化，同时不断激发读者的阅读兴趣，助力于阅读推广活动广泛开展。因此，通过与大学生社团的合作，高校图书馆能更好地与读者进行联系和沟通，进一步拉近读者与图书馆的距离。

大学生社团参与图书馆的阅读推广活动，阅读交流，以书会友，除了能激发大学生自身的阅读兴趣外，还能不断提高自己的阅读水平，不断发动更多的群体参与到阅读活动中，形成人人"爱读书、读好书、好读书"的阅读氛围，进而改变大学生的阅读现状。大学生社团还能积极联合校内其他社团或校外其他机构积极参与到阅读推广活动中来，形成良好的阅读氛围。

大学生社团还能积极发动身边的人参与阅读推广活动，通过发挥桥梁纽带作用，积极促进阅读推广活动进一步开展。高校图书馆也应积极支持大学生社团参与到阅读推广活动中，充分发挥其桥梁纽带作用，不断做好阅读推广的各项工作，实现"双赢"，共同发展。例如，武汉大学图书馆的珞珈阅读广场由图书馆组织，与自强网、真趣书社和爱乐社等学生社团合作举办，是图书馆推广阅读文化的一种新尝试。该活动采取竞标方式，由学生组织递交项目申请书，图书馆经过评审，最终选择合适的社团开展合适的活动。活动包括"珞珈开卷""影像阅读""音乐空间"三个板块的内容。它通过小型沙龙的形式，融合影音与阅读，提供一个分享阅读感悟、思考和鉴赏人文作品，搭建面向全校师生的艺文传播平台，引导师生过阅读书籍、观看影音等方式增加人文涵养，提升人文情怀。参与阅读推广活动的读者根据自己对文字、影像、音乐等人文艺术作品的阅读和思考进行交流。

大学生社团在高校图书馆开展阅读推广工作中扮演着重要的角色，发挥着不可替代的作用。对于图书馆而言，每一位读者都是一本"真人图书"，每一个社团都代表着一种"独特的校园文化"，都值得图书馆去珍藏。高校图书馆要重视大学生社团的作用，通过大学生社团自管理、自推广等形式开展丰富多彩的阅读推广活动，进而影响读者的阅读行为。

（四）建立大学生读者阅读激励机制

据调查，上网已成为大多数学生课余生活的主要内容，这使得他们在有限的课余时间里阅读纸媒的时间减少，浅阅读、快餐式阅读、功利性阅读充斥着大学生的阅读生活，高校大学生普遍缺乏利用图书馆的热情和动力。如今，"00后"已经成为大学生主体，他们的个人意识更强，信息获取渠道更多元，强制性的形式化管理必然会遭到形式主义的反对，甚至激化师生矛盾。实践证明，采用激励机制是推动当代大学生阅读的有效方法之一，通过一定的激励手段可以激发大学生的阅读兴趣，调动其积极性和创造性，使大学生树立以"多读书、读好书"为荣的价值观。阅读激励机制可以尝试从以下几方面来建立。

第一，设立阅读学分制。阅读学分制度，是图书馆按照一定的标准，将读者在一定时期内的阅读情况转化为相应数量的学分，读者按照学分的多少获得图书馆一定的奖励和享受一定的服务的图书馆阅读管理制度。读者获得的阅读学分由图书馆专门人员进行登记汇总，在每学期末学校评比奖学金时计入总分，成为评比的一部分。同时当读者的阅读学分积累到一定数量后，读者可参加图书馆优秀读者及其他奖项的评比。"阅读学分制"有很强的趣味性和竞争性，能够激发读者的阅读兴趣，使其体验到获取知识的快乐，同时也可大大提高图书馆文献资源利用率。当然，阅读学分制的设置比较复杂，需要科学合理设置。

第二，"阅读之星"评选活动。"阅读之星"评选活动是通过图书馆借阅管理系统对读者借阅图书量进行统计，对于年底借阅排行榜前十名的读者，在征得本人同意后，图书馆将其个人借阅信息及读书感悟等汇总后在馆内宣传板上展示。图书馆为获得"阅读之星"的读者颁发荣誉证书，此外还提供一些其他的物质奖励，例如，读者获得印有图书馆 Logo 的精美纪念品，获得图书馆当年考研专用研习室的优先预约权，或提供一年的免费文献传递服务，或奖励图书馆电子阅览上网机时，或者跟随图书采购人员到书店里挑选图书等。榜样的力量是无穷的，图书馆利用榜样的激励作用，可以激发其他读者的阅读热情，有利于弘扬多读书、读好书的良好风气。

第三，搜书技能大比拼。高校图书馆开设文献检索课或开展新生入馆教育可以帮助学生更好地利用图书馆，提高学生获取文献信息的技能。但是在实际工作中我们发现，很多读者虽然接受了培训，但真正利用图书馆时依然感觉茫然，面对资源丰富的图书馆感觉无从下手，也有的学生不愿意认真查找资料，也不愿过于频繁地利用图书馆。为唤醒学生潜在的能量，培养他们自我学习的积极性、主动性，图书馆可以每年举办"搜书技能大比拼"活动，比赛要求读者在规定时间内从书库中正确找到相应数量的图书，最终评选出获胜者，并给予相应的奖励。生动活泼的竞赛形式比传统的入馆教育、文献检索培训更有吸引力，更容易调动大学生利用图书馆的热情，但该类比赛参与人数毕竟有限，受益的读者也只是少数。

第四，爱心图书漂流活动。图书漂流是一种源自国外的阅读方式，这种新的阅读方式在国内日渐受到推崇，越来越多的人参与其中。图书漂流是指书友们将自己拥有却不再阅读的书籍贴上特定的标签后，投放到公共场所，无偿地提供给拾取的人阅读。图书馆可利用与出版社的业务关系，筹集用于漂流的优秀图书，同时向全校师生特别是毕业班的学生发出捐书倡议。为了鼓励同学踊跃捐赠，图书馆可以出台相应的规定，读者一次性捐赠多少本以上且符合馆藏标准的图书，将获得图书馆颁发的捐书荣誉证书。图书馆对于读者捐赠的回馈表达了图书馆对其无私付出和爱心传递的肯定，促进更大范围的知识共享和爱心传递。

以上这些激励机制是为了服务大学生而建设的。在激励机制建设的过程中，图书馆可以鼓励和吸纳学生参与到激励机制的建设中来。图书馆可以通过学生社团组织、教育教学平台、校园网络等渠道将激励机制发布出来，使学生更清楚了解学校的激励机制，广泛吸纳学生的意见和建议，不断制定符合学生需求的激励制度，有效调动学生的积极性和主动性，让学生成为阅读推广的主人。

三、阅读推广基本条件

阅读推广工作已经成为图书馆的常规性工作。但是，如何做好阅读推广工作，仍然是摆在图书馆人面前的一道不小的难题。为了做好阅读推广工作，除了作为阅读推广主体的图书馆和客体的大学生读者外，还要有以下几个基本条件为阅读推广提供保障。

1.人力保障。图书馆阅读推广的资源管理问题，涉及场地、设施、资金与文献等资源，但最大的问题还是如何有效进行人力资源管理。阅读推广主要依靠图书馆馆员的主动性和创造性来推动服务的开展。阅读推广作为现代图书馆的服务内容，具有综合性、复杂性的特点，对图书馆馆员的要求远远高于外借阅览等传统图书馆服务，需要馆员不断学习、研究与思考。特别是从事阅读推广活动的馆员需要对各个要素及其相互关系拥有足够的认知，才有可能设计出有效的阅读推广活动。

图书馆应立足长远，采取更多长效机制促进阅读推广人力资源的发展。图书馆应设立阅读推广专门岗位，甚至设立阅读推广部门，配备合适的推广馆员外，还可以发挥学科馆员的阅读推广优势。学科馆员制度已经成为许多高校图书馆的基本制度，是图书馆与校院系沟通的有效机制。从操作层面上来说，学科馆员是图书馆开展阅读推广活动的天然桥梁，比如学科微博的建立和维护。在高校图书馆的专业资源的阅读推广工作中，没有人比学科馆员更了解或更善于沟通专业或学科方面的情况，这也是高校图书馆有别于公共图书馆的显著特征之一。

同时，图书馆还应该策划阅读推广人才的培训机制。如澳大利亚新南威尔士州为了提升图书馆馆员的阅读指导能力，专门开展了一项培训员集中受训项目，受训者成绩合格的再回到原单位指导其他同事。培训活动对图书馆流通量、资源阅读、馆藏发展的促进作用显著。有了这样的人力保障，阅读推广工作的目标性和长效性才能更好地实现。

2. 管理保障。阅读推广是图书馆的一项新型服务。同所有新型服务一样，当其处于萌芽状态或处于其他主流服务的从属地位时，管理者的管理一般是放任的自发管理。在全民阅读的大环境下，阅读推广服务已然成为一种主流服务，需要管理者进行管理变革，从自发管理转向自觉管理。为推动全民阅读，更好地履行图书馆推广全民阅读的社会使命，图书馆管理者需要改变原有管理理念，将阅读推广纳入管理视野，对阅读推广进行顶层设计，图书馆管理者应给予阅读推广更加自觉的管理。

另外，阅读推广工作的开展，需要仔细规划和管理团队，需要团队合作，更需要管理人员有效整合好学生组织、社团、校园广播、社区、电台等可利用资源，也需要阅读推广主要负责人调动宣传、策划等各环节人员的创造力和参与度，特别需要馆长全面统筹，全方位参与协调图书馆内部及学校其他各部门的任务分工。图书馆组织结构中有独立阅读推广部门的，有利于阅读推广工作的可持续发展。图书馆无独立阅读推广部门的，只能以抽调方式组织阅读推广工作，适合非常规性任务或项目管理模式，其自适应性表现在能全方位地配合完成阅读推广活动任务，但是需要临时负责人或主管馆长组织和协调前期策划、过程管理、后续统计评价及处理好与日常工作的关系等管理保障。

3. 技术保障。传统的图书馆管理模式与服务体制由于信息技术的应用，已然发生了改变，自动化、网络化、数字化成为现代图书馆的特征。

现代图书馆是以信息技术为根基，利用虚拟化存储技术提供快捷的数据服务，通过大众传播媒介、网络等信息技术为读者提供传统服务和电子文献服务。无论是传统阅读方式的信息推送和目录资源整合，还是碎片化内容的电子阅读，都越来越离不开信息技术的支持。熟悉开发和综合利用社会化媒体已是图书馆拉近与读者距离的必不可少的手段，掌握应用信息技术是现代图书馆发展的必然要求。例如，借阅系统嵌入微信平台 RFID 图书定位信息推送至桌面、屏面等，都需要专人建设、维护和跟踪；再如图书馆 App 开发与应用，其推广、宣传、过程管理、跟踪、统计管理，都离不开信息技术的支持。

阅读推广人员要时刻关注和学习图书馆信息服务支撑技术的发展和变化，顺应时代发展，不断探索新的信息技术。同时，建立和改善智慧图书馆服务机制，营造良好的阅读氛围，在馆内大力培育以人为本、以读者为本的主动服务思想，形成智慧图书馆新的共识与发展动力。另外，在政策上加以引导，重视提升智慧图书馆服务内涵，加大教育服务功能，加快学习掌握新技术、新阅读载体，以求能够适应新技术、新媒介下的数字图书馆的快速发展，不断提高图书馆服务质量。

4. 物质保障。高校图书馆在性质上属于国家公共事业单位，主要经费来自国家财政支持和地方财政拨款，因此不同地区的高校图书馆阅读推广服务水平差异较大，东部沿海地区高校图书馆的阅读推广服务意识和建设水平明显高于中西部高校图书馆。同时，由于高校图书馆主要服务群体是高校师生，相比较公共图书馆而言，处在一个相对独立和封闭的体系内，因此社会力量对高校图书馆的影响力较小。反观发达国家的高校图书馆，社会捐款和公益基金是其开展阅读推广的重要支撑，因此，如何拓宽高校图书馆的经费来源渠道，是影响我国高校图书馆阅读推广工作开展的重要因素。

不同的阅读推广项目，所需求的物质支持也有所不同。一方面，高校图书馆从优化环境、资源建设到免费提供电子阅读器、笔记本电脑等服务方面，应最大化消除读者的物质障碍，以促进阅读，引导数字阅读；另一方面，高校图书馆可根据自身情况"量体裁衣"，在充分调研的基础上，做好方案，尽力争取学校的经费支持，或者优化组织方案。

四、高校图书馆推进家庭阅读的策略与路径

根据当今家庭阅读的现状和发展需求，结合笔者学校图书馆的实际工作，高校图书馆在数字技术时代，可以从以下几个方面去推进家庭阅读的提升。

（一）直接推进

直接推进包括资源推送和开放物理空间两种形式。

1. 资源推送。笔者所在图书馆通过为学生志愿者办理"家庭借阅证"的方式，鼓励学生为家庭成员借阅图书。借阅规则规定家庭成员可持"家庭阅读推广员"本人学生证和家庭借阅证可以免费使用图书馆所用资源，每证可借阅图书 20 本，借期 60 天。截至 2017 年 11 月底，共有 10 个院系的 212 名家庭阅读推广志愿者成功领取了"家庭借阅证"。根据我馆 OPAC（联机公共书目查询系统）统计数据，截至 2018 年 8 月 31 日，212 张家庭借阅证产生借阅总次数为 3000 余次。对于电子资源，我们通过远程登录账号管理的形式，允许学生及其家庭成员在校园网外登录我馆数字资源平台，并支持文献下载。但是通过后台数据显示，该项措施并没有取得太好的实际效果。

在资源推送过程中，我们也发现高校图书馆藏书结构与居民阅读需求存在错位。高校图书馆馆藏结构必须与专业设置相匹配，并有其特定的图书购置品类要求，往往专业性较强而普适性较差，这在很大程度上限制了图书资源推送的实际效果。

2. 开放物理空间。笔者工作的图书馆首先是与地方公共馆建立了馆际互借协议，通过与公共馆实现资源互补，来满足部分家庭读者的资源需求。其次，我们通过制作并发放"家庭悦读"邀请函。邀请学生"家庭阅读推广员"的家人参观图书馆，有效利用图书馆的资源，激发社会读者的阅读欲望。学校图书馆将每周六、周日定为"家庭悦读"接待日，由图书馆读书社团学生担任义务讲解员。

我们也努力尝试开放虚拟空间，图书馆不断加强现有数字资源的内容开发与服务供给能力，充分利用官微搭建起可使用移动设备直接访问的图书馆网站链接，图书馆购置维普掌上题库、畅想之星电子书、博看微

刊、博看有声、中国知网等网站的资源，120 种报纸和方正阿帕比图书馆及中新金桥软件通等试用资源，读者只要关注馆微并访问相应链接就可以使用。

（二）间接推进

现在我国各类高等教育在学总规模已经超过了世界平均水平。这些大学生往往是家庭阅读中最活跃的因子，而且从发展角度看，未来十年他们大多即将为人父母，成为万千个家庭的中坚，他们的阅读素养必然会统领性地、全局性地左右家庭的阅读水平。

享誉全国的"深圳读书月"推出了《深圳市阅读推广人管理办法》，阅读推广人是指个人或组织阅读机构，通过多种渠道、形式和载体向公众传播阅读理念、开展阅读指导、提升市民阅读兴趣和阅读能力的专业和业余人士。他们关注市民的阅读兴趣培养和阅读能力建设，推动他人从"爱读"走向"会读"。他们还关注阅读公平，为推动弱势群体阅读创造条件[1]。实际上，从培养效率角度来看，高校大学生更适合担任"阅读推广人"。

从技术层面来说，高校图书馆通过入馆教育、写作课程、文献检索课程、信息空间（移动图书馆、微信、微博）等形式，对大学生进行阅读技能和阅读意识的培训是完全可行的，较之于公共图书馆，这是高校图书馆得天独厚的优势。

从情感层面来讲，大量主题阅读推广活动，可以有效改善大学生对阅读的认知及对图书馆业务的理解，提高他们对阅读活动的情感认同。2015年以来，笔者所在图书馆策划了"One Student, One Family, One Book"的家庭阅读推广活动（简称 SFB 项目），目的是以大学生作为支点，以"图书馆 + 学生 + 家庭"的模式，组织了一系列家校互动主题活动，充分利用学校图书馆丰富的馆藏资源，影响和带动整个家庭参与阅读，建立起了沟通高校图书馆、学生和家庭的纽带和桥梁。活动在当年教育部图工委组织的全国高校图书馆阅读推广大赛中获得优秀奖，并参加了华中师大组织的项目展示。如今，该项目已经成为我们的一个特色品牌项目。

在倡导全民阅读的大背景下，阅读推广已成为图书馆的根本性任务之

1　张岩．图书馆家庭阅读推广 [M]．北京：朝华出版社，2017.

一，"阅读推广是图书馆的生命力"这一论断，是对阅读推广及阅读推广人的高度肯定，同时也是一种鞭策。该论断对高校图书馆阅读推广人提出了更高的要求，激励阅读推广人要以爱岗敬业的责任心，发挥阅读推广人的能力，将阅读推广可持续地进行下去。读者服务是贯穿图书馆工作的主线，是图书馆永恒的主题。随着科技的迅速发展，读者对信息的需求呈现多层次、多样化和个性化趋势。图书馆阅读推广工作需要阅读推广人不断提高服务能力，研究读者服务的发展趋势和要求，研究读者服务的方法和技巧，才能为读者提供更完善的服务，才能在高校阅读推广工作中奉献自己的力量。图书馆只有根据自身的优势，在研究读者需求的基础上，明确阅读推广的思路和途径，不断探索实现有效阅读推广的方法，才能为书香校园、书香社会做出应有的贡献。

第六章 大学生阅读素养

第一节 大学生数字阅读素养现状与提升策略

国际学生评估项目（PISA）对阅读素养的界定为：学生为实现个人目标、发展个人知识和潜能及参与社会活动，而理解、运用和反思书面材料的能力。尽管这个界定的评测对象为 15 岁左右的中学生，但是对大学生而言同样适用。该标准包括信息素养、独立学习和社会责任三个部分，以及对阅读者技能、态度、品德等方面的要求。

以上说法侧重于从技能方面分析学生的阅读素养，简单来说包括三个维度：一是获取信息的能力，即能通过阅读材料的特征、时间、背景等基本元素，迅速找到自己所需要的信息；二是分析信息的能力，即能结合自己的知识结构和既往经验，联系阅读材料中提供的不同信息，对信息进行加工处理，从而得出对文本信息的正确解释；三是运用信息的能力，即能与自己原有的知识、想法和经验相联系，充分汲取阅读材料提供的有价值信息，如可参考性、可借鉴性等。

事实上，阅读素养是知识和技能的集合体。阅读素养必备的要素应包括以下几点。

第一，阅读工具素养，即运用不同的阅读素材和信息载体的知识和能力。

首先阅读工具素养应该包括对纸质读物的甄别选择能力。仅就纸本图书来说，截至 2015 年底，全国共有出版社 583 家（包括副牌社 33 家），每年共出版图书近 50 万种，如何从浩如烟海的图书中选择适合自己的图书，没有针对性的培训是很难做好的。我们在进行大学生入馆教育时所做的随机调研显示，绝大多数学生不知道有中图分类法、全国百佳出版社等概念，对图书版本等基本常识不了解。

其次，大学生还要有对数字媒体的选择甄别能力。当今社会已经进入数字媒体时代，99%以上的大学新生持有移动数字终端，在方便移动阅读的同时，大量垃圾信息、有害信息占用了他们太多阅读时间。

我们针对学生进行的调研中有以下问题："你的网络阅读主要采取以下哪种手段进行？

A. 天涯／豆瓣／榕树下等论坛；B. 网易／搜狐／凤凰等；C. 下载 App；D. 随便看看。

大多数学生的选择是"随便看看"。可见，大学生对数字媒体的甄选能力亟待提升。

第二，阅读方法素养。阅读方法直接关乎阅读的效率，古今中外对阅读方法的研究著述颇多，也形成了许多备受推崇的阅读法，如印象法（老舍）、三步读书法（叶圣陶）、"畏友"读书法（余秋雨）、"渗透"读书法（杨振宁）、"乐趣"读书法（毛姆）等，但是调研显示，大学生除了在中学语文课外阅读中接受过阅读速度训练外，其他针对性的阅读方法培训少之又少。

不同的阅读目的所应用的阅读方法不同，大学生阅读目的不外乎以下三种：①为获取文学体验而阅读，即学生通过阅读文学性资料，探索其中的主题、事件、情节、背景、人物行为和语言；②为获取信息而阅读，即通过阅读信息性资料获得有用的信息。相关的资料通常是杂志、报纸、教科书、论文和演讲稿等；③为完成任务而阅读，即指学生通过阅读汽车或火车时刻表、课程表、地图等掌握信息，并对信息加以运用。针对以上三种阅读形式进行阅读能力评测和方法指导，在国内外都有大量尝试，可资借鉴的范例也非常多。

第三，信息素养。主要是指学生对所需信息进行选择、评测、获取、加工、存储、应用的能力。包括：①工具素养（掌握和使用信息技术工具的能力）；②资源素养（掌握信息资源的形式和访问方法的能力，如文献检索）；③社会结构素养（掌握信息产生和社会意义的能力）；④调查研究素养；⑤出版素养（交流和发布信息的能力）；⑥新技术素养（掌握新的 IT 技术发展的能力）；⑦评论素养。

作为阅读素养的重要组成部分，信息素养教育对大学生的意义远远超出了狭义的阅读活动，它对大学生整体的学习、生活乃至终身发展意义深远。

一、数字阅读素养的理论基础、内涵与结构分析

（一）数字阅读素养理论基础分析

1. 个人信息世界理论。个人信息世界是中国著名图书馆学家于良芝先生提出的图书情报学概念，旨在解释信息不平等和信息贫困的发生。个人信息世界是作为信息主体的个人，或者，它是个人生活世界的一个领域。在这里，个人作为一个信息主体的经历和体验可以展开、丰富、积累。其地位由内容、动力和边界三个主要元素定义。个人信息世界的内容元素指的是信息主体活动的主题，包括各种类型的信息来源、信息和信息资产。信息世界的发展和变化的基本动力是感性和有目的的信息实践。边界用于界定个人信息世界的范围并确定其大小。个人信息世界由三个维度组成：空间、时间和智慧复杂性。其中空间是指有意识的信息活动（即感知和有目的的信息实践活动）发生的地方，如家庭、图书馆、博物馆、书店、教室或培训场地、报告厅、实验室等；个人信息世界的时间界限是指个人在日常生活和工作中有意识地分配给信息活动的时间；智力复杂性指的是个人信息活动可以实现的智力水平和知识水平。在认知心理学中，最接近的概念是"智力能力"，即在特定的时间内，个人获得的认知技能总和。

如果个人信息世界是由内容、边界和动力这三个基本要素所组成的，那么它就可以被空间、时间和智力知识三个边界定义。在这里，信息主体通过信息实践从物质世界、客观知识世界、主观精神世界的信息源中获取信息，获取信息效用，积累信息资产。

个人信息世界理论对本研究的启示即是在利用时间、空间、智力的范围内，图书馆指导读者进行数字阅读资源的积累，获取数字信息的效用。数字阅读行为本身就是阅读主体通过阅读媒介作用于阅读客体的过程，大学生作为阅读主体，同样也是信息主体，开展数字阅读的过程就是依据经历和体验，有意识地去进行信息活动，包括地点和时间的选择。

2. 关联主义理论。关联理论是互联网时代的学习理论。它是由加拿大马尼托巴红河学院的老师乔治·西蒙斯（George Siemens）提出的。理论的核心范畴包括节点、关系、联结和网络。关联主义认为，学习不再是个体的内部活动，知识不再以线性模型获得，学习（定义为动态的知识）不仅发生在学习者内部，还发生在学习者本身之外的社区或数据库中，学习是连接专业节点或信息源的过程，每个人只能拥有部分知识。学习不仅是一个人的内部和独立活动，而且是一个缔结社交知识网络的过程。因此，"了解更多"的能力比自己的知识库更重要。知识以不同的视角存在，知识也存在于技术上。为了培养"更多了解"的能力，我们必须善于发现不同概念、不同节点和不同网络之间的相互关系，并学会培养和创造这种联系。

数字阅读以数字化设备为载体，早已不是简单的线性模式，关联理论给予本研究的指导即是读者要提升数字阅读素养，从数字阅读过程中受益，一定要重视所阅读数字资源之外的知识，要注重数字化提供的便利条件，积极从网络上去链接更多知识节点，多重学习，更多地获取信息，创建属于自己的个性化知识网络。

3. 元认知理论。元认知简单来讲就是对认知的认识。这个概念最早由斯坦福大学著名心理学家弗拉维尔于 1976 年提出。他将元认知定义为反映或调节认知活动的任何方面的知识或认知活动，并指出通过元认知知识、元认知体验、目标或任务、行为或策略及它们之间的相互作用来监视各种认知活动。在中国，学者董奇将弗拉维尔的学说发展为元认知的三元理论，即元认知成分可以分为元认知知识、元认知体验和元认知监控三个元素，元认知对阅读能力有不可估量的影响。

对数字阅读素养的研究需要借助元认知理论的核心内容，数字阅读作为一项认知活动，读者必须对这项活动的本身有所了解，并且在整个过程中不断地调节、修正对数字阅读活动的认识，这种利用策略、目标等来完善数字阅读活动的行为正是我们所研究的数字阅读素养。所以，元认知理论对数字阅读素养的研究有重要的帮助，通过元认知研究数字阅读有助于读者提高数字阅读能力。

（二）数字阅读素养相关概念的梳理与分析

1. 数字阅读。数字阅读起源于网络阅读、电子阅读、屏幕阅读、移动阅读等，随着技术的发展这些概念在一定程度上有所交叉，综合国内外相关学者使用的概念，有学者认为，数字阅读这个概念是较为合适、恰当的概念，数字阅读包括网络阅读和移动阅读在内的所有屏幕阅读。数字阅读相对于传统阅读，阅读的本质并没有改变。具体来说，传统阅读是从印刷或书写符号中获得意义，而数字阅读则是从数字符号中取得意义。从内容上来讲，数字阅读呈现的是以数字方式、语言符号为主的文本。另外，数字阅读是需要依赖数字设备，例如计算机、手机、电子阅读器等显示介质才能进行的一项阅读行为。虽然阅读本质没有变，但其内容的呈现方式和传播的介质已经改变。总的来说，数字阅读是指阅读的数字化，是在数字环境下进行的阅读活动，有学者称其为数字化阅读，是想要突出演变的状态。根据数字阅读的定义，柯平归纳出数字阅读的两个特点：载体依赖性和技术依赖性。前者是指数字载体和移动终端作为依托从而实现多媒体文本的呈现和传递，也正是这种依赖性，造就了多种载体的数字阅读类型。后者旨在说明数字阅读对技术的依赖性，要借助技术设备和电、光等充分必要条件，来确保数字阅读的顺利进行。正因为数字阅读具有数字化、媒体化、动态化、交互化的特点，才延伸出具有鲜明数字阅读时代特点的数字阅读素养。

综上所述，本研究中数字阅读采用这种定义：依靠各种数字平台或移动终端，以数字形式获取知识与信息或传递认知的一种阅读活动和文化现象。它主要有两层含义：一层是阅读对象的数字化，如电子书、网页等；另一层是阅读方式的数字化，如手机阅读、电子阅读器阅读等。由于阅读文化的存在，数字阅读作为数字信息时代背景下的一种新的阅读方式，具有鲜明的新文化特征，数字阅读自然成为社会大众以阅读为中心的一种文化现象。

2. 阅读素养。关于阅读素养的定义，多数学者是从传统阅读及语文阅读角度来定义的。罗士琰认为，阅读素养是指个体运用识、记、读、说、思、写等方式对阅读材料进行阅读感知、阅读理解、阅读评鉴和阅读表达时需要具备的知识、能力及品格的综合表现。通过阅读，个体可以获取阅读知识、掌握阅读技能、享受阅读乐趣，从而运用阅读信息或知识解决实际问题，为未来的生活与学习打下基础。PISA（国际学生评估项目）对阅读素养的概念界定沿用 2015 年的阅读框架，即"阅读素养是对书写文本的理解、运用和反思，对阅读活动的情感和行为投入，其目的在于实现个人目标，发展知识和潜能，参与社会"。PISA2018 为阅读素养定义增加"评价"，删除"纸质文本"限定词，认为阅读素养是为达到个人目标，增长知识和发展个人潜能及参与社会活动而对文本的理解、使用、评价、反思和参与的能力。这一改变说明数字阅读素养被正式纳入阅读素养测评，并且 PISA2018 将阅读素养测试维度调整为阅读情境、阅读文本和阅读策略，其中阅读情境包含阅读目的、阅读动机及出于某一方面的阅读需要等意思，PISA 认为阅读活动一般包括四个阅读情境：为个人用途而阅读（个人的）、为公共用途而阅读（公共的）、为工作而阅读（职业的）、为教育而阅读（教育的），这也对数字阅读素养的研究提供了依据。关于 PISA2018 对阅读素养定义的变化，我们可以从三个层面来解读：一是阅读目的不再是"增长知识，发挥潜能"，而是延伸至"实现个人目标，并参与社会"；二是阅读不仅是对阅读材料的"理解、运用和反思"，更要"评价"并参与到阅读活动中；三是阅读材料不再局限于传统的纸质文本，而是涵盖一切可读、可视、可听的文本。以 PISA 为代表的国际组织，PIRLS（国际阅读素养进展研究项目）和 NAEP（美国国家教育进展评估）三者均将阅读作为实现个体目标的工具，如学习、参与社会、愉悦身心；均强调个体与文本（环境）的互动能力和个体从文本（环境）中建构意义的能力，根据文本（环境）的变换调整自己的认识和行为，用文本中获取的知识解决现实生活中的问题。综上所述，学者认为阅读素养是指基于实现个人目标和参与社会为目的，对阅读文本进行阅读感知、阅读理解、阅读评鉴、阅读表达和阅读创造所需具备的知识、能力及品格的综合能力。秦殿启将阅读素养整理为一系列要素相结合而形成的统一有机体，是一个包含阅读理论、阅读资源、阅读途径、阅读方法、解读能力、阅读兴趣、阅读伦理、阅读审美等要素的动态系统。

3. 数字素养。数字素养这一概念最早由以色列学者约拉姆·埃谢特 – 阿尔卡莱（Yoram Eshet-Alkalai）提出，他认为数字素养包括能够理解视觉图形、整合已有信息、驾驭超媒体，以及识别共享知识的能力。他以此构建的素养框架包含以下五个要素："图片－图像素养""再生产素养""分支素养""信息素养""社会－情感素养"。2006年，数字素养被欧盟列为8大核心素养之一，而后欧盟将其广义地定义为"个体在工作、就业、学习、休闲及社会参与中，自信、批判和创新性使用信息技术的能力"，并强调人们在检索、获取、存储、制作、展示和交换信息的基础上，进行网络交互和合作的能力。最新发布的《数字素养：NMC地平线项目战略简报》从高等教育领导层面通过定义一组数字素养模型达成高等教育界对数字素养的共识，该模型涵盖三个维度：一是通识素养，即熟练使用基本数字化工具（包括办公自动化软件、图像处理软件、云内容和云应用、网页内容编辑工具等）的能力；二是创新素养，即在通识素养的基础上掌握一些具有挑战性技能（如音视频创建与编辑、动画制作、编程、电脑硬件设备知识、数字公民和知识产权知识）进而开展创新活动的能力；三是跨学科素养，具体指能够融合不同学科和不同学习情境中的课程的能力。2017年国际图联在《关于数字素养的宣言》中也提到数字素养需要具备信息素养和媒介素养，并且国际图联提出了一个结果导向的定义：数字素养主要是指控制和利用数字工具的能力，具备数字素养意味着可以在高效、有效、合理的情况下最大限度地利用科学技术，以满足个人、社会和专业领域的信息需求。我国学者黄梅认为，数字素养的内涵应包括获取数字信息的能力、进行数字交流的能力、创建数字内容的能力、提升数字安全的能力、解决数字问题的能力。因此，数字素养是经过媒体素养、计算机素养、网络素养等多种信息素养交叉融合后所形成的重要能力，它是个体的"数字时代的生存技能"，也是"信息社会的重要资产"。

4.数字阅读素养。数字阅读素养是在数字背景大环境下随着数字阅读行为日益加深的基础上提出的，是一种与时代发展相适应的新的素养要求。一方面，数字阅读素养是在数字阅读背景下，随着信息素养、媒介素养、数字素养的发展而提出的一种素养。我国学者王佑镁认为数字素养的概念在不断发展，它是经过诸如媒介素养、信息素养、网络素养等形成的；另一方面，数字媒介素养与信息素养有相互重叠的部分，例如，它们都包含一定的技术元素，掌握一定的网络技术，还需要一定的法律和伦理知识等。数字阅读素养是在数字素养、信息素养、媒介素养相互结合的基础上与阅读素养相交叉的部分，它是在数字背景下进行阅读时所延伸出来的一种素养，比起数字素养、信息素养、媒介素养，它们对技术能力的倾向更强，数字阅读素养增添了关于阅读方面的专业素养，对在数字环境下进行阅读的情况更有针对性，因此，总结信息素养、媒介素养、数字素养的比较成熟的概念，借鉴媒介素养和阅读素养及信息素养的定义和它们的共同点，形成具有鲜明特征的素养内涵。数字阅读离不开媒介及各种数字技术，所以，本文对数字阅读素养这样定义：在数字背景下，阅读者为积极适应时代和社会发展需要所表现出的在利用数字化平台或移动终端定位、获取、阅读和传递、反思和评价、管理与创造多种形式阅读资源时所具备的知识、能力和文化的综合素养。

综上所述，数字阅读素养概念的界定来源于对数字素养、媒介素养、信息素养相关概念的梳理，并在此基础上结合了数字阅读的特性。

（三）数字阅读素养的结构分析

通过以上的概念梳理，我们可以知道数字阅读素养来源于数字素养和阅读素养，因此，在分析数字阅读素养结构之前，我们应先了解相关素养的结构构成，以便提供理论上的支持。

通过查阅文献，除最早提出数字素养的以色列学者给出的定义为我们提供了框架思路之外，欧盟于 2011 年实施的"数字素养项目"建立了数字素养框架，框架包括信息域、交流域、内容创建域、安全意识域和问题解决域五个"素养领域"，呈现一种多维立体结构，具有多元适用性。

要想总结归纳数字阅读素养的结构还需要了解现有研究对数字阅读素养的结构已有梳理：杨晓兰认为，数字化阅读素养的内容结构由三大领域（工具性知识技能、高级知识技能、情感态度）、两种工具性知识技能（操作性知识技能、网络相关类知识技能）、四种高级知识技能（获取定位、整合解释、反思评价、参与创造）、四种情感态度（批判性、创新性、自主性、责任感）构成。王健则认为，良好的数字化阅读素养体现在遵守数字信息的有关法规，掌握数字化阅读的基本操作技能，合法运用各种新媒介，知晓计算机和网络以外的其他信息技术知识，能够主动地传播健康文明上网的理念等要素。国际经济合作与发展组织（OECD）从以下五个方面来评估学生的数字阅读素养，分别为：检索信息、形成广泛的理解、发展自己的诠释、反思和评价文本内容，以及反思和评价文本形式。

深圳图书馆主编的数字阅读导航一书中，将数字阅读素养分为三个层面：意识层面、知识层面、技能层面，具体来说就是明确的数字阅读需求，知道自己需要阅读什么。掌握数字阅读知识，搜寻与获取数字阅读资源、分析和评判数字阅读的相关信息、有效地利用数字阅读资源并创造新的内容、遵守数字阅读的道德规范。胡甜在杨晓兰学者提出的数字化阅读素养内容结构模型的基础上，从数字化阅读背景知识、数字化阅读能力、元认知能力、数字化阅读情感态度价值观四个维度来构建个体数字化阅读素养内容结构体系。

1. 数字阅读知识。数字阅读知识主要指的是主体对数字技术知识、数字资源知识、数字设备知识和数字阅读基本内容的整体了解和把握情况。数字技术知识一方面是对当前网络技术和新媒体技术的发展状态的整体了解，以及对电脑和以手机、平板电脑、电子书阅读器等数字移动设备的基本认知，另一方面需要读者能熟知在这些设备上进行数字阅读所需使用的阅读软件和操作方法；数字资源知识是指对数字资源本身有一个总体了解，知道数字资源的分类和形式，以及获取渠道等，例如学习类阅读资源和生活类阅读资源、付费阅读资源和免费阅读资源、在线阅读和离线下载阅读等。另外，数字阅读知识还包括读者自身的阅读知识储备，例如，对某电子书的写作历史、作者背景等的了解。同时，能够清楚地知晓数字阅读相较于传统阅读的优劣势，认可数字阅读作为阅读形式的事实，并且能够独立完成使用数字阅读设备联网或者离线进行阅读。作为数字阅读的基础，数字阅读知识是进行数字阅读的充分条件，拥有扎实的数字阅读知识，会助力数字阅读整个过程，促进数字阅读意识和数字阅读能力的养成。一个具备数字阅读知识的读者，是具备运用数字技术和网络，搭载数字设备开展数字阅读能力的，是能够清晰地认识到数字阅读优点的。

2. 数字阅读意识。数字阅读意识是指能够认识到数字阅读对个人生活、学习、工作的重要性，以正确的态度对待数字阅读这一现代化阅读方式，能够明确数字阅读的目的并合理利用数字阅读便利和丰富的特点来提升自我或解决实际问题；能够明确自身潜在的数字阅读需求，知道自己想要阅读什么，开展数字阅读的时候带有一定的目的性并能够积极地寻找数字资源；对于数字工具能够有意识地根据各类工具的特点使用它们进行数字阅读，主动地利用数字设备进行数字阅读，包括数字阅读动机、数字阅读需求和数字阅读情感。数字阅读动机作为数字阅读活动的主观目的，能够有效推动数字阅读顺利开展并进行维持，数字阅读动机是多种多样的，诸如：社会交往、情感抒发、知识获取、个人修养、阅读兴趣等。数字阅读需求是指数字阅读主体能够明确自身阅读偏好，具体表现为数字阅读的具体主题和具体形式，通过数字阅读，读者的阅读需求能够得到满足，能够找到符合自身阅读偏好的主题内容和形式。大学生数字阅读的常见主题有：新闻资讯（包括娱乐、体育等）、文学著作、报纸杂志、专业图书、考试复习资料、学术论文等，常见的阅读形式包括文字、图片、视频等多样化的呈现形式。数字阅读情感则是指读者对待数字阅读的态度、意愿和兴趣。具体表现为读者愿意将数字阅读作为课外阅读的首选，并对数字阅读的前景持乐观态度，能够认识到数字阅读是未来的一种趋势，同时对数字阅读有一定的兴趣。因此，数字阅读意识也是成功开展数字阅读的驱动力。

3.数字阅读能力。数字阅读能力是指主体能够对所需的硬件和软件设备的熟练操作技能，能对数字资源进行检索、获取、分析、运用、交流、创造等；同时，数字阅读是主体与客体相互作用的过程，由于数字阅读的特殊性，阅读主体阅读时应该配合一定的阅读方法和技巧，其中传统阅读中的方法有的可以直接迁移过来，有的则需要适应数字阅读的个性化特点配合使用。对于数字阅读技能的掌握表现在读者能够运用合理恰当的工具定位检索到特定的数字阅读资源，并通过下载、收藏等方式保存数字阅读资源，在通过数字阅读方式获取信息的时候能够准确掌握关键性内容；能够以一种客观的角度来评价所读内容，并能将所学内容运用到生活学习中去；在充分考虑数字阅读特点的基础上，能够有效地利用数字化平台进行创作或者分享交流、评论等加深阅读效果。除了必要的数字阅读技能，数字阅读能力还包括阅读主体的元认知能力，即在数字阅读活动中阅读主体能够对自己的认知方式和认知过程进行及时的监控和调整，具体到数字阅读过程中就是能够合理地运用数字阅读策略和技巧控制数字阅读过程并对个人知识进行管理。在进行个人阅读时，主体可以依据不同阅读目的选择不同的阅读方法、阅读地点或阅读设备。借助阅读方法和策略让数字阅读更有效地服务于主体的各个方面，满足多样化的需求。

4.数字阅读伦理。数字阅读伦理包括数字阅读道德和数字阅读审美两个方面，主要是指阅读主体能以正确的思想进行数字阅读，具有一定的审美能力和判别读物的能力。主观层面上，主体能自觉抵制发达的网络技术所传播的负面信息，抵制不良网页，预防网络风险，自觉保护用户隐私，遵守网络道德规范，合法进行数字阅读并共享信息，尊重他人的知识产权。同时，主体应能严格控制上网时间，杜绝沉迷网络，避免对身心带来伤害，合理分配时间和精力，争取高效完成阅读目的，在网络浪潮中把握好自己，主动传播文明上网的健康理念。客体层面上，主体要积极追求有价值的阅读资源，提升阅读的品质，网络资源鱼龙混杂，主体要有正确的数字阅读取向，积极向上的阅读追求，用较高的标准和品位选择数字阅读内容，理性、认真地思考数字阅读为主体带来的价值，提高对阅读信息的辨识力。数字阅读伦理应贯穿数字阅读行为始终。

总之，数字阅读素养是一种可以从主体角度获得和提高的素养，是当代大学生及青少年必备的一种素质。一个具备良好数字阅读素养的大学生，应该掌握适量的数字阅读知识作为基础，还要有敏锐的数字阅读嗅觉来识别潜在的阅读需求和数字阅读机会，还应具备检索和获取数字阅读资源的技术，以及分析评价数字阅读信息、利用数字阅读信息解决现实问题的技能手段和方法。当然，主动遵守数字阅读道德规范应始终伴随数字阅读过程始末，这也契合当代大学生人生观和价值观的道德伦理要求。在社会转型与信息技术快速发展的背景下，数字阅读已成为公众进行阅读的主要渠道。然而，当数字阅读的普及速度超过数字阅读素养的储备时，数字阅读的负面影响就会凸显。信息时代改变了人们以往的阅读内容，也更新了大学生的阅读方式。在数字阅读大势所趋的形势下，我们无法避免数字阅读带来的负面影响，但可以根据自身调整来强化新的大脑神经，去适应数字阅读的一些信息加工行为，人类思维在被新的阅读方式改变的同时，也在更新着阅读能力和阅读方式。面对已经习惯数字阅读的大学生群体，仅仅呼吁和倡导阅读是远远不够的，我们更应该去培养他们的数字阅读素养。伴随着网络的发展和数字阅读行为的不断演进，数字阅读素养势必成为当代大学生必备的素养，调查当代大学生数字阅读素养的现状问题并提出优化策略，能让学生在数字资源的获取、阅读、管理、学习与交流的过程中，掌握数字阅读知识、提高数字阅读能力、增强数字阅读意识、内化数字阅读伦理，使大学生发展成适应数字化时代要求的、具备良好数字阅读素养的公民。

数字阅读素养在数字化时代是自主学习的基本条件和一个人学会学习的重要标识，大学时代是学生自主学习的黄金期，大学生更需要注重对数字阅读素养的重视和提高。有的学者认为：想要从数字时代和铺天盖地的数字阅读资源中受益要面临三个问题：第一，如何保障大学生随时有权使用信息技术访问数字阅读资源；第二，大学生能否自由使用所需要的数字阅读资源；第三，如何培养大学生成为有数字阅读素养的群体。这种群体将推动文明社会的建设，并提升人才的竞争力。

二、提升大学生数字阅读素养的策略

通过以上调查可知，在信息化大潮的影响下，数字阅读已渗透到大学生生活和学习的各个环节之中，不可避免地被大学生频繁地使用。当阅读方式随科技进步和时代发展的脚步更新时，我们要做的不是去回避它，而是应该努力地适应并合理运用它。况且数字阅读并没有改变阅读的本质，而是带给读者一场新颖的多方位的阅读媒介的形式变革，所以，如何优化数字阅读，革新高校对大学生数字阅读的认知和研究，提升大学生数字阅读素养的水平是当下研究的重点。根据大学生数字阅读素养问题的成因分析，本文认为可以从环境、专题教育及大学生自身的角度提升大学生的数字阅读素养。

（一）创建良好的数字阅读环境，推动数字阅读进程

我国大学生的数字阅读素养水平，从根本上来看，取决于我国的数字化社会环境。加快我国的数字化进程，是提高大学生数字阅读素养水平的前提。基础信息设施的建设、信息技术的不断提高和数字设备的更新优化，是数字阅读顺利开展的硬件条件，也是提高数字阅读素养的基础保障。

1.加快数字基础设施建设，提供数字阅读保障。数字基础设施是数字阅读的物质载体和传播介质，想要提升数字阅读素养，应该建设完善的数字基础设施为数字阅读素养提供基础保障。首先，高校应加强数字阅读空间建设，探索建设数字化创新与学术事业中心，通过打造深度数字阅读的空间为数字阅读提供良好的数字阅读环境。如美国的石溪大学做了诸多有

益的尝试，从空间改造、技术融合等角度打造了促进学生学习的"数字化创新和学术事业中心"；其次，加强数字阅读平台与工具的沉浸化设计。采用虚拟现实技术、增强虚拟现实技术、混合虚拟技术等新技术，提升数字阅读工具的沉浸性。例如，在图书馆数字资源中，引入 3D 头盔等硬件技术与虚拟现实技术，制作逼真的阅读资源，营造舒适的阅读场景。

2. 推广数字校园，营造数字阅读环境。数字校园的建设是如今也是今后高校改革的重要方向，具体是指利用当前的信息化数字化的条件对高校日常教学和科研，以及生活服务类信息进行全面数字化升级，实现当前校园与数字化的成功接轨，便于全部资源的整合集成管理，达到最大限度的资源共享。对于数字校园的建设，学校不光要提供便利的硬件条件，更要推动大学生使用数字设备助力数字阅读和学习，实现无处不在的数字阅读。其中，一些常用数据库已然成为数字校园很重要的内容支撑。但大部分学生根本不了解这些资源的存在，即使最后毕业需要时，也不能具备获取相关资源的素养知识。因此，高校应该加强对数字阅读资源的宣传推广，学校可以通过举办专题讲座的形式介绍数字阅读资源的分类及获取方式等，同时，可以将大学生常用的数字阅读资源分门别类地通过学校图书馆的"两微一端"向学生推送图文并茂的文章，让大学生充分知晓数字化生活尤其是数字阅读带给我们的种种便利条件；学校也可以利用网络开展一些打卡阅读活动并给予奖励，激励学生们高效利用这些数字资源，为他们营造一个优质的数字阅读环境。

3. 引进先进数字技术和经验，优化数字阅读体验。对于如何提高公民的数字阅读素养，国外的做法通常是从改进信息传播技术以提高技术的舒适度和适用性的角度来实现的。数字阅读在国外推行之初，因其载体属于硬件设备，其阅读体验不如纸质阅读来得舒适，也无法随意对阅读内容进行批注而遭到人们的质疑，甚至抵制。为此，国内外针对批注问题都进行了研究：一方面，国外率先开始研究数字批注等系统，使数字阅读兼具纸质阅读的优势；另一方面，国内学者柴阳丽等人也已经基于深阅读对社会化批注的相关问题开展实证研究。使用社会化批注这一手段，将会让数字阅读更加深入，并且数字阅读体验也会更佳。无论是国内还是国外的技术和经验，只要有益于数字阅读的发展，学校都应该第一时间进行考证并学习，学习先进的经验对于构建良好的数字阅读环境尤为重要。

4.建立健全数字阅读监管制度，重视数字阅读安全。如阅读动机模糊、数字阅读审美的有待改善、数字阅读中缺乏道德和安全意识等问题出现的一个重要原因就是缺乏健全的监管制度。因此，提升大学生的数字阅读素养，国家还应建立健全数字阅读监管制度。首先，政府应统筹规划城市数字网络信息体系，规范和建设网络信任体系，构建以"实名制"为基础的网络体系，网站创建者在发布网站前应当予以实名，在网站出现不良、不实信息或数字资源时予以责任追究；其次，网站管理者应当加强对网络数字信息具体内容的把关作用，创造健康的数字网络环境。同时，相关部门应该拓宽监督举报渠道，使数字阅读用户在受到不良信息影响时能够及时反馈。对于数字阅读素养的提升，必须给予个人信息安全更多的关注和保护。

（二）开设专题教育，增强数字阅读能力

高校是大学生长期生活和学习的地方，校园的文化氛围、校园里的生活方式和学习方式都会对大学生产生影响，在数字阅读上也不例外。高校应该充分利用先进的网络技术和自身优势，借助新媒体打造具有特色的高校网络平台，使学生读者能够更加便捷地访问数字阅读平台，畅游于高校推荐的优秀资源中，真正享受到高校推广数字阅读资源的红利，在高校的科学引导下放心开展数字阅读，提升数字阅读素养。

1.开设数字阅读专题课程，优化大学生数字时代的知识结构。数字阅读素养是生活在数字时代的大学生的必备素养之一，它是大学生知识结构的重要组成部分，为此，学校应开设数字阅读素养的专题课程，将数字阅读内容的学习纳入大学生整体的学习结构中，通过课程的学习将数字阅读素养内容内化于心、外化于行。高校可以将数字阅读素养的学习内容根据不同年级、不同层次进行划分，例如，针对大一学生高校可以开设基础的数字阅读知识课程，使其对数字设备和数字阅读有一个全面系统的了解；对大二学生，学校可以结合不同学科开设数字阅读技能的相关课程并配合相应的测试，让大学生能够学以致用，督促大学生建立个性化、自主化的阅读学习方式，培养学生的知识管理能力，从而全面提升学习效率，提升数字化阅读能力，取得数字阅读素养和学科成绩的双丰收；高年级的学生则是学习如何准确识别自身对数字阅读的需求、如何正确辨别所读数字资

源的价值并提高其吸收再创作能力。例如，电子科技大学开设"大学生阅读素养"公选课，培养大学生阅读兴趣，同时还借助书香成电、博看期刊等数字阅读平台为课程开展提供资源支撑。另外，高校在开展数字阅读相关课程的同时还可以利用微信、微博等新媒体，加强对相关知识的宣传推广。目前已有高校在自己的微信公众号上开设数字阅读专栏，定期向学生推送数字阅读小知识，学生还能通过微信互动留言获得更多自己感兴趣的内容，这不仅能够给大学生提升数字阅读素养增添动力，还对优化数字时代学生的知识结构大有裨益。

2. 发挥图书馆优势，提升大学生对数字读物的甄选能力。高校图书馆馆藏丰富，且随着数字技术的发展，多数高校图书馆都有自己的数字图书馆。高校图书馆应该发挥自己在书目、文献等数字资源选取方面的优势，在数字图书馆中开设专栏，为学生推荐优秀的数字读物或网络链接。这在一定程度上能避免学生不知道读什么而随意选择读物的情况，还能向学生普及什么样的读物才是优秀的数字读物，进而提高学生对数字读物的甄选能力。另外，图书馆应提升免费电子阅览室的服务质量，为学生的数字化阅读提供平台。

与此同时，高校图书馆可以为学生的数字阅读提供检索技能培训，图书馆员也可以发挥他们的优势，指导大学生读者使用正确的检索语言和检索技巧，更准确地检索到其所需的数字资源并判断其价值。与此同时，图书馆员可以利用每年新生开学教育的机会开展提升数字阅读素养相关专题讲座，提供常用数字资源的分类和检索技能的培训。除此之外，高校图书馆可以发挥大数据的优势，通过对在校大学生借书记录及咨询记录的分析，进行精准的数字资源推送，满足大学生的个性化阅读需求。图书馆也可以协同各学科教师利用网络平台对数字资源进行筛选、整理后再提供给学生，以主题分类的形式有针对性地拓展内容，从而提高学生的阅读质量和效率。

（三）利用数字阅读工具改善阅读效果，培养良好阅读习惯

大学生作为数字阅读的主体应该主动增强对数字阅读相关知识的学习意识，践行数字阅读相关实践，最大限度使用数字化工具，主动养成良好的数字阅读习惯，从而提升自身的数字阅读素养。

1.利用数字阅读工具，增加数字阅读效果。在数字阅读资源的收集阶段，大学生可以采用一些收趣类 App 保留住碎片化的内容。不论是朋友圈、微博、知乎等软件的好文章，还是语音、照片等资源都可以收藏起来，大学生可以建立自己专属的收藏夹，在空闲时间进行阅读。在数字阅读资源的整理阶段，可以将收集并且看过的知识利用数字化工具来整理，使其能够成为学生独有的知识宝藏，形成个人阅读的内容体系，增强数字阅读的效果。记笔记是阅读的一项重要辅助工具，甚至可以说是一种学习方式。在数字阅读中，大学生也可以根据自身偏好选择电子笔记方式辅助阅读，例如：幕布 App 是一种清单软件，界面比较简单，能够让大学生借助大纲的形式更好地整理阅读思路；X-Mind 思维导图 App 也是一款较为简洁的思维导图绘制工具，将知识体系化一直是对知识整理的一种思路。在储存阶段，以印象笔记 App 为代表的知识管理软件，能够让学生在进行数字阅读的时候可以很好地将所有需要记住的文件、资料、笔记、文章等都收纳起来，给予一定的标签化管理。通过使用这一系列的数字化工具，在数字阅读中，大学生的知识结构和体系会更加完善清晰。

2.优化阅读过程，培养数字阅读习惯。随着互联网技术的迅猛发展、移动智能化设备的普及，数字阅读已经成为一种广泛存在的现象。但是，不少大学生对数字阅读的态度和进行数字阅读的目的等情感认知却令人担忧。例如，有的大学生上课的时候不注意认真听讲，针对课堂上老师的提问首先不是独立思考，而是顺手就通过网络寻求相关内容的解答。直接接受来源于网络的答案，而不深究答案的正确性及追根溯源。值得引起注意的是，这种毫无意义的数字阅读现象时有发生。大学生已经具备独立的思考和辨别能力，面对数字阅读，大学生首先应该端正对数字阅读的态度，明确数字阅读的目的，通过备忘录、倒计时、提醒表等提醒工具合理制订数字阅读计划，而不是被大量的娱乐内容等牵着鼻子走，数字阅读不应该是由一个链接无休止地跳到无数个链接。在确定数字阅读的内容之后，大学生可以通过效仿微信、微博上为鼓励读书而涌现的熊猫书院、有书共享等公众号，将自己所要阅读的书目分章节、分时间安排好任务，每天按时按点地完成阅读任务。大学生的数字阅读习惯虽然面临很多网络诱惑，但是类似这样的工具，能够很好地提醒大学生及时完成每天的阅读任务，养成良好的阅读习惯。

（四）重视元认知能力，调整阅读过程

数字阅读本身是通过获取数字化符号完成意义构建的一种阅读行为，元认知则是个人在对数字阅读的认知过程的自我反省、自我控制和自我调节。元认知对于数字阅读能力的影响巨大，通过元认知来调整阅读过程，有助于读者提高数字阅读水平。

良好的数字阅读元认知能力要求个人不仅能运用现有知识吸收数字内容，并且能够不断修正自己的认识过程和认知方法，以此达到全面掌控获取信息的过程，进而反复完善阅读策略，积极主动地去构建新的知识体系，从而使数字阅读的效果得到有效提升。具体来讲，大学生的数字化阅读元认知指的是大学生能够在数字化阅读活动中及时地监控和调整自己的认知方式和认知过程，并不断地改善阅读策略，从而提升自己的数字阅读效果。比如，大学生可以多任务并行化读书，将数字阅读纳入日常生活。或者可以做可视化的阅读计划，把数字阅读的任务列出清单，明确阅读时间、阅读内容和阅读地点。也可以每天拿出一段空闲时间让自己沉浸在数字阅读中，用计时器计时，参加阅读马拉松活动。另外，大学生可以自由设定阅读界面，实现个性化阅读。针对数字阅读中"迷航"现象，可以利用一些标签性的功能合理规避，比如，记录阅读历史、标签标注等功能。除此之外，合理利用一些平台的听视觉阅读，例如喜马拉雅 App，也能够加深阅读效果。

同时，阅读者对元认知知识的掌握也会影响数字阅读效果。元认知知识一方面包括对读者自身的认知，即不同阅读者之间的差异和不同层次的认知方式，这会指导阅读者根据自身的适应能力来选择不同的阅读材料和阅读内容；另一方面包括对数字阅读策略的认知，比如，利用哪种方法能够更好地达到此次阅读的目的，哪种方法能更好地理解此段材料等。合理使用对应的策略能够使数字阅读事半功倍。例如，大学生可以根据数字阅读的内容和任务目标来选择速读、泛读还是精读；也可以通过一步步检索和筛选数字资源来确定最终需要精读的内容；还可以通过检视阅读法，对阅读资源的：书名、序言、目录、索引、出版者介绍、与主题有关的篇章等进行大致的了解，从而更加有针对性、准确地选择自己想阅读的数字资源，并在阅读过程中不断修正自己的目的。在整个数字阅读过程中，大学生还要用元认知对数字阅读活动进行监测和调节，这样即使从一个链接跳到另一个链接，阅读者也能迅速依据自己的阅读目的快速做出取舍。一个具备数字阅读元认知能力的阅读者能够善于利用网络工具和选择阅读方法达到阅读目的，而不是沉浸在网络世界的各种诱惑中。

第二节 大学生数字化阅读素养发展的影响因素

通过文献资料整理发现，分析探讨数字化阅读素养影响因素的相关研究，大致可从宏观和微观两个角度入手。从宏观角度来看，有学者从PIRLS阅读素养测评项目中发现，学校的地理位置、资源、校风等学校因素，阅读活动课程、校本教师培训课程等课程因素，教师指导、阅读教学政策等教学政策，家庭教育资源、家长阅读习惯和态度等家庭因素，均是影响学生阅读素养提升的重要因素。也有研究表明，家长职业与受教育程度、家庭拥有物、父母参与度均会对学生阅读素养的形成与发展产生作用。这些研究说明影响学生阅读素养提高的外部因素不可忽略。而本研究则从微观角度来探析大学生数字化阅读素养的影响因素，因此，我们将重点通过基于技术接受理论模型，结合阅读动机、自我效能感、阅读投入、感知风险等理论对影响数字化阅读素养发展的因素进行综述。

1. 技术接受模型。技术接受模型（Technology Acceptance Model，简称TAM）是戴维斯（Davis）于1986年以用户对信息系统和信息技术的接受度为研究对象，运用理性行为理论、期望理论模型、自我效能理论等相关理论提出的一个模型。该模型中感知有用性和感知易用性是决定人们使用态度的两个关键性因素。其中，感知有用性是指用户认为使用某种技术或系统有助于他工作绩效提升的主观判断，即用户感知他所采用的技术越有益于工作绩效的提升，他使用技术的态度就越强烈；感知易用性是指用户感知使用某种技术越容易实现目标，那么他采用技术的态度就越强烈。使用态度和使用意图反映了一个人使用技术的主观感受和意愿程度；使用行为就是人们实际采纳某种技术的行为。而外生变量是指可能影响一个人采用某种技术的其他直接或间接因素。另外，TAM还认为，用户感知采用某种技术越容易，他就会认为这种技术越有用，使用它的意愿就越强烈。

后来，戴维斯等人又运用动机理论解释了用户使用电脑的动机是由他们感知电脑的有用性和愉悦性决定的感知有用性作为一种外部动机，强调的是人们感知到使用技术可获得除了采用本身之外更有价值的效果；感知愉悦性则是一种内部动机，侧重于用户在使用技术过程中体验到的该技术价值。由此，本研究将阅读动机作为又一视角，讨论分析影响大学生采用新媒体进行数字化阅读，进而形成和发展阅读素养的因素。

2. 阅读动机理论。

（1）动机因素的构成：关于阅读动机的定义，不同的学者有不同的见解。美国马里兰大学教授格思里（Guthrie）与维格费尔德（Wigfield）将阅读动机定义为影响个体阅读行为及与阅读文本互动和学习行为相关的目标和信念。欧继花等人在纵观国内外学者对阅读动机探析的基础上，提出阅读动机是个体在基于阅读目标或阅读需要的影响下产生的一种内部动力和心理过程。从阅读动机的定义，我们可以看出阅读动机是个多维的系统结构，目前已有不少研究以大学生为研究对象，编制了相对成熟的大学生阅读动机调查表。舒特（Schutte）和马洛夫（Malouff）两位教授认为，成人阅读动机包括：自我认知、阅读效能、社会认同、学业或职业追求四个方面。陈晓莉从心理学动机角度出发，指出大学生的阅读动机可分为社会认同、情感抒发、自我成长、获取信息四个方面。井贤严等人通过探索性因素分析将大学生阅读动机分为情感抒发、社会动机、学业与职业发展三个维度。

随着数字化阅读占据人们阅读时间的比例越来越大，有不少研究者慢慢开始对数字化阅读动机的内涵和结构展开深入探究。罗昕、丛挺针对大学生手机阅读提出，阅读动机包括：媒介特性类、信息类、社交类、娱乐类、自我类五个动机因子。蔡少辉认为，网络阅读动机涵盖了社会交往、情感抒发、信息获取、个人修养、阅读兴趣五个维度。通常情况下，人们习惯性地把阅读动机分为内部动机和外部动机，内外部动机分别是个体基于内在需要和外在需要而阅读的驱动力。综上所述，基于技术接受理论模型提出的阅读动机包括感知有用性和感知愉悦性两个内外部动机因素，本文把阅读内部动机命名为感知愉悦性，具体包括：阅读兴趣、情感抒发、个人修养三个方面；阅读外部动机命名为感知有用性，具体指社会交往、信息获取、自我成长三个方面。

除了感知有用性和感知愉悦性外，阅读效能感也是阅读过程中的一个十分重要的动机因素。阅读效能感来源于班杜拉于 1977 年提出的自我效能感，他认为，自我效能感是个体对自己有效控制实现某种任务的知觉、信心和信念。在此基础上，张洁把自我效能感引入阅读领域，提出阅读效能感是指阅读主体对自己是否有能力、技能或者策略去完成阅读任务自信程度的主观评价。刘蒋联通过文献研究和访谈结果分析，发现大学生阅读效能感包括能力感、控制感、受益感、自信感、计划性和抗干扰性六个维度，其中能力感、计划性、受益感是最主要的三个因素。

（2）动机因素、阅读投入与阅读素养三者关系：阅读投入一词于 2009 年被 PISA 定义为与阅读素养具有最大相关性的动机特性和行为特性。具体而言，阅读投入包括行为、情感、认知三个层面的投入，行为投入是指阅读者投入阅读活动时的一系列活动（比如阅读量、阅读时间、阅读材料多样性等），情感投入表现在阅读者对阅读活动或者其他阅读同伴产生的消极或积极的反应（比如阅读兴趣等），认知投入是指阅读者在阅读过程中使用的阅读策略。其中行为投入属于行为特性，情感投入和认知投入属于动机特性，而认知层次的投入又称为阅读策略。

目前已有大量研究表明，阅读过程中，情感投入有助于阅读投入，阅读策略也是增强阅读投入的重要途径，而且情感投入和阅读策略可通过阅读投入直接或间接地影响学生阅读素养的提升，这里的阅读投入是指狭义范围内的行为投入（下同）。从动机特性层面来看，研究表明，阅读动机确实能对个体阅读行为和阅读技能的发展具有一定的预测作用，而且内外部动机均与阅读活动相关，阅读活动包括阅读广度、阅读数量、阅读频度、阅读材料多样性等。陈晓莉认为，大学生的实际行为与阅读动机的各个维度均显著相关，而贝克（Baker）和维格费尔德（Wigfield）认为，内部动机与阅读行为相关性最强。阅读兴趣作为阅读者的内部动机，阅读者的兴趣越高，则阅读态度越积极、阅读行为越活跃，随之阅读素养就会显著提升。

也有不少学者基于技术接受理论模型，发现用户采用数字化设备与软件进行数字化阅读时，感知有用性和感知娱乐性分别作为数字化阅读的外部和内部动机，从某种程度上影响阅读者进行数字化阅读的态度与意向，进一步影响他们实际参与数字化阅读活动。潘文娜从手机阅读的角度分析了感知有用性对用户使用手机阅读的意向产生的正向影响，感知娱乐性通过感知有用性来影响用户手机阅读的意向，从而影响用户实际使用手机进行阅读的行为；康梅花从使用动机的角度出发分析了使用动机中的感知有用性和感知娱乐性对学习者进行社会化阅读的态度产生积极影响，进而影响学习者社会化阅读行为；郑志励通过实证研究验证了感知有用性和感知娱乐性通过影响用户数字化阅读的态度，进而影响他的数字化阅读行为意向，其中感知有用性可直接对数字化阅读者的行为意向产生正向作用。由此可见，感知有用性和感知娱乐性是影响学习者进行数字化阅读、培养数字化阅读素养直接或间接的动机因素。另外，也有学者通过实证研究表明，阅读效能的高低必然会对学生阅读活动的投入程度及阅读成绩的获得产生重要影响，换言之，阅读效能感高的学习者，投入阅读的时间精力越多，最终收获的阅读成绩就越好。因此，阅读效能也是影响数字化阅读素养发展的一个不可忽略的动机因素。

从行为特性层面来看，阅读投入是影响阅读素养的重要因素。有学者通过研究发现，阅读投入程度高的学习者会采用各种途径理解阅读内容，积极通过已有知识经验对新的阅读内容进行意义建构，并善于与他人进行沟通交流想法。坎贝尔（Campbell）和唐纳修（Donahue）通过跨年龄对比研究发现，阅读投入度高的 13 岁学生的阅读成绩比阅读投入度低的 17 岁学生的阅读成绩明显要高。具体从阅读量、阅读时间与阅读材料的多样性角度来看，PISA 项目通过数据分析发现，阅读能力与学习者的阅读时间、阅读材料多样性与难度呈显著相关；张生等人认为，阅读量对个体阅读素养的形成和发展有着显著的影响。可见，阅读投入主要是指阅读者参与阅读活动投入的时间、阅读量及阅读的广度和深度，阅读者对阅读活动的投入可以直接影响阅读素养的发展。

3. 感知风险理论。感知风险是哈佛大学学者鲍尔（Bauer）提出的一个概念，他认为，感知风险是指个体在做出购买决策时产生的无法确定的结果，这种结果中带有不确定性，正是由于这种不确定性才隐藏着一定的风险。有研究表明，感知风险其实是一个多维属性的概念，具体包括财务风险、绩效风险、心理风险、身体风险、社会风险和时间风险六个维度。随着互联网技术的发展，感知风险理论被广泛应用于电子商务领域。扎文帕（Jarvenpaa）和塔德（Todd）认为，隐私风险在互联网时代是个不可忽略的风险因素，因为消费者在不经意间就可通过网络技术将自己的联系方式、信用卡号等隐私信息泄露出去，因此隐私风险是随着互联网的到来出现的一个新维度。感知风险除了在商务领域得到广泛应用外，在互联网络教育领域方面的研究也开始慢慢出现，尤其是在数字化阅读方面。

在新媒体阅读语境下，动机因素对阅读者的阅读行为有显著的促进作用，但是我们也不可忽视消极因素给数字化阅读者造成的不良影响。目前，已有研究表明感知风险因素会阻碍用户参与数字化阅读活动。辛晓磊在研究大学生数字化阅读行为影响因素过程中发现，感知风险通过影响阅读者的行为意向，进而影响阅读者的阅读行为，其中感知风险包含信息、隐私、经济三个方面的风险。邓仲华以移动阅读应用程序为例，从社会风险和心理风险探讨阅读者的感知利失。师衍辉从社会化阅读的角度讨论了社会风险因素通过影响大学生分享阅读内容的意愿，从而影响其社会化阅读分享行为。由此可知，感知风险因素是数字化阅读者在阅读过程中不可避免的消极因素，具体通过对阅读者的阅读意愿产生消极影响，来阻碍阅读者对阅读活动的投入。

第三节　大学生数字阅读素养评价

数字阅读素养评价体系的要素主要包括：评价目标、评价主体、评价内容、评价指标、评价方法。这些要素相互影响，相互作用，共同影响着系统的运行，因此，为了更好地指导大学生进行数字阅读素养的评价，这些评价要素必须遵循一定的原则。

1. 评价目标明确化。评价目标是根据评价对象的性质和需求而确定的，明确评价目标是构建数字阅读素养评价体系的基石，决定了数字阅读素养评价的对象、内容及评价方法。例如，在本研究中对大学生数字阅读素养进行评价，是为了"以评促读"，通过评价更好地指导大学生进行数字阅读，提高学生的阅读素养，因此，我们必须明确评价目的的教育性，最终提升大学生整体的数字阅读素养。

2. 评价主体多元化。评价主体也就是进行评价的人，是相对于评价客体（评价对象）而言的。在《全日制义务教育语文课程标准》中，进行评价的过程中应注意评价主体的多元性，要综合各方面的人进行评价。由此可以看出，有意义的评价不仅需要教师的参与、家长的参与，还需要学生与学生之间的互评，以及学生的自我评价。这种新课标的理念，使得评价的主体正在发生变化——从一元走向多元。多元化的评价主体不仅可以使得阅读评价的结果更具有准确性、公平性、指导性，还在一定程度上鼓励学生积极参与到评价活动中，使学生由原来的被动接受者变为积极主动的参与者。

3. 评价内容全面化。评价内容是否全面科学将对研究的结果产生重要影响。本文将数字阅读素养分为数字阅读意识、数字阅读知识、数字阅读能力、数字阅读策略与方法和数字阅读道德五个维度，目的就是全面地评价数字阅读素养。评价内容的设计，毫无疑问，是构建大学生数字阅读素养评价体系的核心。

4. 评价指标科学化。评价指标是进行数字阅读评价的一个参照物，是进行数字阅读评价的首要条件，也是根据评价主体的需要而确定的对评价对象的本身进行的一种价值上的测量。评价指标即是对评价内容的一种条目化的处理，保证评价内容的全面性的同时，使其简洁化、条理化。换言之，进行任何评价都需要一定的评价标准，无论是有形的还是无形的，它犹如一把标尺检验着评价客体（评价对象）的各个方面，因此，评价指标是否具有科学性将决定着评价活动的价值性，也决定着评价结果的准确性，可以说，评价指标是评价体系的关键所在。

5. 评价方法灵活化。评价方法是指在评价过程中所使用的一些方法、手段，即对评价指标进行处理的过程中所用到的方法。在评价过程中，评价方法的选择应结合评价对象的特点，比如，本研究中的评价对象是大学生，因此，在进行评价的过程中我们首先应该明确大学生在数字阅读中的一些特点、特质，以此来同中小学生数字阅读的特点区分开，对不同的评价对象使用不同的评价方法和手段；评价方法的选择应注重质性评价与量化评价相结合，首先从量的方面来说，我们需要对大学生进行有关数字阅读的数量上的统计评价，比如，我们需要通过问卷，了解大学生数字阅读的外在行为表现情况；其次，从质的方面来说，我们还需要对大学生进行有关数字阅读的质性评价，比如，我们需要做访谈，做开放性的笔试问卷，了解大学生在数字阅读素养方面的一些隐性特征。此外，在评价过程中我们还应将过程性的评价和最终评价结合起来。因此，评价方法的灵活是评价体系的保障。

第七章 高校图书馆阅读推广案例分析

第一节 本科院校图书馆阅读推广案例

一、辽宁大学图书馆"中华传统经典立体阅读之旅"系列活动

（一）背景、意义和目的

新时代高校图书馆推广传统经典被赋予新的意义。从传统经典自身存在问题看，受经典自身累积性特征、古今语言环境不同、时代久远等影响，中华传统经典形成了复杂的文本体系，存在版本选择困难、原典生涩、内容与现实生活脱节等问题，致使读者难以读懂。怎样引导读者用直观、易行的方式关注、深刻理解传统经典，成为图书馆工作者需要思索的问题。

基于此，辽宁大学图书馆先后推出三届"中华传统经典立体阅读之旅"系列活动，包括"古书之美""国学经典""古典文学"，将传统经典用立体阅读的方式展现在读者面前，把单一平面的纸质阅读转换为通过声音、颜色、光影、形象、触感等直观体验的立体阅读，"让古籍中的文字鲜活起来"，使读者在快闪、Cosplay 等喜闻乐见的方式中感受传统文化魅力。图书馆通过系列活动为读者提供合适的经典注释本、以导读方式引领读者走进经典"次生层"，将传统经典置于当代文明中解析，最终消解语言障碍，汲取精神滋养，在全校范围内形成良好的文化氛围。

（二）基本做法与经过

1. 馆内成立经典阅读推广创新团队。图书馆结合馆藏古籍资源特征，组建以馆长为中心，以古籍特藏部和业务部为主力的阅读推广创新团队。团队结合队员学术水平及专长分配任务，共同策划主题，制订方案。队员的专业涉及图书馆学、古籍整理、历史文献学、古代文学、艺术设计、计算机、国际关系、马克思政治与经济学。团队包括主题策划1人，文案撰写2人，微信微博管理2人，视觉艺术设计2人，活动实施、设备安装6人，外联1人。

2. 创新团队共同制定活动主题和规则。创新团队定期举办"馆员读书会"，通过研习经典阅读理论著作，借鉴国内外优秀案例，设定活动主题为"中华传统经典立体阅读之旅"，以"传承优秀传统文化"为宗旨，在每年校园读书节、文化节期间开展活动。每届另设分主题，通过"宣—展—旅—诵—阅—舞—荐—体—写—拍—演—讲—赛—问—论"15个环节开展。下届在上届基础上，可增减环节，保留读者喜欢的活动，积极改进或调整读者不感兴趣的活动。

3. 三届活动概况。创新团队拟定每届分主题为：第一届"推广特色资源·古书之美立体阅读"；第二届"打造阅读品牌·国学经典立体阅读"；第三届"创设全新体验·古典文学立体阅读"。实施过程中，团队通过多元服务模式提高活动宣传度，除了校园BBS和海报，更多通过图书馆的"两信一博"——辽宁大学图书馆微信平台、辽大图书馆古籍特藏部微信平台、辽宁大学图书馆新浪官方微博的O2O模式宣传推广活动，如采取微信抢座等方式获取讲坛、沙龙、真人书、竞赛、Cosplay等活动的参与资格。

4. 联合学校相关机构、学生社团提高活动参与度。团队采取连横、合纵原则，即横向联合团委、学生处、宣传部、组织部、后勤处及各院所，纵向联合大学生管理委员会、大学生志愿者等各学生社团，既加强图书馆与各部门之间的合作关系，也为学生提供了广阔的活动舞台。以"国学经典诵读"系列和"古典诗词大赛"为例，前者由三味书屋社团、艺术学院选拔参加诵读人选，由菁芜汉服社社团提供汉服服饰及道具，图书馆统筹整体活动。而古典诗词大赛则主要由学生社团联合会下设的三个社团共同承担，图书馆解决经费问题，为社团提供各项帮助。

（三）成效

1. 解决读者对传统经典的"疏离"感问题。通过诗词大赛、成语大赛等、古典诗词诵读、配音等活动，使读者认识到中华传统经典具有神奇的表现力，从而激发自己对传统经典的热爱，减少"疏离"感。

2. 消解读者阅读经典的语言障碍。传统经典的原生文本语言生涩，非文史专业的读者很难读懂。针对这种情况，图书馆邀请校内各院所权威教授群体推荐经典注释本、评点本、赏析本等经今人整理过的版本。此项活动陆续推出《辽宁大学教师推荐的阅读书目》《辽宁大学教师第二批推荐书目》《辽宁大学青年教师推荐的重点阅读书单》《辽宁大学青年教师推荐的好书单》《"给你一平方米寂静"推荐书单》。五种书目通过微信推送，阅读点击 13000 余次。

3. 以导读方式引领读者走进经典"次生层"。通过"藏智启思读书会""浸润书香讲坛""真人图书馆分享"三个系列活动，以读书会、读书沙龙、真人书借阅的形式开展经典导读。通过导读，经典的要义和主要影响被揭示出来，作者的生平被细细梳理，作品的脉络、主要内容及其产生的时代背景被展示出来，作品的价值内涵也得到延伸，在达到这些目的后，导读人再通过版本推荐的方式对读者进行延伸阅读指引，达到"点滴呈现经典之美，为读者开启步入经典作品世界的大门"。使读者在复杂文本体系中寻找到自己的最爱，激发自己的兴趣，从而接触经典，阅读经典。

4. 置传统经典于当代文明中解析。人类文明正处于多种文明交流融合、渐趋文明共同体形成的过程中。很多中华传统经典中涵藏的思想在现实生活中并没有与当代思想观形成很好的对接，正如赵汀阳所说："中国的经典虽然被我们所尊敬，但和当下的生活已经没有太多关系了。这些经典不再塑造我们的生活，不再塑造我们的人格，不再和伟大的事业相关……这是很悲哀的一件事情。"当读者对传统经典中崇仰或贬低某些价值观感到茫然时，就需要传统经典研究者将传统经典置于现代文明中解析，阐释民族精神的起源、发展与演变，揭示它们在当代社会中式微的原因，探讨在当代文明中，它们是否还有存在的合理性。黑格尔在《历史哲学》中说，一个民族在世界历史的发展阶段中究竟占据什么样的位置，不在于这个民族外在成就的高低，而在于这个民族所体现的精神，要看该民族体现了何种阶段的世界精神。能够与世界精神接轨的民族精神，才会使读者产生强烈的文化认同感，这种认同感本身促使读者更愿意走进传统经典，解读其中的故事，了解思想内容，只有这样，传统经典才能"继续生长"。

（四）评价与反馈

活动通过校园 OA、图书馆微信公众平台、官方微博等途径推出后，线上线下都引起了读者的注意，激发了读者的兴趣，更吸引了校外人士的关注，《辽宁日报》《辽沈晚报》、沈阳电视台、腾讯大辽网、中国国家图书馆官方网站、《文艺报》等分别报道了相关事宜。《文艺报》点评诵读活动，认为："在古代经典再一次受到尊重的时代，于钻研文字之外另辟蹊径，寻找直观的形式使经典鲜活，让人们感受到古代文化的声响、颜色、形象，领悟古代经典的深邃、宽厚、博大和美丽，并形成良好的文化氛围，是值得探索的问题。"

二、南京艺术学院图书馆"书偶创意征集活动"

2017 年 5—9 月，南京艺术学院图书馆举办了"最是书香能致远——2017 江苏大学生书偶创意设计作品大赛"活动。本次大赛由江苏省高等学校图书情报工作委员会和江苏省图书馆学会阅读推广委员会主办，南京艺术学院图书馆、南京艺术学院设计学院承办，面向江苏省在校大学生。大赛主旨立足书本、面向书外，以阅读为核心，以创意为灵魂，鼓励大学生充分发挥想象，选取与书相关、与阅读有关的人物或动植物形象，或者具有浓郁书香的情境或场景，通过艺术表现，感染更多的读者，让阅读更加有趣味性，进一步调动大学生阅读的积极性。

（一）创意策划

2015 年 11 月中旬，南京艺术学院图书馆组织并举办了首届"艺术与阅读"高峰论坛暨网络时代的艺术学资源建设与学科服务学术研讨会。在这次会议上，中国阅读学研究会会长、中国图书馆学会阅读推广委员会副主任、南京大学信息管理系徐雁教授，应邀到会做了题为《艺术院校图书馆员的阅读推广》的报告，报告中的若干幅书偶图片，给与会者留下了深刻的印象。徐雁教授的书偶作品收藏始于2011年，收罗作品百余件，古今中外，各具特色，别有趣味。徐雁教授认为，"最是书香能致远，家有书童门户兴"。人见人爱的"诵经天使"，不妨作为家里橱窗中的基本摆设，让小孩子见贤思齐，从小发愿做一个爱读书的孩子。致于以儿童、少年为服务对象的图书馆，则不仅可以选摆若干读书玩偶，更可以创意定做诸如"十二生肖读书娃""唐宋八大家书偶"之类的系列产品，将它们作为推广阅读情意和价值观的形象代表，或作为有关阅读互动活动的奖品（纪念品、宣传品），一定能够对鼓励阅读行为，提振阅读风气，产生有益的作用。

徐雁教授的书偶收藏名气越来越大，他的师友和学生也经常帮他留意书偶的相关信息。南京师范大学万宇教授在各地旅行中寻找关于读书、关于阅读的书偶或者摆件。中原工学院图书馆张怀涛馆长也曾慕名到天津"泥人张"处游赏，张怀涛馆长非常喜欢他们创作的关于读书的泥偶，如悬梁刺股、凿壁偷光、映雪夜读、囊萤照书等古代读书故事的泥偶。书偶形象是艺术与阅读的有机结合，受他们的启发，图书馆举办了书偶创意设计活动，让广大读者在书偶设计方面大显身手，进行艺术再创作，让书中的形象活起来，赋予其独特的生命力，让书文化真正融入读者的生活中，进而营造书香校园"多读书、读好书、好读书"的良好氛围。

（二）组织发动

本次大赛的征集通知由江苏省高等学校图书情报工作委员会、江苏省图书馆学会、南京艺术学院图书馆、南京艺术学院设计学院四个单位盖章，于2017年5月发布。江苏省高等学校图书情报工作委员会通过秘书处邮箱向全省高校图书馆发布了征集通知，江苏省图书馆学会阅读推广委员会也在会员单位及有关高校进行了宣传发动，截至2017年8月15日，活动共征集到179件书偶创意稿件。参赛作品分平面绘画类、立体类、多媒体类，平面类包括油画、国画、水彩、漆画、装饰画、漫画、连环画等画种；立体类包括雕塑、玩偶、手工艺品、纪念品、衍生品等文创产品；多媒体类包括图形设计、动画、视频等。

本次大赛参与高校有东南大学、南京邮电大学、淮阴师范学院、扬州大学、江苏师范大学、盐城工学院、江苏科技大学、南京工业大学、南京工业职业技术学院、江苏商贸职业学院、江苏海事职业技术学院、淮海工学院、常熟理工学院、南京大学金陵学院、南京信息工程大学、南航金城学院、扬州大学广陵学院、江苏财经职业技术学院、东南大学成贤学院、无锡工艺职业技术学院、南京艺术学院、江苏师范大学智慧教育学院等。许多高校还进行了校内初选，然后通过图书馆集中提交参赛作品。

（三）作品评选

2017 年 9 月 6 日，南京艺术学院图书馆组织设计专家针对投稿作品进行初评。为了保证大赛的专业性和公平性，在初评阶段，组织方按照赛事的设置，将作品分为平面类、立体类和多媒体类，将所有作品以图片加作品说明的形式进行整理，隐去参赛选手的个人信息，只编排作品序号，由设计学院专家进行匿名评审。对符合参赛要求的、设计水平高的作品，按照本次奖项设置总数量的两倍，筛选出 60 件作品进入终审。

本次书偶大赛评审标准：①思想性。内容健康、充实且积极向上，具有丰富的文化内涵；②主题性。紧扣书偶主题，书偶形象生动，具有观赏性；③原创性。设计说明清楚明白，明确表达设计意图，设计水平高；④创意性。设计合理，思路清晰，构思新颖，富有创意；⑤艺术性。元素搭配合理，线条、色彩表现力强、艺术效果好、美感突出。

2017 年 9 月 7 日，南京艺术学院党委常委、副院长谢建明教授，江苏省政协常委、南京大学信息管理学院徐雁教授，江苏省图书馆学会常务副理事长、南京图书馆全勤副馆长、江苏省高校图工委副秘书长、南京大学图书馆罗钧副馆长，江苏省图书馆学会李浩秘书长，南京邮电大学图书馆馆长钱军研究馆员，南京艺术学院人文学院院长沈义贞教授，南京艺术学院设计学院党总支书记吴海卓，南京艺术学院设计学院文创与时尚专业主任吴映月副教授，南京艺术学院设计学院王帆老师等专家和学者参加了终审。

在终审环节，由初审专家代表对本次大赛的参赛情况，以及初审的遴选标准进行介绍，并逐个向终审专家展示了通过初审的参赛作品，在展示过程中，由终审专家根据大赛评审标准对作品进行综合打分，最后根据专家的打分结果汇总统计，对各类作品按分值从高到低进行排序。经过集中评议，最终评选出8件获金银铜奖作品和20件优秀奖作品，并根据作品提交数量和水平确定了活动组织奖单位。为保障大赛的评奖质量，多媒体类金奖空缺。

（四）获奖作品

平面类金奖作品为《"猫女郎"书偶形象设计》，作者将阅读中的猫女郎拟人化、卡通化，猫女郎作为书偶形象，代表现代知识女性，并且作者围绕猫女郎的卡通形象元素设计了抱枕、咖啡杯、书签等衍生品。

平面类银奖作品《more than book》，以三幅主题系列海报的形式表达了大众读者与书的密切关系，形象生动地表达了设计者对阅读的含义和价值的理解。

平面类铜奖作品《狂想曲·大禹》，用超现实主义色彩的笔墨绘制了两幅插画，中国古典名著、传说故事中的主人公，场景穿越古今，蒙太奇般地跃然纸上。

立体类金奖作品《间谍》，为折纸型书偶，作者通过设计折纸纸板，来表达多个物品并组合成间谍形象。

立体类银奖作品《寻识小书童》，作者以中国传统文化小书童为书偶原型，以中国传统剪纸风格为创意，设计的小书童标识、表情包、企业形象设计讨喜可爱。

立体类铜奖作品《智慧树、学富五车的小蜗牛》，以智慧树、学富五车的小蜗牛形象表达浓郁的书香意境和阅读带给人们的精神喜悦。

多媒体类银奖作品《寻觅》，给读者呈现出二维、三维变幻的视觉空间，多维度的时空转换，以现代数字媒体信息技术的发展改变传统阅读的单一方式，给读者呈现了一个崭新的阅读世界。

多媒体类铜奖作品《与鱼语》，作者以立体书为载体，设计了小猫与鱼儿两个主角。场景不断置换，小猫捉鱼这个简单的故事被生动有趣地表现出来，有较强的观赏性、趣味性。

优秀奖作品中也不乏题材新颖、表现多样、媒介独特的作品。例如：作品《皮皮露达的长袜子》《小王子之旅》《西游记办公用品》等。

（五）回顾总结

这是一场艺术与阅读相结合的大赛，书偶形象是人物或动植物与书元素紧密结合的玩偶形象，可以夸张，可以变形，可以写实；可以活泼，可以深沉，可以端庄；可以甜美，可以浪漫，可以温馨。在这些作品中，阅读是重要的内核，艺术作为其形象再现，每一件书偶都是艺术美与阅读美的结合，都在传递读书的美好，阅读的正能量。参赛人员都是省内高校的在校大学生，作品中富有浓郁的青春气息。本次大赛有设计方面的专家把关，保证了作品的艺术性、专业性、原创性，阅读界评审专家参与终评，保证了作品的思想性、主题性，最终的获奖作品可以说实至名归。

由于本次活动是首届书偶创意设计大赛，难免由于经验欠缺，存在一些不足。有的参赛选手对书偶的概念较为模糊，导致一些参赛作品不符合参赛要求，十分遗憾，今后再举办此类赛事，需要对参赛要求给予更加明确的说明及示范，确保紧扣书偶形象设计来展开；由于不同的参赛选手的作品与设计说明是用不同的格式提交，在评审时不能在同一个界面上显示，给作品整理和评审造成了一定的不便，需要予以统一要求；以后征集的立体类作品应该提供成品的正面、侧面、背面照片及设计的具体信息，可以更直观地看到书偶的效果。相信今后的书偶创意设计作品大赛一定能征集到更多更好兼顾创意与艺术的书偶作品。

三、上海视觉艺术学院"知识护照"活动

伴随阅读活动形式及阅读载体的多样化，阅读逐渐形成不同层次、不同形式的"立体阅读"模式。上海视觉艺术学院图书馆以丰富的馆藏资源为基础，坚持不断创新服务形式，利用"知识护照"串联起各类相关读者阅读活动，并不断推陈出新，丰富服务内容，提高大学生各种形式阅读的积极性。活动通过整合形成品牌效应，使学校的阅读活动开展得更加多元化、趣味化，取得了良好的阅读推广效果。

（一）灵感来源

"知识护照"灵感来源于美国国会图书馆（LC）的"Passport to Knowledge"服务及上海世博护照的敲章纪念。2008 年 4 月，LC 推出"国会图书馆的体验"一系列的创新功能，其中一项就是为增强与到访者的互动而设计推出的一项服务——"Passport to Knowledge"（"知识护照"）。

每一个到 LC 的参观者，进入大楼后就可以收到一本"知识护照"，每本护照蕴藏着独特的条形码，参观者可以凭上面的条码，在馆内特定电脑上注册，安排参观行程、收藏 LC 网站上的内容。"知识护照"除了可以让游客打造个人图书馆的珍品收藏，还可以邀请游客参与知识探险，通过游戏体验令人兴奋的旅程。

上海世博护照在于记录个人的参观历程，并通过集章的形式成为一种热门的世博会纪念品。由于在世博护照上盖满不同场馆精心设计的印章能够代表游客参观世博会的经历并留下一个有形的特殊纪念，"世博敲章"成为一种风尚。

而上海视觉艺术学院的"知识护照"则吸取 LC 的"知识护照"与世博护照的一些优秀经验，增加创新元素，整合图书馆的各项与阅读相关的活动。

活动以借阅图书和使用数据库为主，并与有艺术类高校特色的图书馆活动相结合，如电影的放映、书法、书展图书的推荐等，通过"知识护照"记录读者的参与阅读活动历程，每参与一次活动，均加盖一个活动印章。精心设计每个活动纪念章，对参与图书馆的活动的同学给予记录，留下记忆，留下痕迹，还获取了额外的乐趣。

（二）"知识护照"的开展情况

1. 初衷。艺术学院的同学读书借阅率较低，其他相关活动较为丰富，"知识护照"记录的目的是将书刊阅读与其他形式的艺术赏析活动结合起来，相互促进，提高学生的到馆率和图书借阅率。

2. "知识护照"绑定的系列活动。虽然活动多样，但均围绕利用图书馆资源，促进不同形式的"阅读"设计。不管是电影的赏析、书法活动，还是相关展览，通过图书馆的组织、读者的参与，均能将现有的常规书刊资源与多样性的活动相结合。一方面提高活动的参与度，参与活动本身也是一种"阅读"行为；另一方面通过活动将图书馆的书刊资源更加直接地呈现在读者面前，让读者在参与活动中更加方便和高效地使用。图书馆根据活动主题，设计不同的图章，而根据活动反馈，可以推出更加符合学生需求的读书活动。

3. "知识护照"的设计制作。"知识护照"旨在吸引读者走进图书馆、了解图书馆、利用图书馆。设计风格上延续了美国国会图书馆"Passport to Knowledge"的概念，设计理念上着力表现"通过阅读获取知识达到成功路径"这一主题。整个"知识护照"的设计，力求突出知识历程，留下阅读痕迹。

设计上，采用了以明快的蓝、金黄、绿色调为主，体现大学生清新活力的生活状态。封面和封底采用深蓝色搭配金色艺术字体。内页采用黄、绿色调，搭配淡淡的学校英文标识的水印印刷，设计风格清新自然。按照活动内容，利用简笔画的方式，由学生自主设计不同的图章，以求反映活动主题，但在样式、内容、标识上有所区别，并在整体风格上统一。

考虑到每个学生的护照将要陪伴其四年的学习生涯，"知识护照"制作材料上选择较普通纸更厚实的加厚型磨砂卡纸；使用线装、胶订结合的人工装订方式，使整本"护照"显得精致和华贵，具有一定的收藏价值。

4."知识护照"的发放。各阅览室的值班老师负责登记、发放、咨询等管理服务；满足累计借阅图书已满10册，登记个人信息方可领取，一方面通过用户登记的信息，推送相关活动内容；另一方面宣传鼓励读者通过关注图书馆微博、微信、QQ群等平台，即时了解与"知识护照"绑定的相关活动的最新信息。

5."知识护照"的使用办法。为了落实学院提出的工作要求——提高学生的"到馆率"和学科的"渗透率"，发挥通往知识之路的"护照"的作用，吸引更多的同学走进图书馆、利用图书馆的文献资源和参加图书馆的各项读书活动，学校制订了"知识护照"的使用办法。

（1）启程：借阅图书10册以上的学生可以在借阅图书的阅览室向值班的老师提出申请，填写申请单后即可获得一本"知识护照"，并在护照上签上持照人的姓名。

（2）盖章：①参加各项阅读活动可以加盖活动章一枚；②参加比赛，可以根据名次获得不同数量的印章；③参加图书馆相关活动的志愿者，可获取志愿者印章；④积极参与图文信息中心微博、微信，互动交流，并转发相关阅读活动，可以加盖活动印章一枚。

（3）激励：①凭"护照"毕业时可以加盖毕业纪念章；②与学生处商定，一学年集满24枚签证章者，参加评选奖学金时可获得3分的德育分；③每年集章数量排名靠前的同学，提升借阅权限；④根据集章情况，评选年度优秀读者。

（三）"知识护照"的实施效果

1.提高图书借阅量。通过近些年的流通数据可以看出，从 2013 上半年相对于 2012 年的数据来看，图书借阅已经出现较为明显的下滑趋势，由于电子阅读较为广泛兴起，图书借阅量下滑已经成为整个图书馆界共同面临的问题。学校从 2013 年 9 月份开始发放"知识护照"，发放后的三个月，借阅量有相对明显的提高，特别是在 10 月到 12 月的三个月中，不但止住了下滑的趋势，还有 10% 的增长。

但借阅量也并没有突增的状况，说明通过"知识护照"这个载体，激发了学生的阅读兴趣，并没有让学生单纯为了借书而借书。2014 年的上半年，与 2013 年同期相比，也有了一定幅度的增长。实践证明，通过启动"知识护照"、设计借阅排行、阅读达人等与"知识护照"绑定的活动，能够稳定并小幅提升学生的借阅量。

2.促进立体阅读的兴起。艺术创作离不开广泛的阅读，所以艺术院校的大学生更应该重视阅读、热爱阅读。但艺术院校学生有其自身特点，一方面，专业性特别强，具备美术、音乐、舞蹈、影视、设计等方面的专业特长，比较重视专业知识的学习和专业技能的训练。但是在人文精神与文化素养方面，则相对有所欠缺；另一方面，随着信息载体形式的不断发展，艺术类专业学生，包括其他专业学生的阅读特点也在发生变化，其阅读不仅指针对印刷型文献的读书活动，其内涵和外延更加丰富。阅读不再只有单一的形式，纸质图书阅读、电子图书阅读、使用电子数据库资源、影视观摩、人文讲座、美术展览等其他艺术欣赏形式均成为阅读的一种，即立体阅读，围绕一个主题全方位、多层次地开展系列活动。

3.点燃参与活动的兴趣，激发阅读活动的策划创意。图书馆组织的很多活动，苦于读者参与度不高，不能与图书馆的优势资源结合。通过"知识护照"串联图书馆的各类活动，图书馆相关活动的参与人数也在发生正向变化，图书馆联系了书法社，将相关图书集中在一起组织活动，参与人数已由十几人增长为几十人；利用图书馆的场地和资源优势，外语学习小组的活动人气也很旺，相关小语种图书也找到了自己的主人。"知识护照"是多种阅读推广活动的集合体，通过一本护照将学生与多种活动结合在一起，使得读者活动具有以下几个特点：①具有可扩展性，任何新的阅读推广活动的加入和老的活动的退出具有方便的可操作性，为以后更加丰富的阅读推广活动的开展奠定了良好的基础；②具有较强互动性，很多活动由学生自主、自创并参与，读者既是组织者又是参与者，既能点燃参与活动的兴趣，又可以激发阅读活动的策划创意；③多元性，不同类型的活动均可加入，活动内容更加丰富。

4.与新媒体有效结合。社交媒体已经是大学生必备的交流手段，图书馆也不能落伍，目前校图书馆官方微博粉丝有 1800 多人，子品牌视觉影视微信公众号关注有 1000 余人，在领取"知识护照"时，老师可以介绍学生关注图书馆微博微信，学生可以在自己的社交媒体转发活动内容，并获得活动相应的活动纪念章。学生既是活动的参与者，又是宣传者。校图书馆借鉴 O2O 的概念，将线上线下的活动充分融合，线下活动在线上及时分享；线上的交流为组织线下活动提供新的创意。

（四）结语

根据数据统计的结果，"知识护照"活动在领取和使用过程中并没有出现之前担心的功利性现象，读者对借阅及阅读活动更趋于理性，并没有出现单纯为了借书而借书、为了参加活动而参加活动的现象。通过"知识护照"，组织者可以调动参与者的积极性，又可以获取参与者的数据，分析活动的组织情况。

"知识护照"活动，让阅读的形式更为丰富，让读者通过记录自己的阅读足迹，获得阅读活动中的"存在感"。组织者通过线上对阅读活动的交流与反馈，形成新的阅读活动的策划，在阅读活动中给予一定的指导，让读者选择更适合自己的阅读方式，形成阅读与获取知识的良性循环。

"知识护照"是综合多种活动项目的阅读推广方式，能够使大学生在轻松快乐的氛围中进行不同方式的阅读，获取知识，是图书馆读者服务工作的新的尝试，有助于我们总结具体阅读推广活动的执行技巧，从而为探索新的模式提供借鉴。

第二节 职业院校图书馆阅读推广案例

一、淄博职业学院 "One Student, One Family, One Book" 系列活动

（一）案例背景

阅读，关乎一个国家和民族的兴衰。阅读可以传承民族文化、培育民族精神，厚实整个社会和国家文化的基础。因此，倡导全民阅读不仅是公民自身发展的需要，更是实现文化强国战略与增强国家软实力的需要。

淄博职业学院图书馆始终致力于服务周边城乡文化建设，2014 年 4 月至 6 月，校图书馆在学院驻地淄博市分别进行了农村居民和城市居民阅读需求的问卷调查。调查共发放问卷 750 份，回收有效问卷 612 份。调查发现，公共阅读资源不足，居民缺少阅读习惯，缺乏阅读方法及没有良好的阅读氛围，成为制约全民阅读推进的重要因素。问卷数据显示，被调查者中 347 人认为自己阅读量很少，占 56.7%；494 人希望本地能举办全民阅读活动，占 80.7%；445 人支持高校图书馆参与全民阅读推广活动，占 72.7%。国民阅读现状呼吁社会文化部门能够整合资源，利用自身优势为社会居民提供阅读服务。

大学生是先进理念的传承者和弘扬者，是推动全民阅读的有效力量。在大力推进全民阅读的当下，家庭是一个重要的起点。大学生是家庭中最活跃的学习者，其言行和理念对整个家庭都会产生积极的影响。基于此，图书馆策划了这项 "One Student, One Family, One Book" 家庭阅读推广活动（简称 SFB），目的是以大学生作为支点，通过开展形式活泼的主题活动，充分利用高校图书馆丰富的馆藏资源，影响和带动整个家庭参与阅读，使阅读逐步发展成为家庭的自觉行为和生活习惯，进而促进 "书香社会" 的建设。

通过该活动，不仅可以在家庭成员之间传递阅读带来的关爱，增强家庭凝聚力，而且高校图书馆还可以以此活动为契机，探索全民阅读推广的长效机制。

（二）活动定位

延伸高校图书馆服务领域，发掘服务潜能，引领大学生成为家庭阅读的核心，推进全民阅读，尤其是推动农村家庭阅读，提高全民文化素质和道德品行修养。

（三）活动创新点

1. 切入点创新。教育引领大学生积极带动家庭阅读，通过志愿者家庭影响周边家庭，从而对全民阅读产生积极广泛的正面影响，弘扬大学精神，培养大学生的社会责任感和历史使命感。

2. 机制、方法创新。通过这个活动，校图书馆可以探索一种新的推进全民阅读的方法，把高校图书馆的资源通过一种全新的渠道推向社会，使高校图书馆服务社会的目标人群更加具体化。经过摸索总结，形成一套可复制、易推广的阅读推广运行机制。

（四）活动实施

第一阶段：调研阶段（2014年7月至9月）。

1.2014年7月2日，"One Student, One Family, One Book"（简称SFB）阅读推广项目启动，项目组成立。

2. 开展家庭阅读情况调研。校图书馆组织各院系大学生利用暑假时间对淄博市居民的家庭阅读情况进行问卷调查（共发放问卷650份，回收有效问卷536份）。问卷内容涉及家庭成员的学历、家庭藏书的册数、阅读时间、阅读内容、阅读方式及阅读动机等信息，以便为家庭阅读推广的实施提供参考依据。

3. 调研结果分析。家庭藏书（除教科书和杂志）在50本以下的比例最高，占40.7%，其次为50~100本，占22.1%；36.8%的居民从未去过图书馆；在阅读场所的选择上，"家"成为居民认为最理想的阅读地点，占50.4%，图书馆次之，占33.3%；在阅读方式的选择上，45.3%的被调查者喜欢纸质阅读，18.8%的被调查者喜欢电子阅读；被调查者对阅读内容的偏好，前三位是生活类、财经类和文化类。

4. 制订实施计划，设计活动方案。

第二阶段：实施阶段（2014年10月至今）。

1.2014 年 10 月，校图书馆联合学院团委，宣传统战部，通过图书馆主页和微信订阅号、办公平台、海报等渠道宣传推广 SFB 项目，招募"家庭阅读推广员"大学生志愿者。针对农村家庭的阅读环境和阅读习惯较之城市更加需要改善的现状，志愿者的选取偏向于农村家庭背景（实际招募志愿者 212 名，其中来自农村家庭的 152 名，占 71.7%）。

2. 制定借阅规则，为志愿者办理"家庭借阅证"。借阅规则规定，家庭成员可持"家庭阅读推广员"本人学生证和家庭借阅证免费使用图书馆所有资源，每证可借阅图书 20 本，借期 60 天。逾期及损毁费用由学生本人承担。截至 2014 年 11 月底，共有 10 个院系的 212 名家庭阅读推广志愿者成功领取了"家庭借阅证"。

3. 制作并发放"家庭悦读"邀请函。学校邀请家庭阅读推广员的家人参观图书馆，有效利用图书馆的资源，激发社会读者的阅读欲望。每周六、周日定为"家庭悦读"接待日，由书香社团成员担任义务讲解员。

4.2014 年 12 月 1 日至 20 日，校图书馆召开家庭阅读推广志愿者座谈会，交流讨论各自家庭或者活动小组的家庭阅读计划、阅读书目，并策划家庭阅读推广活动。《白鹿原》《三国演义》《平凡的世界》《读了明朝不明白》《红高粱》《围城》《亮剑》等书目被多次推荐。为了满足家庭读者的阅读需求，图书馆将《白鹿原》《三国演义》等部分剔旧下架的复本重新调拨回相应书库，将《红高粱》《平凡的世界》等图书追加了适当的复本。推广员们还提出，SFB 项目中的"Family"不能仅局限于各自的小家庭，朋友圈、宿舍、班级乃至城乡社区等都可以看作是一个大的"Family"，成为阅读宣传和推广的对象。

5.2014 年 12 月 22 日至 31 日，校图书馆对志愿者进行图书检索技能培训，并协助其查找家庭阅读书目中的馆藏图书信息。

6. 经典书目推荐。该活动于 2015 年"4·23 世界读书日"前启动，先后邀请学院院长、图书馆馆长及中文系教授等为大学生推荐经典图书，并在图书馆微信平台上公布书目和简介。5 月 15 日，于"国际家庭日"之际，校图书馆还搜集并推荐了《平如美棠》《倾听让关系更美好》《青鸟》《最后，才知道如何爱你》《有一天，妈妈老了》《我们仨》等 10 本促进家庭和睦、幸福和进步的著作。

7.2015 年 5 月 4 日至 8 月 30 日，校图书馆吸收学院相关老师专门成立"家庭阅读推广活动教师指导团队",充分利用周末和暑假长假,带领、协助、指导志愿者策划开展丰富多彩的家庭阅读推广活动。

8.2015 年 6 月 30 日,图书馆与院团委联合举办"《青年文摘》青春分享会",邀请《青年文摘》杂志社的年轻编辑李妍、巩高峰等分享他们的青春故事,促进大学生们励志阅读。

9.2015 年 9 月 1 日至 15 日,志愿者提交家庭阅读推广实践案例。

10.2015 年 9 月 16 日至 25 日,家庭阅读推广优秀活动案例展示及评选。

11.图书馆还积极联系学院周边八家农村社区,开展"农家书屋阅读援助"专项活动,以积极探索高职院校图书馆促进农家书屋可持续发展的有效途径。开展的具体活动:①农家书屋管理员业务技术培训,编写《农家书屋管理员岗位业务技能手册》。2015 年 4 月 14 日—15 日,来自赵家社区、和平社区、李家村等 5 个农家书屋的 8 名管理员到学院图书馆参加了"淄博职业学院首届农家书屋管理员培训班"。培训期间,管理员们参观了图书馆,亲自实践了图书的分类和上架;②送书下乡,建立图书资源共享长效机制,推行图书流转机制。图书馆分别与和平社区、赵家社区和李家村三个村的村委会签订《图书援助协议》,以明确图书在运输、管理等流程存在的部分责任问题。《协议》规定,尽管图书交由各自农家书屋使用、管理,但是图书的所有权仍归淄博职业学院图书馆所有。图书的借阅严格执行登记制度,若出现图书遗失、损坏现象由农家书屋承担责任。下乡图书在一家农家书屋借阅期满三个月后,全部流转给协议中的下一家农家书屋,并接受上一家农家书屋的下乡图书。最后由农家书屋各自统一归还所有图书。此次活动,图书馆为每村的农家书屋各提供图书 500 种,500 册,共计 1500 种,1500 册。截至 2015 年 9 月,校图书馆已经成功协助完成了两次图书流转。另外,为了丰富各书屋的电子资源,技术部特地选择了一部《美丽中国》(介绍我国人文地理历史的科教片,分为 6 部,共 428 张光盘)的多媒体资料支援农家书屋;③图书馆馆员与农家书屋管理员"一对一"结对子,实行业务指导员制度。图书馆选拔 10 名业务骨干馆员包村,与农家书屋管理员"一对一"结对子,担任管理员的"业务指导员",每月一次到农家书屋帮扶点对农家书屋管理员进行现场指导,解答管理员实际工作中遇到的问题,提高管理员的业务水平,帮助农家书屋实现规范和更具活力的专业化管理；④在农家书屋建立"农民职业培训联络点"，为农民搭建职业教育的桥梁。截至目前，图书馆已经联合举办了"淄博市农村种子育种培训""淄博市建筑特种行业上岗培训"及"淄博市农村残障摄影师培训"等切合农民职业发展需要的培训；⑤推广高校图书馆援助农村文化建设的经验，成立"高校图书馆助农联盟"。目前，校图书馆正在研究制定农家书屋入盟标准、业务标准及权利义务等，以确保助农联盟能很好地进行资源整合和资源共享服务。

（五）活动效果及启示

1. 由学生担任阅读推广活动的策划者和组织者。学生的阅读意识、阅读技能和组织能力得到了提升，增强了大学生的家庭责任感和社会荣誉感。至今，共有 336 人次策划、参与了相关活动 14 项，其中"农家书屋大学生义务图书馆员"活动得到了学院专项资金支持，将作为大学生社会实践活动长期开展。

2. 提升了高校图书馆在全民阅读推广工作中的影响力。与图书馆"结对子"的周边八家农家书屋的运行更加规范化，书屋开放率和借阅率较以前明显提高。赵家社区农家书屋的统计数据显示，村民借阅率为以前的 5 倍。2015 年 9 月，赵家社区农家书屋赠予图书馆"优秀阅读辅导员"锦旗。

3. 社会读者阅读热情提高。随着活动的宣传和开展，周末从市区驱车来校图书馆借阅图书的社会读者越来越多，有时候报刊阅览室接待的社会读者甚至多于校内读者。2015 年 4 月，随着校园内迎春花、玉兰花的陆续开放，图书馆社会读者的接待人数更是大幅提升，有读者在留言中将春日里来校图书馆读书比喻成"文化踏青"。根据图书馆 OPAC 统计数据，截至 2015 年 8 月 31 日，212 张家庭借阅证产生借阅总次数为 3586 次。被推荐图书中排在前三位的是《平凡的世界》（36 次）、《三国演义》（29 次）、《红高粱》（17 次），远远高于其他图书的借阅次数。

4. 大学生积极带动家庭阅读的同时，影响和带动了周边家庭的阅读意识，对全民阅读产生积极、正面的影响。

5. 评选产生了一批家庭阅读推广优秀案例。在系列活动中，"农家书屋大学生义务图书馆员""我的家庭图书馆""我是你的眼——和盲校学生一起读书"等三个案例获奖。

优秀案例一：农家书屋大学生义务图书馆员。45 名书香社团成员在接受图书馆的业务知识培训后，利用暑假时间协助和平社区等 5 家农家书屋进行图书的整理和分类上架，结合图书馆援助的下乡书籍，开展朗读比赛、计算机技能培训、急救知识培训等活动。2013 级信息工程学院的大学生志愿者郭广利同学的家就在和平社区，他利用专业知识，暑假期间每天晚上都到农家书屋为村民放映他下载的视频节目，内容包括五音戏、京剧等戏剧，百家讲坛等讲座，以及《三国演义》《亮剑》等影视节目。

优秀案例二：我的家庭图书馆。2014 级的杨启涛同学是书香社团的成员，家住博山区杨庄村，他利用家庭借阅证借来的 20 本书推广家庭阅读，不仅带动了自家亲戚阅读，也吸引了不少邻居来借阅。村民的阅读热情激发了杨同学成立家庭图书馆的想法。在校图书馆的协助下，杨同学从馆里选取了 100 册图书和 20 册期刊合订本，成立了自己的家庭图书馆，亲自担任馆长。学院图书馆还授予其"农村图书流通站"的锦旗。

优秀案例三：我是你的眼——和盲校学生一起读书。2014 级护理系黄筱娇、李玫等同学利用课余时间，带着从图书馆借来的图书，到淄博盲校为同学们读书。2015 年 6 月，图书馆馆长还接受了盲校校长的邀请，一起欣赏了我校大学生和盲校学生共同排演的话剧《三顾茅庐》。

（六）下一步活动计划

前期的家庭阅读推广活动取得了一些成效，大学生和社会读者的阅读积极性得到了提高，为了进一步促进家庭阅读推广活动的开展，避免"前面热，后面冷"的现象，校图书馆拟定以下活动计划。

1. 建立家庭阅读档案。在家庭阅读过程中，倡导家庭成员每阅读完一本书，就填写一张阅读记录卡，将阅读书目、阅读时间、阅读收获、阅读照片等信息记录下来，并长期坚持与定期回顾，留下全家共同学习、共同成长的足迹。2016 年的世界读书日，校图书馆进行了一次"家庭阅读档案"的展示活动。

2. 评选"书香家庭"。继"书香班级""书香宿舍"的评选之后，图书馆将开展"书香家庭"的评选，进一步提高家庭阅读的热情。

二、淄博市技师学院家庭阅读推广系列活动

（一）开展家庭阅读活动背景

1. 全民阅读推广、书香中国建设活动不断深入。2022 年，"全民阅读"已连续九次写入政府工作报告，在此背景下，全国各地的公共图书馆纷纷举办各类全民阅读推广活动，极大地推进了全民阅读和书香中国建设。

2. 高校图书馆参与全民阅读推广成为时代要求。党和政府推进全民阅读，建设书香中国的号召，为高校图书馆建设带来了新的目标和要求，公共图书馆的做法为高校图书馆提供了有效的示范。高校图书馆作为学校内部的图书信息和文化资源中心，对师生家庭和周边居民来说，无疑是他们心中的一片知识殿堂和文化高地。如何发挥好资源优势和高校图书馆在知识、信息、文化方面引领和辐射带动作用，为校内读者提供更多更好阅读服务的同时，不断延伸服务功能，扩大阅读受益群体，让阅读不断向家庭和社会延伸已成为时代课题。

3. 对接文化名城建设，为学院图书馆推进家庭阅读提供了契机。2015 年 10 月，淄博市委市政府在《关于着力建设文化名城的意见》中提出了建设学习型城市，提升城市内涵和核心价值，培育积极向上的城市精神，打造城市文化品牌的目标。为积极对接淄博文化名城建设，学院图书馆本着充分发挥社会教育职能，增进读者阅读兴趣，鼓励社区居民、家长共同参与阅读，促进全民学习、终身学习的目的，提出了"建设成适应学院发展的开放型、学术型、服务于教学科研的规范化、现代化图书馆，努力成为学院及周边社区高质量的文献信息服务中心、高水平的信息咨询中心和高素质的文化传承中心"的建馆目标。通过引进先进理念与服务技术，图书馆采用藏、借、阅一体化管理模式，对读者实行开放式借阅，不仅为师生提供了良好的书刊资源及知识服务支撑平台，也成为周边社区全民学习的重要策源地。

（二）实施"七大行动"推进家庭阅读

学院图书馆积极主动承担公共文化教育阵地的社会责任。自 2009 年起。学院图书馆每年举办一届校园读书节，至今已连续举办了十二届，在

大力引导和推进师生阅读的基础上，将校园读书活动不断向家庭阅读、社会阅读延伸，不断探索家庭阅读推广的模式和方法，先后实施了七大行动，有力推动了家庭阅读活动的开展。

1. 图书捐赠公益行动。2014 年 4 月 23 日，学院"爱心传情·书送希望"爱心捐书暨第六届校园读书节启动仪式在图书馆广场举行。淄博市网络文化办公室、鲁网区域管理部及学院有关领导出席启动仪式，学院相关部门负责同志及 1500 名学生代表参加。在仪式现场，学院党委副书记邵峰代表学院将师生捐赠的 9611 册图书捐赠给了鲁网晨晖公益发展中心，这些图书将由公益组织分别送往淄博市博山区、淄川区和沂源县、高青县的山村小学。邵峰在谈到爱心捐书活动时表示，爱心捐书活动得到了学院师生的积极支持，捐赠的书籍虽然不多，但可以给经济困难的孩子送去一点知识，送去一点关爱，给他们的成长成才送去一些帮助，学院将把该活动持续开展下去。他同时希望学院师生能将这次活动中体现、凝聚起的爱心行动坚持下去、拓展出去，让更多的人关心关注公益事业，积极投身公益活动。

2. 农村书屋援建行动。学院图书馆充分利用各种渠道，积极参与农村文化书屋援建活动。2009 年以来，学院先后外派第一书记 7 名，援助张店、高青、沂源等区县。学院充分发挥在文化和智力方面的优势，坚持把农村书屋援建工作作为帮扶的重要内容，这已成为学院图书馆推进家庭重要活动载体。担任过张店区中埠镇张家村第一书记的王文勇就曾积极争取学院图书馆支持，为该村捐赠书架 2 个，图书 1000 余册，帮助该村建起了文化书屋。担任过高青县唐坊镇后展村第一书记的穆伟也曾千方百计为该村添置了 2 个书橱，为村民阅读提供了场所。担任过高青县青城镇西施家村第一书记的卢光宝通过自己的努力，为该村的村委会办公室添置了 2 个书橱，并想方设法添置了一批党建和农业技能方面的图书。此后，援建农村书屋，推进家庭阅读就成了学院派驻第一书记的重要工作抓手。2021 年，学院图书馆丁盛威被组织选派到沂源县大张庄镇小官庄村担任第一书记，他充分发挥图书馆工作经历优势，积极协调学院图书馆为该村捐赠书架和各类图书 1000 余册，为村民读书学习提供了场所。

3. 社区图书共享行动。学院图书馆把图书进社区活动作为年度党建重点工作任务和党支部书记领办项目，积极与附近社区联系对接，选择部分优秀图书，在社区设立图书架，定期到社区开展图书阅读推广志愿服务活动。目前，图书馆已与学院所在的泰苑社区达成了联合建设文化书架协议，近期学校将携带 1000 余册优秀图书到社区综合服务中心开展展示和借阅服务活动。并将 400 余册图书长期存放在社区书架，供社区居民借阅。

4. 图书老年伴读行动。"我来读，你来听"，学院图书馆配合院团委积极响应团市委"青春奉献志愿行"学雷锋主题志愿活动部署，充分利用各种节庆假日，到附近养老院开展清理卫生和读书陪伴活动，学院智能制造系师生已十几年坚持参加此项活动。工商管理系师生每年利用清明、端午假期联合九级村敬老院共同开展"关爱帮扶感恩有你"志愿服务活动，邀请敬老院老人走进校园，共唱红色歌曲，共读红色经典，重温光荣岁月。电气工程系、交通工程系志愿者服务队也结合各自实际走进社区和附近的敬老院，为社区居民和敬老院的老人提供家电常识讲解和读书陪伴志愿服务。

5. 家庭共读倡导行动。学院在读书节活动中注重引导师生开展家庭共读活动，强调以个人读书行为带动家庭读书，营造家庭读书氛围。依托读书节，图书馆先后开展了"同读一本书，共爱一个家""我向家人推荐一本书"等一系列家庭阅读推广活动，通过"我的家庭藏书"展，"我的家庭读书故事"征文、"父（母）亲喜爱一本书"分享会等形式，积极开展家庭共读优秀案例征集，并以此作为标准进行"书香家庭"评选。

6. 专业图书下沉行动。专业图书借阅率低一直是困扰技工院校图书馆的难题，复杂的借阅程序和借阅时限要求是其中一个重要原因。学院图书馆自 2016 年开始实行了专业图书下沉行动，将 2000 余册馆藏图书，尤其是工具用书，按照不同专业"下放"到教学系部，并为每个系部配备了书架或书橱，确立了图书联络员，由教学系部自行管理，并将每年新购的专业图书副本优先存放到系部书架。这些图书也可以由师生带回家中阅读，借阅的数量和时间也可适当放宽和延长，极大地方便了教师和学生借阅和使用，提高了专业图书的使用效率。

7. "群体读书"带动行动。从第一届读书节开始，学院就制定了"书香班级"和"读书之星"评选方案，并制定了评选标准和要求，以促进个人阅读和家庭阅读并重，当年评选"书香班级"20 个，"读书之星"100

名，对于促进阅读起到较大的推动作用。此后，每年的读书节学院都将"书香班级"和"读书之星"评选作为重要内容，在评选标准上也越来越突出"群体读书"和"家庭读书"氛围的要求，十几年来，累计评选出的240余个"书香班级"，1200余名"读书之星"，都是在带动群体读书方面的佼佼者。

（三）家庭阅读推广活动的成效及社会影响

学院图书馆通过举办读书节，开展推进家庭阅读"七大行动"，不仅激发了师生带动家庭阅读积极性，也受到了周边社区居民的热烈欢迎，在社会上引起了较大反响。

1. 发挥了学院的图书资源优势。学院图书馆设有综合科、采编部、流通部、技术部、阅览部、资料室等六个功能科室，是山东省高校图书馆协会成员馆。馆舍建筑面积5000余平方米，馆藏文献20万册，报刊350余种，图书馆开通了超星、万方等电子文献数据库，阅览席位300多个，建有100台终端电子阅览室和两个视频播放厅。学院图书馆与省内的许多高校图书馆建立了广泛的合作关系，在机械、电气、电工、电子、机电、智能制造、新能源汽车、化工、信息、现代服务等学科领域形成馆藏文献特色。通过开展校园读书节和家庭阅读推广行动，学院图书馆藏资源利用率有了大幅提高。

2. 助推了文化名城建设和文明创建。阅读是一座城市文化积淀、城市精神塑造的重要途径。淄博素有"齐国故都、文化名城"的美誉，自古文风鼎盛、书香悠远。作为一所市属技工院校，学院始终把对接文化名城建设作为自己的使命，参与文化名城建设，结合文明创建活动，突出学院优势特点，把推进家庭阅读作为助力文化名城建设切入点和重要载体，不断推出和举办各类主题推广活动，不间断地为广大读者奉献丰富的精神文化大餐。活动品牌效应不断显现，有力地助推了淄博文化名城建设和文明创建活动。

3. 提升了学院的文化带动和辐射能力。服务地方经济建设和社会发展是高校的基本功能。作为一所技工院校，近年来，学院深度融入校城融合战略，积极探索服务地方经济建设和社会发展的途径和形式，为社会培养了大量高技能人才，同时学院充分发挥知识密集和文化资源丰富的优势，积极衍生扩充其他服务方式。学院图书馆积极发挥社会教育的功能，通过设立书画展区、休闲书吧，面向社会举办各类作品展览，为读者提供自助选书和借书、休闲阅读服务，校史馆、视频播放厅等功能设施对外开放，为读者提供更丰富多彩的公共服务产品，吸纳更多周边市民参与其中。

4.树立了学院的良好声誉和社会形象。除了充分利用传统的宣传方式，学院图书馆还从读者角度出发，积极尝试采用多渠道的方式宣传。前期主要通过活动海报、制作宣传册、寄送活动邀请函、媒体报道等进行宣传，如微博、微信、电话、短信等信息推送进行宣传；中期则主要进行活动成果的展示，主要包括活动的媒体报道、图书馆网站的新闻简讯、活动总结会、成果展等。学院图书馆通过上述途径在给予读者享受的同时深化读者对图书馆、读书节的认知，强化读书节的影响力。作为学院第六届校园读书节的一项重要内容，爱心捐书活动就是通过前期宣传，得到了学院师生的积极响应和广泛支持，在短短的三周时间里，学院师生共捐赠适合小学生阅读的书籍近万册。后期则通过加强与媒体和社会公益组织的合作，取得了良好的宣传效果，《大众日报》《鲁中晨报》《淄博日报》、淄博电视台、淄博广播电台、凤凰网等媒体对活动进行了采访报道。

（四）学院图书馆推动家庭阅读经验体会

1.推进家庭阅读，高校图书馆义不容辞。高校图书馆是阅读的重要场所，营造良好的阅读氛围、提供优质的图书馆服务、推广和引领阅读是图书馆的责任，也是图书馆工作重点。中央宣传部印发《关于促进全民阅读工作的意见》指出，阅读是获取知识、增长智慧的重要方式，是传承文明、提高国民素质的重要途径，深入推进全民阅读，对加强社会主义精神文明建设、促进社会进步具有重要意义。加强对读者的阅读引导，提升读者的阅读素养和对阅读的满足感，提高读者对阅读的认同感，为师生家庭和社区居民搭建一方阅读的平台。高校图书馆应在完善全民阅读制度体系，推动家庭阅读创新发展，聚合全民精神与思想共识，增强文化自信，大力提升全民阅读兴趣、养成阅读习惯、提高阅读能力，为实现"两个一百年"奋斗目标和中华民族伟大复兴的中国梦提供强大精神动力和智力支持与文化支撑。

2.推进家庭阅读，高校图书馆大有可为。在高等教育日趋大众化、普及化的大背景下，推进家庭阅读已成为高校服务社会发展，发挥文化优势和资源优势，融入社区教育，推动公民终身教育的重要形式和载体。高校拥有活跃的社会群体，高校图书馆拥有丰富的图书信息资源，因此，在提升文化知识水平，公民文明水平和文化素养方面，高校图书馆大有可为。

3. 推进家庭阅读，高校图书馆任重道远。在国家大力推进全民阅读的大背景下，如何发挥好高校图书馆的资源优势和群体优势，还有许多值得探索的形式和途径。在这一点上，高校图书馆可谓任重道远，一方面，需要放弃狭隘的单位概念，积极承担更多的社会责任和义务，另一方面，需要向社会、社区开放图书资源，这也是学习型社会的建设，促进文化建设，提升公民道德素质和社会文明程度的有效途径。

结语

阅读是人类获取知识、启智增慧、培养道德的重要途径，可以让人得到思想启发，树立崇高理想，涵养浩然之气。中国人历来就有"读万卷书、行万里路"的传统，中华民族从来就是一个热爱读书、勤奋学习的民族。为了在全社会大力营造爱读书、读好书、善读书的良好氛围，提升人民群众阅读水平，2020年10月，中央宣传部印发了《关于促进全民阅读工作的意见》（以下简称《意见》）。《意见》指出，阅读是获取知识、增长智慧的重要方式，是传承文明、提高国民素质的重要途径，深入推进全民阅读，对加强社会主义精神文明建设、促进社会进步具有重要意义。《意见》明确，到2025年，通过大力推动全民阅读工作，基本形成覆盖城乡的全民阅读推广服务体系，全民阅读理念更加深入人心，活动更加丰富多样，氛围更加浓厚，成效更加凸显，优质阅读内容供给能力显著增强，基础设施建设更加完善，工作体制机制更加健全，法治化建设取得重要进展，国民综合阅读率显著提升。

推进全民阅读，建设书香中国，高校图书馆本就义不容辞、重任在肩。高校图书馆作为图书信息资源中心、文化知识传播中心，在书香中国和学习型社会建设中，有着不可替代的义务和责任。党和国家对全民阅读的重视，进一步为高校图书馆的职责提出了明确要求，指明了工作方向，提供了路径遵循。高校图书馆必须、也必将在推进家庭阅读方面做出更加有益的实践和探索。

后记

　　本书作为作者在长期工作过程中不断思考、探索、实践和经验总结的成果，有些内容和观点还需要进一步打磨和推敲，难免有文字堆砌之嫌，因此，并不能算是一本严格意义上的学术专著，看作一本工作笔记或许更加恰当。

　　大学生是祖国的未来和希望，随着高等教育毛入学率从 2003 年的 17% 增长到 2019 年的 51.6%，我国已从高等教育大众化正式进入普及化阶段，全国共有普通高等学校 2688 所（含独立学院 257 所），各类高等教育在学总规模 4002 万人。这些大学生不久之后绝大多数会为人父母，成为千万个家庭的中坚，他们的阅读素养、阅读能力必然在极大程度上左右他们家庭的阅读水平。授人以鱼不如授人以渔，如果说政策、法律、财政各方面的保障，社区图书馆、农家书屋的资源推送，所提供的都是"鱼"，而变革人的阅读意识、阅读习惯，提升人的阅读素养则是"授人以渔"。

　　根据多年高校图书馆一线工作的思考，本书的逻辑起点和落脚点都在于：大学生阅读素养，影响和决定着千万个家庭的阅读水平，关乎中华民族的整体素质和文脉传承，提升大学生阅读素养意义重大！因而本书的重心，始终放在高校图书馆如何提升大学生阅读素养上。以此为目的，我对图书馆阅读推广进行了必要的学术梳理，书中内容包含了近年来本人搜集整理的一些相关资料和各种场合的发言及文字材料。但是在写作过程中，笔者也每每感叹自身经验和学养的不足，总感觉很多资料和内容梳理得不够严谨，有些章节的论述仍显薄弱，为了体例完整不得不借鉴了许多专家的观点。

本书写作过程中，得到了诸多师友的鼎力相助。山东省高校图工委秘书长韩子军教授给予我充分肯定和热情鼓励；山东理工大学原党委宣传部部长张子礼教授在写作体例和学术规范上对我进行了悉心指导；淄博职业学院图书馆原馆长陈刚对本书成书给予无私指导和帮助；淄博市技师学院基础教育部李杨教授为校正文字、纠正错讹做了大量工作，学院图书馆的李飞等同志也付出了很多心血和劳动。在此，一并表示诚挚的谢意！

张德刚

2022 年 4 月

参考文献

[1] 陈鹤琴 . 家庭教育 [M]. 上海：华东师范大学出版社，2013.

[2] 陈进，李笑野，郭晶 . 高校图书馆阅读推广案例精编 [M]. 北京：海洋出版社，2016.

[3] 陈亮，连朝曦，张婷 . 书香在线：数字阅读导航 [M]. 深圳：海天出版社，2017.

[4] 梁实秋 . 闲暇处才是生活 [M]. 北京：北京时代华文书局，2014.

[5] 刘时容 . 高校图书馆阅读推广理论与实务 [M]. 北京：新华出版社，2018.

[6] 王家莲 . 新时代阅读推广研究 [M]. 大连：东北财经大学出版社，2015.

[7] 王新才 . 大学图书馆阅读推广 [M]. 北京：朝华出版社，2017.

[8] 王余光 . 图书馆阅读推广研究 [M]. 北京：朝华出版社，2015.

[9] 王云洪 . 高校图书馆阅读推广理论与实践 [M]. 天津：天津科学出版社，2017.

[10] 徐雁，陈亮 . 全民阅读参考读本 [M]. 深圳：海天出版社，2011.

[11] 张青 . 全民阅读推广与图书馆事业研究 [M]. 成都：四川大学出版社，2017.

[12] 赵颖梅 . 阅读推广理论与实践研究 [M]. 成都：西南交通大学出版社，2015.